Peter Longerich
»Was ist des Deutschen Vaterland?«

Band 1269

Zu diesem Buch

Plötzlich steht die Einheit Deutschlands wieder auf der Tagesordnung, und die unterschiedlichsten Konzepte für die Vereinigung Deuschlands werden diskutiert. Das ist nichts Neues: Seit dem Beginn des Zeitalters der Nationalstaaten wird über Deutschland gestritten: Was (und wie) ist des Deutschen Vaterland?

Die vorliegende Dokumentation spiegelt die Auseinandersetzung um die deutsche Einheit der letzten 200 Jahre und beleuchtet die wichtigsten historischen Aspekte. Gerade in der aktuellen politischen Situation wird deutlich, daß über die deutsche Einheit nicht gesprochen werden kann, ohne die historischen Voraussetzungen zu bedenken. In diesem Sinne kann dieses historische Lesebuch Anstöße geben für die deutschlandpolitische Diskussion.

Peter Longerich, Dr. phil., geboren 1955 in Krefeld, war Mitarbeiter am Institut für Zeitgeschichte in München und beschäftigt sich vornehmlich mit der Geschichte des Dritten Reiches (»Die braunen Bataillone«, 1989). In der »Serie Piper Dokumentation« liegt von ihm herausgegeben vor: ›Die Ermordung der europäischen Juden‹ (SP 1060).

»Was ist des Deutschen Vaterland?«

Dokumente
zur Frage der deutschen Einheit
1800 bis 1990

Herausgegeben von
Peter Longerich

Piper
München Zürich

In der Serie Piper Dokumentation liegt bereits vor:
Die Ermordung der europäischen Juden (1060)
Weitere Werke sind in Vorbereitung.

Die Karten zeichnete Jutta Winter.

ISBN 3-492-11269-2
Originalausgabe
Mai 1990
© R. Piper GmbH & Co. KG, München 1990
Umschlag: Federico Luci,
unter Verwendung der kolorierten Lithographie
»Schwarz, Rot, Gold – das sind die Farben« (1848)
Gesamtherstellung: Clausen & Bosse, Leck
Printed in Germany

Inhalt

Die Frage der deutschen Einheit 13
Ein historischer Abriß als Einleitung

I. Deutschland im Zeitalter Napoleons 39
1 Ernst Moritz Arndt, Germanien und Europa, 1803 (S. 41) **2** Johann Gottlieb Fichte, Reden an die deutsche Nation, 1808 (S. 42) **3** Petersburger Denkschrift des Freiherr vom Stein, 1812 (S. 44) **4** Proklamation von Kalisch, 1813 (S. 46) **5** Prager Denkschrift des Freiherr vom Stein, 1813 (S. 47) **6** Denkschrift Wilhelm von Humboldts, 1813 (S. 50) **7** Artikel Joseph von Görres, Die künftige teutsche Verfassung, 1814 (S. 51)

II. Deutscher Bund 55
8 Deutsche Bundesakte, 1815 (S. 57) **9** Denkschrift des Historikers Heeren, 1816 (S. 57) **10** Memoire des preußischen Finanzministers Motz, 1829 (S. 59) **11** Vortrag des Fürsten Metternich: Der preußische Zollverein, 1833 (S. 60) **12** Rede Philipp Jakob Siebenpfeiffers auf dem Hambacher Fest, 1832 (S. 62) **13** Georg Büchner, Friedrich Ludwig Weidig, Der Hessische Landbote, 1834 (S. 64) **14** Denkschrift Heinrich Heines: Ludwig Börne, 1840 (S. 66) **15** August Heinrich Hoffmann von Fallersleben, Das Lied der Deutschen, 1841 (S. 68) **16** Erklärung der Heidelberger Versammlung, 1848 (S. 69) **17** Beschluß der Frankfurter Nationalversammlung über die Errichtung einer provisorischen Zentralgewalt, 1848 (S. 71) **18** Programme der wichtigsten in der Frankfurter Nationalversammlung vertretenen Parteien, 1848 (S. 72) **19** Kundmachung des demokratischen Zentralmärzvereins an das deutsche Volk, 1848 (S. 77) **20** Vorschlag des österreichischen Premierministers Schwarzenberg für die künftige politische Gestaltung des Reiches, 1849 (S. 78) **21** Verfassung des deutschen Reiches, 1849 (S. 80) **22** Angebot der Kaiser-

krone an Friedrich Wilhelm IV. und dessen Ablehnung, 1849 (S. 81) **23** Eisenacher Erklärung zur deutschen Nationaleinigung, 1859 (S. 82) **24** Programm des Deutschen Revormvereins, 1862 (S. 83) **25** Österreichische Denkschrift über die Reform der Bundesverfassung, 1863 (S. 84) **26** Resolution des Frankfurter Abgeordnetentags zur deutschen Frage, 1863 (S. 87) **27** Bericht des preußischen Staatsministeriums über die Frankfurter Akte zur Reform des Deutschen Bundes, 1863 (S. 88) **28** Erklärung des preußischen Bundestagsgesandten von Savigny über den Rücktritt Preußens vom Bundesvertrag, 1866 (S. 89)

III. Norddeutscher Bund und Kaiserreich 91
29 Ministerpräsident Bismarck vor dem Reichstag des Norddeutschen Bundes, 1867 (S. 93) **30** Abg. von Miquel vor dem Reichstag des Norddeutschen Bundes, 1867 (S. 94) **31** Schreiben König Ludwig II. von Bayern an die Fürsten und Freien Städte Deutschlands, 1870 (S. 96) **32** Beschluß des Norddeutschen Bundesrats und Reichstags betr. Änderungen der Verfassung des Deutschen Bundes, 1870 (S. 97) **33** Proklamation Kaiser Wilhelms an das deutsche Volk, 1871 (S. 98) **34** Präambel der Reichsverfassung, 1871 (S. 99) **35** Reichskanzler Bismarck vor dem Reichstag, 1885 (S. 99) **36** Abg. Wilhelm Liebknecht (SPD) vor dem Reichstag, 1886 (S. 100) **37** Abg. Ledebour (SPD) vor dem Reichstag, 1913 (S. 102) **38** Aufzeichnung des Reichskanzlers Bethmann-Hollwegs, 1914 (S. 103)

IV. Weimarer Republik
und Nationalsozialismus 107
39 Friedrich Ebert vor der Nationalversammlung in Weimar, 1919 (S. 109) **40** Max Weber, Deutschlands künftige Staatsform, 1919 (S. 110) **41** Reichsinnenminister Preuß vor der Nationalversammlung, 1919 (S. 112) **42** Weimarer Verfassung, 1919 (S. 115) **43** Erklärung der Reichsregierung gegen den Separatismus, 1919 (S. 115) **44** Aachener Programm des Arbeitsausschusses für die Errichtung einer Westdeutschen Republik, 1919 (S. 116) **45** Telegramm des österreichischen Unterstaatssekretärs Bauer an den Volksbeauftragten Haase,

1918 (S. 117) **46** Antrag der Deutschen Nationalversammlung, 1919 (S. 118) **47** Note der Alliierten an die deutsche Regierung, 1919 (S. 119) **48** Hermann Oncken, Gedächtnisrede auf die Gefallenen des großen Krieges, 1919 (S. 120) **49** Memorandum aus dem Auswärtigen Amt für den Reichskanzler, 1930 (S. 122) **50** Schreiben des Staatssekretärs des Auswärtigen Amts von Bülow an den Botschafter in Paris, von Hoesch, 1931 (S. 122) **51** Protokoll über die Zollunion zwischen dem Deutschen Reich und Österreich, 1931 (S. 124) **52** Rede Adolf Hitlers im Sportpalast, 1938 (S. 125) **53** Artikel des Höheren SS- und Polizeiführers beim Reichsstatthalter in Posen, Wilhelm Koppe, 1942 (S. 126)

V. Überlegungen zur deutschen Zukunft im Widerstand, im Exil und bei den Alliierten 129
54 Denkschrift Ludwig Becks und Carl Goerdelers: »Das Ziel«, 1941 (S. 131) **55** Erich Weinert, Rede auf der Gründungstagung des Nationalkommitees »Freies Deutschland«, 1943 (S. 132) **56** Entwurf aus dem Kreisauer Kreis, Grundsätze für die Neuordnung, 1943 (S. 134) **57** Resolution der Landeskonferenz deutschsprachiger Sozialdemokraten und Gewerkschaftler in den USA, 1943 (S. 135) **58** Rundfunkansprache Thomas Manns, 1944 (S. 136) **59** Alliiertes Protokoll über Besatzungszonen, 1944 (S. 138) **60** Alliierte Erklärung anläßlich der Konferenz von Jalta, 1945 (S. 138) **61** Alliierter Entwurf für eine Urkunde über die bedingungslose Kapitulation Deutschlands, 1945 (S. 140)

VI. Deutschland unter alliierter Besetzung 143
62 Notizen von Theodor Heuss zur deutschen Niederlage, 1945 (S. 145) **63** Berliner Erklärung der Siegermächte, 1945 (S. 146) **64** Schlußkommunique der Potsdamer Konferenz, 1945 (S. 147) **65** Proklamation Nr. 1 über die Aufstellung des Alliierten Kontrollrates, 1945 (S. 148) **66** Erklärung des französischen Generals Koenig vor dem Alliierten Kontrollrat, 1945 (S. 149) **67** Anlage zum Schreiben Konrad Adenauers an den Duisburger Oberbürgermeister Heinrich Weitz, 1945 (S. 150) **68** Rede Jakob Kaisers, 1946 (S. 151) **69** Stuttgarter Rede des amerikanischen Außenministers

Byrnes, 1946 (S. 152) **70** Abkommen über die Zusammenlegung der britischen und der amerikanischen Besatzungszone, 1946 (S. 154) **71** Erklärung des sowjetischen Außenministers Molotow in der Sitzung des Rats der Außenminister in Moskau, 1947 (S. 154) **72** Referat Walter Ulbrichts auf der Landesvorstandssitzung der SED Groß-Berlin, 1947 (S. 156) **73** Offener Brief der Arbeitsgemeinschaft der CDU und der CSU zur Gründung einer Nationalen Repräsentation, 1947 (S. 157) **74** Rede Kurt Schumachers über Radio Frankfurt, 1947 (S. 158) **75** Erklärung der westdeutschen Teilnehmer der Münchner Ministerpräsidentenkonferenz, 1947 (S. 161) **76** Ausarbeitung von Theodor Heuss, Zur Frage der Staatsrechtlichen Gestaltung Deutschlands, 1947 (S. 162) **77** Erklärung Molotows auf der Londoner Außenminister-Konferenz, 1947 (S. 163) **78** Schlußkommunique der Londoner Sechsmächtekonferenz, 1948 (S. 164) **79** Sowjetische Erklärung anläßlich des Auszugs aus dem Alliierten Kontrollrat, 1948 (S. 165) **80** Mitteilung des sowjetischen Marschalls Sokolowski über die Einführung einer neuen Währung in der SBZ und in Groß-Berlin, 1948 (S. 167) **81** Verordnung der Kommandanten der westlichen Sektoren Berlins über die Einführung der DM in West-Berlin, 1948 (S. 168) **82** Aufruf der sowjetischen Militärverwaltung an die Berliner zur Währungsreform, 1948 (S. 168) **83** Meldung des Allgemeinen Deutschen Nachrichtendienstes, 1948 (S. 169) **84** Frankfurter Richtlinien der westlichen Militärgouverneure an die Ministerpräsidenten der Westzonen, 1948 (S. 170) **85** Vier-Mächte Abkommen über das Ende der Berlin-Blockade, 1949 (S. 172) **86** Carlo Schmid vor dem Parlamentarischen Rat, 1949 (S. 172)

VII. Bundesrepublik Deutschland und Deutsche Demokratische Republik bis zum Bau der Mauer 175

87 Grundgesetz für die Bundesrepublik Deutschland, 1949 (S. 177) **88** Statut der Alliierten Hohen Kommission in der Bundesrepublik Deutschland, 1949 (S. 177) **89** Besatzungsstatut der westlichen Siegermächte, 1949 (S. 178)

90 Wilhelm Pieck vor der gemeinsamen Sitzung der Provisorischen Volkskammer und der Provisorischen Länderkammer nach seiner Wahl zum Präsidenten der DDR, 1949 (S. 180) **91** Verfassung der Deutschen Demokratischen Republik, 1949 (S. 181) **92** Nationalhymne der DDR, 1949 (S. 182) **93** Erklärung der Bundesregierung, 1949 (S. 182) **94** Schreiben Otto Grotewohls an Adenauer, 1950 (S. 185) **95** Bertolt Brecht: Kinderhymne, 1950 (S. 186) **96** Abkommen zwischen der DDR und der Republik Polen über die Markierung der festgelegten und bestehenden deutsch-polnischen Staatsgrenze, 1950 (S. 187) **97** Erklärung des Bundestages, 1951 (S. 187) **98** Konrad Adenauer vor dem Bundestag, 1952 (S. 189) **99** Rede Kurt Schumachers im Bayerischen Rundfunk, 1952 (S. 190) **100** Sowjetische Note mit Entwurf eines Friedensvertrags, 1952 (S. 191) **101** Amerikanische Antwortnote, 1952 (S. 193) **102** Entschließung des Deutschen Bundestages, 1952 (S. 195) **103** Vertrag über die Beziehungen zwischen der Bundesrepublik Deutschland und den Drei Mächten (General- oder Deutschlandvertrag), 1954 (S. 196) **104** Telegramm des Streikkomitees Bitterfeld an die »sogenannte Deutsche Demokratische Regierung«, 1953 (S. 197) **105** Deutsches Manifest, 1955 (S. 198) **106** Plan des britischen Außenministers Eden, 1954 (S. 199) **107** Entwurf der Sowjetunion für einen Gesamteuropäischen Vertrag über kollektive Sicherheit in Europa (Grundprinzipien), 1955 (S. 200) **108** Direktive der Regierungschefs der Vier Mächte an die Außenminister, 1955 (S. 200) **109** Rede Nikita Chruschtschows in Berlin, im Anschluß an die Genfer Konferenz, 1955 (S. 201) **110** Vertrag über die Beziehungen zwischen der DDR und der UdSSR, 1955 (S. 203) **111** Schreiben des Bundeskanzlers Adenauer an den Ministerpräsidenten Bulganin, 1955 (S. 205) **112** Regierungserklärung Konrad Adenauers, 1955 (S. 206) **113** Berliner Erklärung der drei Westmächte und der Bundesrepublik Deutschland, 1957 (S. 208) **114** Entwurf der Sowjetunion für einen Friedensvertrag, 1959 (S. 210) **115** Friedensplan der Westmächte (»Herter-Plan«), 1959 (S. 212) **116** Ausarbeitung des Staatssekretärs Globke zur Wiedervereinigung, 1959 (S. 215) **117** Deutschlandplan der SPD

1959 (S. 217) **118** Herbert Wehner vor dem Bundestag, 1960 (S. 220)

VIII. Die beiden deutschen Staaten nach 1961   223
119 Erklärung Willy Brandts vor dem Berliner Abgeordnetenhaus, 1962 (S. 225) **120** Aufzeichnung des AA über eine Unterredung Konrad Adenauers mit dem sowjetischen Botschafter Smirnov, 1962 (S. 226) **121** Nationales Dokument der Nationalen Front der DDR, 1962 (S. 227) **122** Vortrag des Leiters des Presse- und Informationsamtes des Landes Berlin, Bahr, in Tutzing, 1963 (S. 230) **123** Rede des Bundeskanzlers Kiesinger vor dem Bundestag, 1967 (S. 233) **124** Verfassungen der DDR, 1968 und 1978 (S. 235) **125** Bericht Willy Brandts zur Lage der Nation, 1970 (S. 237) **126** Moskauer Vertrag, 1970 (S. 239) **127** Brief zur deutschen Einheit, 1970 (S. 241) **128** Warschauer Vertrag, 1970 (S. 241) **129** Rundfunk- und Fernsehansprache Gustav Heinemanns zum 100. Jahrestag der Gründung des Deutschen Reiches (S. 243) **130** Richard von Weizsäcker vor dem Bundestag, 1972 (S. 245) **131** Carlo Schmid vor dem Bundestag, 1972 (S. 247) **132** Gemeinsame Entschließung der drei Bundestagsfraktionen von 1972 (S. 249) **133** Vertrag über die Grundlagen der Beziehungen zwischen der Bundesrepublik Deutschland und der Deutschen Demokratischen Republik, 1972 (S. 250) **134** Brief zur deutschen Einheit, 1972 (S. 253) **135** Urteil des Bundesverfassungsgerichts im Verfahren zur Prüfung des Grundlagenvertrages, 1973 (S. 254) **136** Bericht Erich Honeckers auf der IX. Tagung des ZK der SED, 1973 (S. 257) **137** Rede Helmut Schmidts auf dem Historikertag 1978, 1978 (S. 259) **138** Diskussionsbeitrag von Günther Grass, 1980 (S. 261) **139** Bericht Helmut Kohls zur Lage der Nation im geteilten Deutschland, 1983 (S. 262) **140** Rede Stefan Heyms, 1983 (S. 263) **141** Rede Otto Schilys, 1984 (S. 265) **142** Rede Willy Brandts vor dem Schöneberger Rathaus, 1989 (S. 267) **143** Helmut Kohl vor dem Bundestag, 1989 (S. 269) **144** Erklärung Hans Modrows, 1990 (S. 273)

Anhang

Literaturverzeichnis 277
Abkürzungsverzeichnis 280
Karten 281

Die Frage der deutschen Einheit

Ein historischer Abriß als Einleitung

Fast 180 Jahre, nachdem Ernst Moritz Arndt diese Frage zum Thema eines patriotischen Gedichtes machte, ist das Thema »Deutsche Nation« nach wie vor und stärker als je zuvor Gegenstand der Diskussion. Schon die Tatsache, daß man eine solche Frage überhaupt stellen könne, so meinte der Sozialdemokrat Carlo Schmid im Jahre 1972 im Bundestag, sei ein deutlicher Hinweis auf die besondere Problematik, die die nationale Frage in Deutschland besitze. Die Frage nach der deutschen Identität, nach der staatlichen Gestalt und den inneren und äußeren Grenzen Deutschlands ist ein wesentlicher Bestandteil der deutschen Geschichte des 19. und 20. Jahrhunderts. Es scheint, daß gerade die Suche nach der eigenen nationalen Identität, die Ruhelosigkeit und Unzufriedenheit in den bestehenden nationalen Verhältnissen, auch Zweifel am Konzept der Nation und ihre demonstrative Ablehnung kennzeichnend für die jüngere deutsche Geschichte sind, während in anderen europäischen Staaten, man denke an Großbritannien oder Frankreich, eine gelassenere und selbstverständlichere Einstellung zum Thema Nation vorherrscht.

Das Problem der Definition und Bildung der deutschen Nation ist aber auch ein zentrales Thema der europäischen Geschichte der letzten zweihundert Jahre. Ein friedliches Zusammenleben eines geeinten Deutschland mit seinen europäischen Nachbarn war in diesem Zeitraum nicht die Regel, sondern die Ausnahme.

Ein vergleichbares Problem bildete die deutsche Einheit vor dieser Zeit nicht. Das alte Deutsche Reich, das »Heilige Römische Reich deutscher Nation«, war schon seit dem späten Mittelalter eine schwache Zentralmacht mit verkümmerten Institutionen. »Deutschland« bestand aus zahlreichen mittleren, kleinen und kleinsten Staaten. Die unterschiedlichen Interessen der Landesherren, die Bündnisse und dynastischen Verbindungen, die zwischen ihnen und ausländischen Mächten bestanden, ließen eine starke übergeordnete Macht nicht zu; gerade die Vielfarbigkeit der deutschen Landkarte war ein wesentliches Element des europäischen Gleichgewichts. Die konfessionelle Spaltung Deutschlands seit dem 16. Jahrhundert, die jedem Untertan die Religion seines Landesherrn zuwies, die allmähliche Durchdringung der

Territorien durch die absolutistischen Landesverwaltungen, der unterschiedliche Entwicklungsstand der verschiedenen Staaten, insgesamt die Kleinräumigkeit des wirtschaftlichen, politischen und sozialen Lebens waren weitere Faktoren, die eine starke Regionalisierung förderten.

Es gab zwar das Bewußtsein, »Deutscher« zu sein, und es existierte das Gefühl der Zugehörigkeit zu einer »deutschen Nation«, vorwiegend durch die Erfahrung der Abgrenzung gegenüber anderen Ländern. Zudem bestand ein gewisser »Reichspatriotismus«, eine Anhänglichkeit an das im Mittelalter wurzelnde »Alte Reich« mit seinen traditionsreichen Organen.

Vorherrschend war dennoch ein heimatliches, landschaftliches und regionales Zusammengehörigkeitsgefühl, das – zusammen mit der Loyalität gegenüber der eingesessenen Dynastie – die Wurzel für einen teilweise kräftigen und durch den regierenden Fürst geförderten Landespatriotismus bildete.

Seit der Mitte des 18. Jahrhunderts wuchs in den gebildeten Schichten das Bewußtsein einer »Nationalkultur«, nachdem die vorangegangenen Kulturepochen überwiegend durch fremde Einflüsse geprägt worden waren. Hierzu gehört insbesondere die Herausbildung einer deutschen Literatur und eines deutschen Theaters, aber auch die verstärkte Beschäftigung mit Sprache und Volksüberlieferung, so wie sie namentlich von Herder angeregt wurde. Diese Strömungen, so wichtig sie für die Herausbildung eines starken deutschen Identitätsgefühls auch waren, kann man jedoch erst als Vorstufe der modernen deutschen Nationalbewegung ansehen, wie sie sich um das Jahr 1800 zu entwickeln begann.

Vorbilder der Nationalbewegung waren die Amerikanische und vor allem die Französische Revolution: Hier hatten sich, so die epochale Erfahrung, die Völker in einem revolutionären Prozeß als Nationen konstituiert. Die hier zum Durchbruch gekommene Idee der Volkssouveränität, die nur in einem einheitlichen nationalen Staat zu verwirklichen war, setzte sich in Deutschland im Zeitalter Napoleons durch. Im Zeitraum zwischen den späten 1790er Jahren und 1815 wurde ein kulturelles, romantisierendes Verständnis von Nation zu einem politischen Programm umgeformt. War Frankreich ursprünglich das große Vorbild der deutschen Nationalbewegung, so erfolgte die weitere nationale Emanzipation gegen den ›Franzosenkaiser‹ Napoleon.

Durch die Französische Revolution und die napoleonische Herrschaft war die alte europäische Ordnung, die auf dem Prinzip des Gleichgewichts der Großmächte beruhte, zerstört worden. Die Schwäche des Alten Reiches, aber auch die Unfähigkeit der Dynastien der einzelnen Staaten waren in den Kriegen gegen Napoleon deutlich zu Tage getreten. Die Herrschaft Napoleons wurde als Fremdherrschaft erlebt, der Versuch einer umfassenden Reform nach französischem Vorbild stieß im unterentwickelten Deutschland auf eine mit Fremdenhaß gemischte starke Gegenreaktion.

Die Jahre von 1800 bis 1815 wurden von den Zeitgenossen als eine Epoche ungeheurer Dynamik erlebt: Durch den Reichsdeputationshauptschluß erfolgte 1803 eine weitgehende Umgestaltung der staatlichen Ordnung im deutschen Raum zugunsten der Mittelstaaten; 1806 kam mit dem Verzicht Kaiser Franz II. auf die Kaiserkrone das Ende des Heiligen Römischen Reiches Deutscher Nation, unter dem Protektorat Napoleons schlossen sich die Mittelstaaten in Süd-, Mittel- und Westdeutschland zum »Rheinbund« zusammen. Im gleichen Jahr brach Preußen unter den Schlägen der französischen Militärmacht zusammen und mußte erhebliche Gebietsverluste hinnehmen. Als Reaktion auf die napoleonische Herausforderung entwickelten nun die meisten deutschen Staaten umfassende Reformprogramme, durch die Staat und Gesellschaft modernisiert werden sollten.

Auch wenn somit durch die Herrschaft Napoleons und durch die in der Umbruchzeit eintretende Entwurzelung der bisher in regionalen, konfessionellen, kleinstaatlichen Bindungen stehenden Menschen die Ausbildung einer deutschen Nationalbewegung beschleunigt wurde, so lassen sich doch auch tieferliegende Ursachen für ihre Entstehung anführen.

Das Phänomen des Nationalismus, das sich in allen europäischen Staaten mit gewissen zeitlichen Differenzen beobachten läßt, steht im Zusammenhang mit dem Zerfall der überkommenen politischen Herrschaft, mit dem Zerbröckeln der traditionellen ständischen Gesellschaft, mit dem Prozeß der Säkularisierung und der Ausbreitung der Ideen der Volkssouveränität und des Staatsbürgertums. In einem komplizierten Prozeß lösen sich die einzelnen Individuen aus kleinräumigen und engmaschigen Gemeinschaften und treten in großräumigere, abstraktere Zusammenhänge ein;

parallel zum Prozeß der Individualisierung bildete sich unter dem Dach der Nation eine neue kollektive Identität heraus.

Dabei steht das Phänomen des Nationalismus in einem besonderen Zusammenhang mit der Verdichtung der Kommunikation und des Verkehrs insgesamt, die erst die Erfahrung, in einem größeren Zusammenhang zu leben, ermöglichen. So ist auch bezeichnend, daß am Anfang des Nationalismus die Entdeckung der verbindenden Elemente Geschichte, Kultur und Sprache steht, die Aneignung der Nationalität zunächst also vorwiegend eine Beschäftigung der gebildeten Schichten ist, die zum Träger des Nationalismus werden.

Die Idee der Nation wurzelt aber nicht nur in einer idealisierten und romantisierten Vergangenheit, sondern verweist auf eine verklärte Zukunft. Die kollektive Identität, die der Nationalismus verheißt, erweist sich als allen anderen Integrationslehren überlegen. Der Nationalismus verbindet sich zudem mit der frühliberalen Emanzipationsbewegung: Die Nation kann sich nur im Nationalstaat verwirklichen, das Volk hat einen Anspruch auf nationale Repräsentation, zumindest aber auf Teilhabe an der Macht. Die regierenden Fürsten, die an ihren kleinen Herrschaftsgebieten und verzopften Regierungs- und Verwaltungsmethoden festhalten, werden als anachronistische Störenfriede auf dem Weg zur Nation gesehen.

Die Herausbildung eines deutschen Nationalgefühls folgte dem Vorbild anderer Nationen und ist Teil einer epochalen Entwicklung. Trotzdem gibt es im deutschen Fall eine Reihe von Besonderheiten und Belastungen. Zum einen setzte der Prozeß der nationalen Bewußtwerdung in Deutschland relativ spät ein, was vor allem auf ein vergleichsweise schwach entwickeltes Bürgertum zurückzuführen ist. Deutschland hat zudem keine natürlichen Grenzen, jedoch mehr Nachbarn als jedes andere europäische Land. Der deutsche Sprachraum ist umfassender als die sich zur deutschen Nation rechnenden Territorien. Schließlich bewegt sich der Umfang des deutschen Gebietes im Vergleich zu den übrigen europäischen Staaten in einer kritischen Größenordnung. Zu Beginn des 19. Jahrhunderts unterstanden zudem große Teile des deutschen Raumes Dynastien, die auch oder vorwiegend mit nichtdeutschen Angelegenheiten befaßt waren: Preußen besaß Gebiete mit erheblicher polnischer Bevölkerung, in dem Vielvölkerstaat

Österreich-Ungarn waren die Deutsch-Österreicher erheblich in der Minderheit, Hannover wurde in Personalunion mit Großbritannien regiert.

Der nach der Niederlage Napoleons in Rußland 1813 einsetzende »Befreiungskrieg« brachte einen Aufschwung der nationalen Begeisterung mit sich. Die Tatsache, daß auf preußischer Seite Freiwilligenverbände aufgestellt wurden und der Krieg damit auch Züge einer Volkserhebung hatte, wurde von Publizistik und Geschichtsschreibung zum nationalen Mythos verklärt, zur Geburtsstunde der Nation erhoben, auch wenn die militärischen Auseinandersetzungen überwiegend im Stil konventioneller Kriege geführt wurden.

Parallel zu den Kriegshandlungen setzte die Diskussion über die zukünftige Verfassung Deutschlands ein. In dieser Debatte verdienen die Vorschläge des Freiherrn vom Stein besondere Beachtung. Vom Stein (1757–1831), der während seiner Tätigkeit als leitender Minister 1807/1808 die preußischen Reformen eingeleitet hatte, dann vor französischer Verfolgung aus Preußen fliehen mußte und nun als außenpolitischer Berater des Zaren fungiert, ließ sich bei aller Reformfreude von seiner konservativen Grundorientierung, seiner Sympathie gegenüber Institutionen der alten Ordnung leiten, wenn er die Wiederherstellung eines einheitlichen Reiches mit monarchischer Spitze nach dem Vorbild des mittelalterlichen Kaisertums für das eigentlich erstrebenswerte Vorbild erklärte. Da solche Idealvorstellungen unrealistisch waren, wandelte Stein seine Gedankengänge in Richtung auf eine bundesstaatliche Lösung ab. Sein Hauptziel war dabei, die Vormacht der Großmächte Österreich und Preußen zu sichern, die innere Souveränität der Rheinbundstaaten zu schwächen und den bis 1803 reichsunmittelbaren Adel wieder in seine frühere Stellung einzusetzen; seine Herkunft aus der durch die absolutistischen Fürsten mediatisierten Reichsritterschaft ist dabei nicht zu übersehen.

Noch in russischen Diensten redigierte Stein auch die Proklamation von Kalisch, in der der russische Oberbefehlshaber im Namen des Zaren und des Preußischen Königs die Fürsten und die Völker Deutschlands dazu aufforderte, sich dem Kampf gegen Napoleon anzuschließen: Der Rheinbund, diese »trügerische Fessel«, sei aufzugeben, Fürsten, die sich dem Befreiungskampf entzögen, würden vertrieben werden.

Wilhelm von Humboldts Prinzipien für eine künftige Verfassung 1813 zeigen den Versuch einer ausgewogenen Lösung: Er versuchte, das nationalstaatliche Prinzip, außenpolitische Rücksichtnahmen sowie die Machtinteressen Österreichs, Preußens und der übrigen Staaten miteinander in Einklang zu bringen. Seine Vorschläge liefen auf eine Mischform zwischen Staatenbund und Bundesstaat hinaus. Auch der rheinische Publizist Joseph von Görres sprach sich 1814 im »Rheinischen Merkur« für eine bundesstaatliche Ordnung aus.

Demgegenüber blieben die praktischen Ergebnisse dieser Verfassungsdiskussionen ernüchternd. Entschieden wurde über das Schicksal Deutschlands 1814/15 auf dem Wiener Kongreß, an dem fast alle europäischen Staaten teilnahmen. In erster Linie verfolgten die Kongreßteilnehmer das Ziel einer staatlichen Restauration und einer Wiederherstellung des Gleichgewichts der Mächte. Im Rahmen dieser europäischen Ordnung war ein deutscher Nationalstaat, wie er von der Nationalbewegung erträumt wurde, ausgeschlossen.

Bei den Verhandlungen, die zur Schaffung des Deutschen Bundes führten, verfolgten Preußen und Österreich, vertreten durch Metternich und Hardenberg, eine gemeinsame Linie: Sie wollten eine Konstruktion mit relativ starken Bundesorganen, bei dem die Vorherrschaft der beiden Großmächte sichergestellt war. Diese Pläne scheiterten am Widerspruch der übrigen Staaten. Unter dem Eindruck der Nachrichten von der Rückkehr Napoleons und dem Wiederausbruch des Krieges kam es dann im Juni 1815 zu einem Minimalkonsens, der in der »Deutschen Bundesakte« niedergelegt wurde.

Danach bestand der Bund aus zunächst 39, später 41 Fürsten und freien Städten. Er besaß weder ein gemeinsames Oberhaupt, noch eine Legislative, keine eigene Verwaltung und Rechtsprechung, keine Wirtschafts- und Zolleinheit und kein einheitliches Heerwesen. Das einzige Bundesorgan war der Bundestag in Frankfurt, ein ständiger Gesandtenkongreß unter Vorsitz Österreichs. Die gesamte Konstruktion stellte einen Staatenbund dar, dessen einziger Zweck die Gewährleistung der Sicherheit und Unabhängigkeit der Bundesglieder war (auch wenn etwa der Historiker Heeren in einer im Jahre 1816 erschienenen Schrift aus der Kontinuität des Bundeszwecks auf den Typus Bundesstaat schließen zu können glaubte).

In einer Phase der gesamteuropäischen Restauration entwikkelte sich der Deutsche Bund unter österreichischer Führung vor allem zu einem Instrument zur Unterdrückung verfassungspolitischer Änderungsbestrebungen in den Gliedstaaten. Die Einführung der Buchzensur, die Beseitigung der Autonomie der Universitäten und die Abschaffung der Burschenschaften durch die Karlsbader Beschlüsse 1819 sowie die Einsetzung der Mainzer Zentraluntersuchungskommission als Organ zur Überwachung aller »Umtriebe« leitete diese Phase ein. In der Wiener Schlußakte von 1820 wurde gegen alle Bestrebungen nach nationaler Repräsentation in den einzelnen Staaten der Grundsatz aufgestellt, die gesamte Staatsgewalt sei stets in der Person des Fürsten zu vereinigen.

Die französische Juli-Revolution von 1830 und die durch sie ausgelösten revolutionären Ereignisse in anderen europäischen Ländern, namentlich der polnische Aufstand von 1830/31, hatten auch in Deutschland politische und soziale Proteste zur Folge. Vor allem in den nord- und mitteldeutschen Staaten kam es zu verfassungspolitischen Reformen. Das »Hambacher Fest« von 1832 stellte eine eindrucksvolle Manifestation der deutschen Nationalbewegung dar. Der »Hessische Landbote«, die von Georg Büchner verfaßte Untergrundschrift, ist ein Beispiel dafür, daß der soziale Protest, der auf die Beseitigung der Fürsten drängte, eine kräftige nationale Akzentuierung besaß. Diese Bestrebungen der frühen dreißiger Jahre wurden allerdings durch die Bundespolitik relativ rasch unterdrückt, die Reformen rückgängig gemacht.

Während die politische Nationalbewegung ihrem Ziel nicht näher kam, führten seit Ende der zwanziger Jahre wirtschaftliche und fiskalische Interessen zu einer Entwicklung, die als eine wichtige Voraussetzung für die nationale Einigung angesehen werden kann: Die allmähliche Schaffung eines einheitlichen deutschen Zollraums.

Die Initiative zu dieser Politik ging von Preußen aus, das seine Zollgrenze verkürzen und sein zersplittertes Territorium wirtschaftlich zusammenführen wollte. Während die mitteldeutschen Staaten den preußischen Durchgangsverkehr durch hohe Zölle zu behindern suchten, schloß Preußen, das 1828 mit Hessen-Darmstadt einen Zollvertrag eingegangen war, mit dem durch Bayern und Württemberg im gleichen Jahr gebildeten süddeutschen Zollverein im Mai 1829 einen Handelsvertrag. 1833 vereinigten sich beide Systeme; bis der »Deutsche Zollverein« zum 1. Januar 1834 seine Arbeit aufnahm, hatten sich Kurhessen, Sachsen und die thüringischen Staaten angeschlossen, es folgten die meisten der Bundesstaaten. Dabei hatte der liberale preußische Finanzminister Motz, wohl der wichtigste Konstrukteur des Zollvereins, das erklärte politische Ziel im Auge, auf dem Wege der Zollvereinheitlichung die Einigung Deutschlands unter preußischer Führung zu erreichen. Es wäre allerdings verkürzt, wollte man die Gründung des Zollvereins vorwiegend aus solchen nationalpolitischen Motiven ableiten, da die preußische Politik dieser Zeit durchaus noch an der bundesstaatlichen Gliederung des deutschen Raumes festhielt.

Die Entstehung eines »Nebenbundes« unter preußischer Führung innerhalb des Deutschen Bundes wurde von österreichischer Seite voller Argwohn verfolgt, war doch mit dem Zollverein ein funktionierendes Förderationsmodell als Alternative zur staatenbündischen Konstruktion des Bundes entstanden.

Die wiederum von Frankreich ausgehende Welle europäischer Revolutionen von 1848/49 hatte auch in Deutschland nachhaltige Auswirkungen. Im März 1848 kam es, ausgehend von Baden, überall zu Demonstrationen und Versammlungen. Forderungen nach demokratischen Freiheiten, nach Volksbewaffnung, nach konstitutionellen Verfassungen und nach Reform der Wahlgesetze wurden erhoben. Unter dem Druck der Massen gaben die Regenten nach, liberale Regierungen wurden eingesetzt, die Verfassungen reformiert, die Rechte der Parlamente anerkannt.

Die Forderungen der Volksbewegung richteten sich aber nicht nur an die einzelnen Mitglieder des Deutschen Bundes: Immer lauter wurde der Ruf nach einem Nationalparlament. Am 5. März 1848 trafen in Heidelberg 51 vorwiegend südwestdeutsche Liberale und Demokraten zusammen und beschlossen aus eigener Initiative die Einberufung einer nationalen Repräsentation. Am 31. März konstituierte sich hierauf in Frankfurt ein »Vorparlament«, das die Wahlen zu einer Nationalversammlung vorbereitete.

Der Deutsche Bundestag, jetzt von den neugebildeten liberalen Regierungen beschickt, reagierte flexibel auf die revolutionären

Ereignisse und auf die Reformforderungen, indem er einen »Siebzehner Ausschuß« zur Neugestaltung des Bundes einsetzte. Dessen bis Ende April ausgearbeiteter Verfassungsentwurf wurde jedoch sowohl von den Regierungen wie von der Nationalversammlung zurückgewiesen.

Das sich im Mai 1848 in der Paulskirche konstituierende Parlament sprach sich für einen deutschen Bundesstaat aus. Ein erster wichtiger Schritt war die Errichtung einer »provisorischen Zentralgewalt« im Juni. Die Ernennung des österreichischen Erzherzogs Johann zum »Reichsverweser«, also zum vom Parlament unabhängigen Leiter eines der Nationalversammlung verantwortlichen Ministeriums, entsprach einem Kompromiß zwischen dem souveränen Recht des Parlaments als Repräsentant des Volkswillens und der Respektierung des dynastischen Prinzips. Entscheidend für den Ausgang des jetzt beginnenden Konflikts zwischen neuer Zentralgewalt und den einzelnen Staaten war jedoch die Tatsache, daß die Regierung des Reichsverwesers praktisch über keine substantielle Macht verfügte.

Die verfassungspolitischen Vorstellungen der im Parlament vertretenen Gruppierungen, die sich nach ihren Tagungsorten nannten, differierten erheblich: Während die Konservative Rechte (Milani) förderalistisch und legitimistisch dachte und auf Vereinbarungen mit den bestehenden Regierungen setzte, wurden in der Mitte konstitutionell-föderalistische (Rechtes Zentrum: Casino und Landsberg) und parlamentarisch-unitarische (Linkes Zentrum: Württemberger Hof, Westendhall) Ansichten vertreten. Die Demokratische Linie (Deutscher Hof, Donnersberg) verfolgte hingegen republikanisch-zentralistische Auffassungen.

Bereits im Herbst 1848 erstarkten jedoch die gegenrevolutionären Kräfte. Im Dezember wurde die preußische Nationalversammlung durch den preußischen König Friedrich Wilhelm IV. aufgelöst. Währenddessen waren die Beratungen des Nationalparlaments durch die Debatte um den künftigen Umfang des deutschen Staates bestimmt. Hatte die Nationalversammlung ursprünglich beschlossen, die deutsch-österreichischen Gebiete in das Deutsche Reich aufzunehmen, so verlangte Österreich im März 1849 die Einbeziehung der österreichischen Gesamtmonarchie: Auf diese Weise wäre ein »Siebzig-Millionen-Reich« entstanden. Das Parlament entschied sich hierauf für eine kleindeutsch-preußische Lösung:

Der Preußische König wurde zum Deutschen Kaiser gewählt. Friedrich Wilhelm IV. lehnte die ihm angebotene Kaiserkrone jedoch ab, da er sich nicht mit der Rolle eines vom Volk legitimierten Monarchen zufrieden geben wollte. Damit war das Projekt eines auf dem Prinzip der Volkssouveränität gegründeten deutschen Nationalstaates gescheitert. Jedoch erkannten 28 deutsche Staaten die Paulskirchen-Verfassung an. Der Versuch, regional begrenzte Aufstände zu einer revolutionären Bewegung zu entfachen und so die Annahme der Verfassung zu erzwingen, blieb jedoch ohne Erfolg.

Die auf die Revolution folgende Reaktionszeit, in der jeder Ansatz für eine demokratische und nationale Bewegung erstickt wurde, kam zu Ende, als 1858 der preußische Prinzregent Wilhelm ein liberales Ministerium einsetzte und damit eine »Neue Ära« einleitete. Die Diskussion der deutschen Frage wurde nach einer Phase der Erstarrung wieder belebt.

Die Debatte entzündet sich zunächst an der Reform der Verfassung des Deutschen Bundes. Der Dualismus zwischen Preußen und Österreich trat jetzt immer klarer hervor; die Alternative eines preußisch geführten Kleindeutschland gewann mehr und mehr an Bedeutung.

Die unübersichtliche Konstellation in Europa nach dem Krimkrieg, in dem drei der fünf Hauptmächte gegeneinander gekämpft und das seit 1815 hergestellte Gleichgewicht in Frage gestellt hatten, begünstigte langfristig die Situation Preußens. Die Aufmerksamkeit Englands und Rußlands war in erster Linie auf das Frankreich Napoleons III. gerichtet; beide Staaten waren zunehmend bereit, ein starkes Preußen als Gegengewicht gegen Frankreich in Zentraleuropa zu akzeptieren, zumal nachdem Preußen nach der Hilfestellung bei der Niederschlagung des polnischen Aufstands von 1863 für Rußland eine Garantie gegen ein selbständiges Polen war. Österreich war hingegen gegenüber Rußland und – wegen der Italienfrage – gegenüber Frankreich isoliert; die militärische Niederlage gegen die sardinisch-französischen Kräfte 1859 hatten außerdem sein Prestige herabgesetzt.

Die während dieses Krieges aufgeworfene Frage der militärischen Intervention des Deutschen Bundes bildete den konkreten Anlaß für die Reformdiskussionen. Die preußische Konzeption war dabei auf eine dualistische Hegemonie innerhalb des Bundes gerichtet, wobei die Mainlinie als Grenzen der Interessensphären gesehen wurde.

Österreich hingegen wollte seine hegemoniale Stellung innerhalb des Bundes bewahren. Die Mittelstaaten verfolgen ihrerseits die Idee einer »Trias«, also eine föderative Reform des Bundes, in der ihre Interessen gewahrt blieben. Nach einem vorübergehenden Zusammengehen Preußens und Österreichs zwischen 1859 und 1861 in der Reformfrage wandte sich Österreich seit 1862 verstärkt den Mittelstaaten zu. Im gleichen Jahr kam es zu einem massiven Konflikt, als Österreich den Versuch einer Majorisierung Preußens machte, das wiederum mit dem Austritt aus dem Bund drohte. Preußen forderte 1863 die Parlamentarisierung des Bundes, was auf eine Zerstörung der Stellung Österreichs hinauslief, da es in einem Bundes-Parlament nur mit seinem deutschen Bevölkerungsteil repräsentiert sein konnte (während es in einem Fürstenbund stets mit seinem ganzen Gewicht vertreten war). 1863 übernahm Österreich die Initiative und lud zu einem Fürstentag nach Frankfurt ein; der preußische König reagierte auf Drängen Bismarcks mit einer Absage. Trotz der Annahme der österreichischen Vorschläge zu einer föderalistischen Ausgestaltung des Bundes durch die Mittelstaaten war damit eine Reform auf Eis gelegt.

Des weiteren entzündeten sich Konflikte um den 1859 erneut erhobenen österreichischen Wunsch nach Eintritt in den Zollverein, der von den süddeutschen Staaten unterstützt wurde. Die Auseinandersetzung verschärfte sich, als Österreich definitiv einen Beitritt für das Jahr 1865 forderte. Preußen setzte jedoch durch massiven Druck auf die anderen Zollvereinsmitglieder seine ablehnende Haltung durch.

Die Diskussion um die deutsche Einheit und der Konflikt zwischen den beiden Hegemonialmächten wurden zu einem erheblichen Teil als öffentliche Auseinandersetzung ausgetragen. Die kleindeutsch-preußische Position wurde von dem 1859 gegründeten »Nationalverein« unterstützt, einer Agitations- und Propagandavereinigung von liberalen und gemäßigten Demokraten, die an die Reichsverfassung von 1849 anknüpften und einen Nationalstaat mit Zentralgewalt, nationalem Parlament und allgemeinem Wahlrecht forderten.

Im Oktober 1862 wurde der »Reformverein« als Gegenkraft gegen den Nationalverein ins Leben gerufen. Diese Gründung stand im Zusammenhang mit den österreichischen Bundesreformplänen und stellte den Versuch dar, die Kräfte gegen das kleindeutsche Programm zu mobilisieren. Im Reformverein fanden Katholiken, Liberale, Demokraten und Konservative zusammen. Ziel war eine Erneuerung des Deutschen Bundes mit einem Direktorium an der Spitze und einem allerdings schwachen Parlament.

Die bundespolitischen Auseinandersetzungen von Klein- und Großdeutschen wurden von publizistischen und wissenschaftlichen Auseinandersetzungen begleitet. Zu den bekanntesten gehört der Streit zwischen den Historikern Heinrich von Sybel und Julius Ficker über die Bewertung der Politik des mittelalterlichen Kaisertums, die von Sybel als universalistisch und italienorientiert heftig kritisiert wurde, während Ficker die Politik der Kaiser aus ihren historischen Voraussetzungen rechtfertigte.

Die Annexion Schleswigs durch Dänemark im Jahre 1863 führte zu erbitterten Protesten der deutschen Nationalbewegung, die die völlige Loslösung der Herzogtümer Schleswig und Holstein aus ihrem Verhältnis zur dänischen Krone forderte. Preußen vertrat demgegenüber einen streng legalistischen Kurs und verlangte lediglich von Dänemark die Wiederherstellung des alten Zustandes. Es gelang Preußen, Österreich zu einem gemeinsamen Vorgehen zu veranlassen und nach einem kurzen Feldzug 1864 Dänemark zur Abtretung von Schleswig-Holstein zu zwingen. Der Versuch, in einer Übergangsregelung die Herzogtümer gemeinsam zu verwalten, verschärfte die preußisch-österreichischen Gegensätze in einer Region, die weit außerhalb des Wiener Zugriffs lag.

Bismarck heizte nun den Konflikt mit Österreich an, indem er die nationale Frage ins Spiel brachte. Im April 1866 legte er einen weiteren Plan zur Reform des Deutschen Bundes vor: Die Bundesversammlung sollte durch ein direkt gewähltes Parlament ersetzt werden, ein Vorschlag, der auf eine Hinausdrängung Österreichs aus dem Bund hinauslief. Die Krise eskalierte weiter, als Österreich im Juni den Bundestag zur Entscheidung der Schleswig-Holstein-Frage anrief; Preußen marschierte hierauf in das von österreichischen Truppen besetzte Gebiet ein und schlug gleichzeitig eine Erneuerung des Bundes ohne Österreich vor. Hierauf kam es zur Spaltung: Preußen erklärte den Bund für erloschen; die mit Österreich verbündeten Staaten beschlossen den Bundeskrieg gegen Preußen. Nach einem raschen Sieg annektierte Preußen die meisten der gegnerischen Staaten nördlich der Mainlinie und bildet mit den übrigen kleineren Staaten dieses Raumes den Norddeutschen Bund.

Der Sieg im Krieg gegen Frankreich 1870/71 bot Preußen die Chance zur Gründung eines kleindeutschen Staates. Das am 18. Januar 1871 in Versailles ausgerufene »Deutsche Reich« schloß den Waffenstillstand und den Friedensvertrag mit dem französischen Gegner, der damit in einer denkbar schlechten Situation die Bildung eines deutschen Nationalstaates anerkennen mußte. Im Zuge der während des Krieges entfachten nationalen Aufbruchstimmung und angesichts der sich überstürzenden Dramatik der Ereignisse konnte die Bildung des Deutschen Reiches als ein Anschluß der süddeutschen Staaten an den Norddeutschen Bund vollzogen werden. Durch die Gründung des Kaiserreichs war die Einigung Deutschlands, die der National- und Freiheitsbewegung nicht gelungen war, »von oben« vollzogen worden. In der Konstellation von 1871 wurde ein autoritärer Machtstaat geschaffen, der als Bollwerk gegen die Kräfte gesellschaftlicher Emanzipation fungierte.

Der Gründungsvorgang von 1871 war eine Entscheidung für einen kleindeutschen, »unvollendeten« Nationalstaat. Bereits in dieser Größenordnung besaß das Kaiserreich in Europa eine fast hegemoniale Stellung. Die von Bismarck geleitete Politik setzte sich das Ziel, die negativen außenpolitischen Auswirkungen der in einer außergewöhnlich günstigen Konstellation vollzogenen Reichsgründung zu begrenzen. Das »saturierte« Reich sollte durch eine moderate, auf Beilegung der europäischen Konflikte angelegte Politik sowie durch Defensivbündnisse gesichert werden.

Dieses System verfiel jedoch unter Bismarcks Nachfolgern. Nach der Nichterneuerung des Rückversicherungsvertrags mit Rußland 1890 kam es zur russisch-französischen Annäherung; 1904 entstand die britisch-französische Entente cordiale; 1907 verständigten sich Großbritannien und Rußland über den Abgleich ihrer Interessen in Persien und rückten so näher aneinander. Die sich in der Flotten-, Orient- und »Weltpolitik« äußernde Überheblichkeit der Wilhelminischen Ära trug erheblich zum Entstehen von Irritationen und zur internationalen Isolation des Reiches bei. Die Aggressivität und Unstetigkeit der deutschen Außenpolitik ergab sich in besonderer Weise aus dem Zwang, die enormen Spannungen, die zwischen einer sich dynamisch verändernden Wirtschaft und Gesellschaft einerseits und einer autoritären Herrschaftsordnung andererseits bestanden, nach außen abzuleiten.

Unter dem Aspekt der »nationalen Einheit« verdient die Haltung des Kaiserreichs gegenüber den in seinen Grenzen beheimateten Minderheiten besonderes Interesse, griff der deutsche Nationalstaat doch auf Siedlungsgebiete der Polen, Franzosen (in Elsaß-Lothringen), der Dänen, Litauer und Masuren aus. Insbesondere gegenüber den Polen (10 Prozent der preußischen Bevölkerung war polnisch) schlug man eine rigorose Germanisierungspolitik ein, die sich vor allem in einer rücksichtslosen Sprachen- und Bodenerwerbspolitik äußerte. International geriet das Kaiserreich mehr und mehr in ein selbst geschaffenes Dilemma: Die drohende Einkreisung sollte durch eine entschlossene »Machtpolitik« verhindert werden, die aber die befürchtete Isolation nur noch weiter verschärfte. Dieser Teufelskreis sollte im Falle einer ernsthaften Krise durch eine riskante »Flucht nach vorn« durchbrochen werden. Diese Haltung begünstigte 1914 in einem erheblichen Umfang den Ausbruch des Ersten Weltkrieges.

Aber auch in den während des Weltkrieges angestellten Kriegszielerörterungen spiegelt sich dieses Dilemma des Kaiserreiches wider: Um die »Mittellage«, die Ausgangssituation von 1914, zu überwinden, mußte eine weit vor die Reichsgrenze hinausgeschobene »Sicherheitszone« errichtet und eine unangreifbare deutsche Hegemonie über den Kontinent hergestellt werden, war ein Ende des Krieges nur als »Siegfrieden« denkbar. In diesen Planungen wird das Dilemma eines deutschen Nationalstaates deutlich, der nicht mehr in der Balance eines europäischen Gleichgewichtssystems verankert war.

In dem nach dem Ersten Weltkrieg durch die Pariser Vorortverträge geschaffenen System blieb die deutsche Einheit – obwohl auf alliierter Seite andere Pläne erörtert worden waren – erhalten, auch wenn territoriale Einbußen und gravierende Einschränkungen auf militärischem, politischem sowie wirtschafts- und finanzpolitischem Gebiet zu verzeichnen waren. Sieht man den Versailler Vertrag als Teil einer internationalen Friedensordnung, so erscheint die Schwächung Deutschlands allerdings geradezu als notwendige Voraussetzung, um angesichts der Sicherheitsinteressen der Nachbarn die Fortexistenz eines Deutschen Reiches überhaupt erhalten zu können.

Die Begründer der deutschen Republik knüpften 1918/19 bewußt an die Tradition der demokratischen Nationalbewegung an. Dabei erschien die Einbeziehung der Deutsch-Österreicher nach dem Zusammenbruch der Donau-Monarchie als eine Selbstverständlichkeit. Das alliierte Verbot eines solchen ›großdeutschen‹ Zusammenschlusses machte gerade den Republikanern – die österreichischen und deutschen Sozialdemokraten waren maßgebliche Vertreter des Anschlußgedankens – auf schmerzhafte Weise deutlich, daß die Furcht vor einem zu starken Deutschland unabhängig von dessen Staatsform existierte.

Die Episode eines rheinischen Separatismus in den von Frankreich neu besetzten Gebieten stellte in der Anfangsphase der Republik eine weitere Herausforderung für das Einheitsideal dar. Auch das gesamte Problem der Volksdeutschen außerhalb der Reichsgrenzen sowie letztlich der Komplex der Revision des Versailler Vertrages berührten den Kernbereich der nationalen Frage; beides kann hier nicht näher ausgeführt werden.

In der Ära Brüning spielte die Idee einer großdeutschen Lösung noch einmal eine wichtige Rolle, diesmal unter anderen politischen Vorzeichen, nämlich als Projekt einer deutsch-österreichischen Zollunion, die als erste Stufe eines in den Donauraum ausgreifenden, das Versailler System sprengenden »Mitteleuropa« gesehen wurde. Das Vorhaben wurde schließlich durch französischen Widerstand zu Fall gebracht.

Die seit 1933 regierenden Nationalsozialisten übersteigerten und pervertierten die national-deutschen Bestrebungen auf eine Weise, die die Forderung nach deutscher Einheit in den Augen der durch die NS-Expansion betroffenen europäischen Staaten für unabsehbar lange Zeit diskreditieren sollte: Nach dem Zweiten Weltkrieg erschien die deutsche Einheit nicht mehr als eine im Rahmen der europäischen Sicherheit zu lösende Frage, sondern per se als eine alarmierende Gefährdung des Friedens.

Die nationalsozialistische Außenpolitik schien zunächst in den Bahnen des außenpolitischen Revisionismus der Weimarer Zeit zu verlaufen. Die Nationalsozialisten begründeten ihre ersten Annexionen, also den »Anschluß« Österreichs und die Angliederung des Sudetenlandes, noch mit dem Selbstbestimmungsrecht der

Völker und dem Grundsatz der nationalen Gleichberechtigung; klassische Argumente, die von den Westmächten nicht ohne weiteres zurückgewiesen werden konnten. Erst nach 1938 zeigte sich, daß hinter dieser Politik ein hemmungsloser Expansionismus stand, der mit einer revolutionären Dynamik das internationale System sprengen wollte. Nicht die prinzipielle Gleichberechtigung der Nationalitäten, sondern ein sozialdarwinistischer Rassismus bestimmte nach nationalsozialistischer Auffassung das Zusammenleben der Völker.

Schon während des Zweiten Weltkrieges zeichneten sich erste Grundzüge der alliierten Besatzungspolitik ab: Die alliierten Außenminister einigten sich auf ihrer Konferenz in Moskau im Oktober 1943 darauf, unter Deutschland künftig nur noch das Deutsche Reich in den Grenzen von 1937 zu verstehen, also von einem selbständigen Österreich auszugehen. Eine gemeinsame Kontrollkommission sollte die Regierungsgewalt in Deutschland übernehmen.

Auf der Konferenz der »Großen Drei« (Churchill, Roosevelt, Stalin) in Teheran Ende 1943 wurden zwar Pläne zur Teilung Deutschlands diskutiert, jedoch keine verbindlichen Beschlüsse hierzu gefaßt. Die auf der Moskauer Konferenz ins Leben gerufene Europäische Beratende Kommission (EAC) entwickelte aber Vorschläge für die Aufteilung Deutschlands in Besatzungszonen, die im September 1944 durch die drei Alliierten akzeptiert wurden. Diese Regelung wurde auf der Konferenz von Jalta im Februar 1945 bestätigt, Frankreich erhielt zusätzlich eine eigene Zone. Die Westmächte akzeptierten grundsätzlich die von Stalin geforderte Verschiebung Polens, die endgültige Festlegung seiner Westgrenze sollte jedoch erst in einem Friedensvertrag erfolgen. Stalin ging aber in der polnischen Frage eigenmächtig vor, indem er am 1. März 1945 ankündigte, die Gebiete östlich von Oder und Neiße polnischer Verwaltung zu unterstellen.

Auf der Jalta-Konferenz wurde zwar noch einmal über die Zerteilung Deutschlands verhandelt und die Ausarbeitung der Einzelheiten einer Kommission übertragen; tatsächlich kam man jedoch schnell zu der Einsicht, daß die entstehenden Kleinstaaten ökonomisch nicht lebensfähig seien. Die später dennoch erfolgende Teilung Deutschlands läßt sich demnach nicht gradlinig aus den alliierten Kriegszielerörterungen ableiten, sondern ist ein Ergebnis der Nachkriegsentwicklungen.

Nach der Kapitulation Deutschlands am 8. Mai 1945 gaben die Siegermächte am 5. Juni 1945 mit einer offiziellen Erklärung die Übernahme der obersten Regierungsgewalt bekannt, die durch einen aus den vier Oberbefehlshabern bestehenden Kontrollrat ausgeübt werden sollte. Die »Berliner Erklärung« entsprach inhaltlich dem von der EAC beratenen Entwurf für eine Kapitulationsurkunde, der jedoch nicht verwandt wurde, um die Regierung Dönitz nicht politisch aufzuwerten.

Auf der letzten großen Kriegskonferenz in Potsdam traten die Interessenunterschiede unter den Alliierten bereits deutlich hervor. Das Schlußkommunique enthielt denn auch eine Reihe vager Formulierungen, die hauptsächlich dazu bestimmt waren, die Differenzen zu verdecken: Deutschland war demnach als wirtschaftliche Einheit zu behandeln, vorgesehen war aber auch eine Beteiligung der Sowjetunion an den Reparationen in den Westzonen, wodurch das Besatzungsgebiet in dieser wichtigen Hinsicht uneinheitlich behandelt wurde. Die Ausgliederung der Polen zugesprochenen deutschen Ostgebiete aus der sowjetischen Besatzungszone wurde bestätigt; eine endgültige Klärung sollte einer Friedensregelung vorbehalten bleiben. Mit der gleichzeitigen Zustimmung der Westmächte zur Aussiedlung der Deutschen erhielt die Grenzregelung jedoch praktisch einen irreversiblen Charakter. Wesentlich für das Ziel der Erhaltung der deutschen Einheit war auch die Absicht der Sieger, zentrale Regierungsstellen zu errichten. Gegen dieses letzte Verhandlungsergebnis meldete Frankreich allerdings massive Bedenken an, als es die Ergebnisse der Potsdamer Konferenz im nachhinein anerkannte. Tatsächlich waren es gerade die Franzosen, die in den kommenden Jahren in besonderer Weise zonenübergreifende Maßnahmen torpedierten.

Aber nicht nur wegen der französischen Obstruktionen, sondern vor allem wegen der Interessengegensätze zwischen der Sowjetunion und der westlichen Alliierten, aber nicht zuletzt auch aufgrund der großen praktischen Schwierigkeiten, scheiterte eine alle Zonen umfassende Zusammenarbeit: Weder wurden zentrale Verwaltungsorgane errichtet, noch die Reparationen aus dem westlichen Gebiet im vorgesehenen Umfang geleistet, noch funktionierte die wirtschaftspolitische Kooperation. In einer Serie von Konferenzen befaßten sich die Außenminister der vier Mächte mit dem Deutschland-Problem, ohne zu einer Lösung zu gelangen.

Das zunehmende Mißtrauen und die verschärften Spannungen zwischen den Hauptsiegermächten, USA und Sowjetunion, die durch die Errichtung kommunistischer Regime in den osteuropäischen Staaten einerseits und durch die Furcht vor dem Ausspielen der amerikanischen wirtschaftlichen Überlegenheit andererseits verursacht wurden, ließen eine deutschlandpolitische Übereinkunft in weite Ferne rücken.

Die Stuttgarter Rede des amerikanischen Außenministers Byrnes vom 6. September 1946 markierte den Beginn des Wandels in der amerikanischen Deutschlandpolitik. Da die Kooperation zwischen den Alliierten nicht funktionierte, so Byrnes' pragmatische Schlußfolgerung, müsse eben eine Zusammenarbeit auf kleinstmöglichem Nenner erfolgen: Die britische und die amerikanische Besatzungszone wurden Anfang 1947 zur »Bizone« zusammengelegt. In der ersten Hälfte des Jahres 1947 kam es zu Entwicklungen der globalen amerikanischen Politik, die erhebliche Rückwirkungen für die Situation Deutschlands hatte: Im März 1947 sagte der amerikanische Präsident Truman allen Ländern, die sich in ihrer Unabhängigkeit bedroht fühlten, die Unterstützung der USA zu; im Juni wurde aus dieser »Truman-Doktrin« (die sich zunächst auf Griechenland und die Türkei bezog) die ökonomische Folgerung gezogen und ein umfassendes »Europäisches Wiederaufbauprogramm«, der nach dem amerikanischen Außenminister benannte »Marshallplan«, verkündet. Die Einbindung der westlichen Zonen in einen sich bildenden Block war damit vorgezeichnet.

Deutsche Politiker spielten in diesem Prozeß des allmählichen Auseinanderrückens der Besatzungsgebiete eine untergeordnete Rolle. Die unterschiedlichen deutschlandpolitischen Konzeptionen sollen am Beispiel von vier maßgeblichen Persönlichkeiten aufgezeigt werden.

Konrad Adenauer, vorübergehend wieder in seiner alten Funktion als Kölner Oberbürgermeister tätig und einer der Mitbegründer der CDU, ging bereits sehr früh von einer Trennung Europas in einen sowjetischen und einen westlichen Einflußbereich aus, nahm sie gedanklich fast vorweg. Sicherheits- und wirtschaftspolitische Überlegungen sprächen dafür, so Adenauer, die westalliierten Besatzungszonen in einem westeuropäischen Rahmen zu integrieren. Eine bundesstaatliche Ordnung für die nicht sowjetisch besetzten Teile Deutschlands sei anzustreben.

Für *Jakob Kaiser*, 1945–1947 Vorsitzender der Ost-CDU, hatte hingegen die Bewahrung der Einheit des »Reiches« unbedingte Priorität. Deutschland, auf der Grenze zwischen Ost und West gelegen, habe eine historische Brückenfunktion zwischen beiden Systemen einzunehmen. Dem entsprach der Versuch, einen – »volksgemeinschaftlich« definierten – Sozialismus mit westlich-freiheitlichem Gedankengut zu verbinden.

Kurt Schumacher, seit der Wiedergründung der SPD die zentrale Figur der Sozialdemokratie im Westen, verfolgte von Anfang an einen scharf antikommunistischen Kurs und erteilte der Idee eines Zusammengehens seiner Partei mit der KPD ebenso eine Absage wie den auf Blockfreiheit gerichteten politischen Ansätzen, deren Befürworter er mit nationalistisch gefärbter Polemik überzog. Gleichzeitig befand er sich als Anhänger eines demokratischen Sozialismus im schroffen Gegensatz zu der von Adenauer vertretenen bürgerlichen Richtung, der er eine Restauration des Kapitalismus vorwarf. Schumacher gehörte zu den Anhängern der »Magnettheorie«, also der Vorstellung, die Westzonen könnten durch eine ökonomische Stabilisierung langfristig eine unwiderstehliche Anziehung auf die Ostzone ausüben.

Walter Ulbricht, von Anfang an maßgeblich am Wiederaufbau der KPD beteiligt und seit dem Zusammenschluß mit der SPD in den höchsten Führungsgremien der SED präsent, vertrat nachhaltig die Forderung seiner Partei nach Herstellung der deutschen Einheit unter »demokratisch-antifaschistischen« Vorzeichen. Die Frage der Einheit war dabei untrennbar mit der Forderung nach einer Führungsrolle der Arbeiterklasse und »ihrer« Partei verbunden.

Das Scheitern der Münchner Ministerpräsidentenkonferenz im Juni 1947 zeigte deutlich den begrenzten Handlungsspielraum der deutschen Politiker und den bereits erheblich fortgeschrittenen Spaltungsprozeß: Da sich die ostdeutschen Teilnehmer mit ihrer Absicht, die Frage der Einheit in den Mittelpunkt der Erörterungen zu stellen, nicht durchsetzen konnten, reisten sie vor dem Beginn der eigentlichen Konferenz wieder ab. Die entscheidenden Impulse in der Innenpolitik des westlichen Besatzungsgebietes erfolgten statt dessen in Richtung einer separaten Staatsbildung. Ansatzpunkte bot dabei vor allem die Bildung von zentralen politischen Institutionen im Rahmen des Aufbaus der Bizone, die zum Kern der späteren Verfassungsorgane der Bundesrepublk wurden.

Auf der Londoner Sechsmächtekonferenz, die von Februar bis Juni 1948 tagte, wurde diese Orientierung entscheidend vorangetrieben: Die Teilnahme der Westzonen am Marshallplan und die Errichtung einer Kontrollbehörde für das Ruhrgebiet wurden beschlossen sowie die Bildung einer westdeutschen Regierung empfohlen. Auf die sich abzeichnenden Ergebnisse der Konferenz reagierte die Sowjetunion mit dem Auszug aus dem alliierten Kontrollrat. Damit war praktisch der institutionelle Ansatz für eine gemeinsame alliierte Deutschlandpolitik ausgeschaltet.

Die Durchführung der Währungsreform in den westlichen Besatzungszonen war ein weiterer wesentlicher Schritt auf dem Weg zur Bildung eines eigenständigen Weststaates. Die als Reaktion auf die Einführung der neuen Währung vorgenommene Blockade West-Berlins durch die Sowjetunion und die erfolgreiche Gegenmaßnahme der Westmächte, die Errichtung einer fast ein Jahr lang unterhaltenen Luftbrücke zur Versorgung der Stadt, hatten mit ihren dramatischen Begleitumständen auch eine erhebliche emotionale Annäherung der Berliner und der Westdeutschen an die Vereinigten Staaten zur Folge.

Die Empfehlungen der Londoner Konferenz, die den Ministerpräsidenten als »Frankfurter Dokumente« übergeben wurden, leiteten die eigentliche Bildung des deutschen Weststaates ein. Es wurden Richtlinien für die künftige Verfassung aufgestellt und, als Rahmen für den Handlungsspielraum des neuen Staates, ein Besatzungsstatut angekündigt. Ein verfassungsgebendes Gremium, der »Parlamentarische Rat«, schuf das Grundgesetz für das neue Staatsgebilde.

Als Gegenreaktion auf die sich abzeichnende westdeutsche Staatsgründung wurde in der Ostzone eine »Volkskongreß-Bewegung« aufgezogen, aus der ein »Deutscher Volksrat« hervorging, der wiederum die Ausarbeitung einer Verfassung veranlaßte. Der Volksrat trat zunächst mit einem gesamtdeutschen Anspruch auf und konstituierte sich nach der Gründung der Bundesrepublik als »Volkskammer« einer – ebenfalls als Kernstaat verstandenen – »Deutschen Demokratischen Republik«.

Mit der Entstehung der beiden deutschen Staaten wurde Deutschland zum Hauptschauplatz des Ost-West-Konflikts. Die Bundesrepublik wurde stufenweise in den Westen integriert. Dieser Eingliederungsprozeß wurde von den maßgebenden westdeut-

schen Kräften mitgetragen, allerdings nicht im Sinne einer politischen »Option« wirklich bestimmt. Ein antikommunistischer Grundkonsens, ohnehin vorhanden und nicht zuletzt unter dem Eindruck des Korea-Krieges verstärkt, und der schnelle wirtschaftliche Aufschwung erleichterten die Integration.
Die Konzentration auf die Errichtung der Bundesrepublik und ihre Einbindung in den Westen hatte zwangsläufig zur Folge, daß das Ziel der deutschen Einheit in den Hintergrund treten mußte. Die ständige rhetorische Beschwörung der »Wiedervereinigung« trat an die Stelle praktischer Politik auf diesem Gebiet.
Im Zeitraum 1949 bis 1955 besaß die Bundesrepublik keine Souveränität. Grundlage ihrer staatsrechtlichen Existenz war das Besatzungsstatut, in dem sich die alliierten Hohen Kommissare einen Katalog von politischen Vorbehalten und Eingriffmöglichkeiten gesichert hatten. Die Außenpolitik der Bundesrepublik in dieser Phase war durch scharfe innenpolitische Debatten begleitet. Im Kern ging es dabei um die Frage, inwieweit der neue Staat sich vor Erlangung seiner vollen Gleichberechtigung in den Prozeß der Integration einbeziehen lassen sollte.
Diese Thematik entzündete sich beim Beitritt der Bundesrepublik zur Ruhrbehörde und zum Europarat, bei der Frage der Zukunft des – zunächst eng mit Frankreich verbundenen, halbautonomen – Saargebietes, bei der Beteiligung an der Montanunion sowie insbesondere bei der Diskussion um den deutschen Verteidigungsbeitrag im Zusammenhang mit der Bildung der Europäischen Verteidigungsgemeinschaft (EVG). Während Adenauer bei diesen Fragen Vorleistungen auf die angestrebte Souveränität erbringen zu können glaubte, forderte die von Schumacher geführte SPD die volle Gleichberechtigung als Voraussetzung des Integrationsprozesses.
In dem 1952 unterzeichneten General- oder Deutschlandvertrag wurden die Rechte der Alliierten als Besatzungsmächte durch – erheblich eingeschränkte – Vorbehaltsrechte abgelöst. Der ursprüngliche Zusammenhang dieser Regelung mit der militärischen Integration der Bundesrepublik wurde durch die Ablehnung des EVG-Vertrages in der französischen Nationalversammlung schlagartig unterbrochen. Mit dem auf der Pariser Konferenz von 1954 unterzeichneten Vertragspaket konnte aber rasch eine neue Konstruktion gefunden werden: Die Bundesrepublik wurde in die

NATO aufgenommen, der erheblich abgeänderte Deutschlandvertrag verlieh ihr den Status eines souveränen Staates. Im Gegenzug erkannte die Sowjetunion die Souveränität der DDR an; die »Nationale Volksarmee« wurde im Rahmen des Warschauer Paktes aufgestellt.

Als Alternative zur Integration der beiden deutschen Staaten in die Blöcke hatte die Sowjetunion zwischen 1952 und 1955 den westlichen Alliierten Verhandlungen über einen Friedensvertrag für ein wiedervereinigtes und neutrales Deutschland angeboten. Die Westalliierten, die nicht bereit gewesen waren, den im Gang befindlichen Integrationsprozeß aufzuhalten, hatten im Gegenzug freie Wahlen in der DDR (und damit die Aufgabe des ostdeutschen Staates) als Voraussetzung des Wiedervereinigungsprozesses und vor einer Entscheidung über den künftigen Status Gesamtdeutschlands gefordert.

Durch die Aufnahme der beiden nun formell in die Souveränität entlassenen deutschen Staaten in die Militärblöcke war die Teilung festgeschrieben worden. Eine Wiederherstellung der deutschen Einheit war unauflöslich mit der gesamten Problematik der Blockbildung, mit komplizierten Sicherheits- und Abrüstungsfragen verknüpft. Die Sowjetunion ging nun von der Existenz zweier deutscher Staaten aus. Mit dem Erreichen des atomaren Patts war für sie ein wiederbewaffnetes Westdeutschland sicherheitspolitisch akzeptabel. Die zahlreichen Pläne und Vorschläge zur stufenweisen Wiederherstellung der deutschen Einheit, die in den kommenden Jahren auf deutscher wie auf alliierter Seite vorgelegt wurden, konnten, trotz ihrer teilweise ausgeklügelten Vereinigungs-Mechanik, an der grundsätzlichen Tatsache der Spaltung nichts ändern. Aus heutiger Sicht, unter völlig veränderten politischen Voraussetzungen, erscheint es indes durchaus reizvoll, die verschiedenen Konstruktionen für Übergangslösungen auf dem Weg zur Einheit mit aktuellen Vorschlägen zu vergleichen.

Die Integration der Bundesrepublik in den Westen und ihre Politik der Alleinvertretung und der Nichtanerkennung der DDR begrenzten den Handlungsspielraum einer eigenständigen deutschen Ostpolitik von vornehrein: Die sogenannte Hallstein-Doktrin verbot die Aufnahme diplomatischer Beziehungen mit Staaten, die ihrerseits die DDR anerkannten. Eine Ausnahme schien lediglich im Jahre 1955 im Falle der Sowjetunion opportun.

Seit dem Ultimatum Chruschtschows von 1958 rückte das Berlin-Problem in den Mittelpunkt der Ost-West-Auseinandersetzung. Die USA konzentrierte sich darauf, eine Regelung zu finden, die ihre Präsenz im Westteil der Stadt sicherte und den sich abzeichnenden Prozeß der Rüstungskontrolle nicht belastete. Im Zuge dieser Politik wurde deutlich, daß auch die westliche Vormacht eine Lösung der deutschen Frage praktisch aufgegeben hatte.

Der Bau der Berliner Mauer am 13. August 1961 und die Hinnahme dieser Maßnahme durch die Westmächte führte zu einem Prozeß der Ernüchterung auf westdeutscher Seite: Die Vorstellung, in absehbarer Zeit mit Unterstützung der starken westlichen Alliierten eine Wiedervereinigung durchzusetzen, erwies sich als illusionär. Durch die Abriegelung nach Westen trat zwangsläufig eine gewisse Konsolidierung in den inneren Verhältnissen der DDR ein, die nun als Faktor der Politik kaum noch übergangen werden konnte.

Neben vereinzelten unkonventionellen Ansätzen (wie etwa Adenauers »Burgfriedensangebot« von 1962) konzentrierte sich die Ostpolitik der Bundesrepublik in den Jahren 1962–1967 auf eine Belebung der Beziehungen zu den osteuropäischen Staaten im Rahmen der prinzipiell geltenden und erst langsam ausgehöhlten Hallstein-Doktrin. Bereits in der Zeit der Großen Koalition setzte ein gewisser Umdenkungs- und Lockerungsprozeß in der Ost- und Deutschlandpolitik ein. Seit 1967 wurden innerhalb des von Willy Brandt geleiteten Auswärtigen Amtes alternative außenpolitische Strategien ausgearbeitet, wobei man auf die bereits vom Berliner Senat erprobte »Politik der kleinen Schritte« und das von Egon Bahr 1963 entwickelte Konzept des »Wandels durch Annäherung« zurückgriff.

Die 1969 begonnene neue Ostpolitik ist aber vor allem im Zusammenhang mit den internationalen Bemühungen um Entspannung zu sehen. Wesentliche Inhalte waren – im Rahmen einer angestrebten generellen Verbesserung des Verhältnisses zu den Staaten des Warschauer Paktes – die Anerkennung der staatlichen Existenz der DDR, die Respektierung der Oder-Neiße-Linie als Westgrenze Polens und die Sicherheit West-Berlins. Die wesentlichen Ergebnisse der Ostpolitik schlugen sich in den Verträgen von Moskau und Warschau sowie im Grundlagenvertrag zwischen den beiden deutschen Staaten nieder. Die DDR rückte nun von ihrer bisher vertretenen Politik der Wiedervereinigung unter sozialistischen Vorzeichen ab und ging zu einer Politik der Abgrenzung über, die auf der Vorstellung einer in den revolutionären Traditionen deutscher Geschichte wurzelnden eigenen Nationalität basierte.

Aufgrund der starken Auseinanderentwicklung der gesellschaftlichen Verhältnisse und der zunehmenden Entfremdung beider Staaten rückte in den siebziger Jahren innerhalb der Bundesrepublik, insbesondere in der jüngeren Generation, das Ziel der staatlichen Einheit Deutschlands in den Hintergrund, schien das offizielle Festhalten an der »Wiedervereinigung« zu einem bloßen Ritual, etwa anläßlich des Gedenkens am 17. Juni, zu verkümmern. Auch die seit Beginn der achtziger Jahre feststellbare Wiederbelebung der »deutschen Frage« in der Publizistik und der politischen Debatte, einerseits auf konservativer Seite, andererseits durch Teile der grün-alternativen Bewegung, vermochte die »Wiedervereinigung« nicht wirklich zu einem erstrangigen Thema zu machen, zumal die politischen Voraussetzungen hierfür nach allgemeiner Meinung in keiner Weise gegeben waren. Vielmehr herrschte in der Bundesrepublik weitgehend Konsens darüber, daß in einem europaweiten Prozeß der Entspannung und Abrüstung allenfalls eine Intensivierung der »deutsch-deutschen Beziehungen« möglich sei, darüber hinaus möglicherweise eine Rückbildung der Blöcke; am Ende dieses Prozesses erschien – mehr als vage Utopie – ein Nebeneinander der deutschen Staaten in einem europäischen Zusammenhang denkbar.

Gerade die vollkommen überraschende Entwicklung, die im letzten Quartal des Jahres 1989 begann und auf einen raschen Verfall der bisherigen DDR hinausläuft, sollte nicht dazu verführen, die plötzlich in aller Munde befindliche und vielfach geradezu als selbstverständlich empfundene Vereinigung der beiden deutschen Staaten vollkommen losgelöst von dem Hintergrund der letzten zweihundert Jahre deutscher Geschichte zu sehen.

Editorische Notiz:
Um möglichst viele Dokumente aufnehmen zu können, mußten diese z. T. gekürzt werden. Auslassungen sind mit [...] gekennzeichnet. Ebenso wurde darauf verzichtet, in jedem Text den jeweils ersten Druckort anzugeben; so wird es dem Leser erleichtert, das Dokument in gängigen Dokumentationen aufzufinden. Die Schreibweise der älteren Dokumente wurde zum Teil an die moderne Form angepaßt.

I. Deutschland im Zeitalter Napoleons

1 Ernst Moritz Arndt, Germanien und Europa, 1803

[...] Nehmen wir Deutschland einmal als eine Einheit, die es wohl hätte werden können wie Frankreich und Großbritannien, die es aber nicht hat werden sollen; welche sind seine Naturgrenzen? Im Süden die Alpen und die Nordecke des Adriatischen Meeres; geographisch und linguisch würde die Schweiz fast ganz in diese Grenzen fallen; gegen Westen das Meer der französischen und batavischen Niederlande; diese Grenze ist seit dem sechszehnten Jahrhundert schon verletzt; das Nordmeer darf Deutschland ansprechen, weil fast der ganze Süden von Deutschland seiner Lage nach durch den Rhein sich dahin ziehen muß, Reichtümer und Kultur zu ernten; im Norden hat es nach seiner rechten Grenze die Eider und die Ostsee; und im Osten ist die jetzige politische auch allenfalls die geographische, weil sie überdem glücklich auch meistens die linguische ist. Diese Grenzen müßte das Vaterland auch als eine Einheit haben; jetzt hat sie die, so sie wirklich hat, nur politisch; denn die Vielherrschaft behauptet auch ihr besonderes Recht der Lage auf das Meer zum großen Nachteil der anderen. Die Oder und Elbe sind dem Böhmen und Sachsen vielleicht ebenso belastet, als ihnen, als Fremden der Tajo und der Po sein würden.

Von dieser Vielherrschaft brauche ich nichts Langes zu sagen; daß sie die Schande und das lange Unheil des Vaterlandes ist, das weiß ein jeder; daß sie vielleicht die Ursache der gänzlichen Unterjochung einst sein wird, das fürchten viele. Welche sind die Folgen dieser Vielherrschaft? Ich will nur einige kurz herrechnen.

Dieser Vielherrschaft verdankt es Deutschland, so wie Italien der seinigen, daß es seit dritthalb hundert Jahren der Schauplatz aller Kriege gewesen ist, die oft mit seinem Blute und auf seine Kosten geführt sind. Haben nicht fast alle Nationen Europens wechselweise es alle zehn, zwanzig, dreißig Jahre in Kriegen zertrampelt? Und hat ein anderes Land, Italien und in den letzten hundert Jahren Polen ausgenommen, ein gleich hartes Schicksal gehabt? England hat seit dem dreizehnten Jahrhundert, die schottischen Streifereien ausgenommen, fast keine fremden Soldaten als Feinde auf seinem Boden gesehen; nach Rußland hat fast seit hundert Jahren kein fremdes Volk den Fuß gesetzt; so ist es in Spanien und Frankreich, in Schweden und Dänemark; die Grenzen abgerechnet, wissen sie beinahe nicht, was ein feindseliges Kriegsheer eines fremden Volkes mit sich bringt.

Aber nicht bloß von Fremden ist das Vaterland arg mitgenommen, und wird es bis auf den heutigen Tag; sondern der herrschsüchtige Ehrgeiz unserer Fürsten rief selbst diese Fremden gewöhnlich zum Verheeren herein, und lehrte die Deutschen, mit diesen und ihren Landsleuten sich die Hälse zerbrechen. So ist es gegangen, und geht es alle Tage. Der Deutsche hat die ersten irdischen Gefühle von einem Staate verloren, die freilich an sich selbst nicht edel sind, noch schön, aber doch alles Edlen und Schönen Boden. Ein Volk, das hundert Herren hat, kann nie glücklich sein noch groß, weil ihm das Bewußtsein der Stärke, die Liebe zu einer großen Gesamtheit, der Aufopferung für diese Gesamtheit, fehlt. Die Idee der Gemeinschaft und des Vaterlandes fehlt ihm, die dauernd größte für ein Volk. [...]

Ich habe schon mehr als einmal geäußert, was ich von der Universalität der Völker meine, und daß mir schlecht gefällt, was andere von einem allgemeinen Reiche und einem Zusammenschließen aller Völker mit der fortgehenden Vermenschlichung und Veredelung hoffen und träumen. Ich hasse jenes Zusammenfließen auf Erden, weil es ein *Zer*fließen, also ein politischer und moralischer Tod der verschiedenen Nationen wird. [...]

Ernst Moritz Arndt, Germanien und Europa, Altona 1803, S. 410 ff. u. 423 f.

2 Johann Gottlieb Fichte, Reden an die deutsche Nation, Vierzehnte Rede, 1808

[...] Es hängt von euch ab, ob ihr das Ende sein wollt und die letzten eines nicht achtungswürdigen und bei der Nachwelt gewiß sogar über die Gebühr verachteten Geschlechtes, bei dessen Geschichte die Nachkommen, falls es nämlich in der Barbarei, die da beginnen wird, zu einer Geschichte kommen kann, sich freuen werden, wenn es mit ihnen zu Ende ist, und das Schicksal preisen werden, daß es gerecht sei, oder ob ihr der Anfang sein wollt und der Entwicklungspunkt einer neuen, über alle eure Vorstellungen herrlichen Zeit und diejenigen, von denen an die Nachkommenschaft die Jahre ihres Heils zähle. Bedenket, daß ihr die letzten seid, in deren Gewalt diese große Veränderung steht. Ihr habt doch noch die Deutschen als Eins nennen hören, ihr habt ein sichtbares Zeichen ihrer Einheit, ein Reich und einen Reichsverband gesehen oder davon vernommen; unter euch haben noch von Zeit zu Zeit Stimmen sich hören lassen, die von dieser höhern Vaterlandsliebe begeistert waren. Was nach euch kommt, wird sich an andere Vorstellungen gewöhnen, es wird fremde Formen und einen andern Geschäfts- und Lebensgang annehmen; und wie lange wird es noch dauern, daß keiner mehr lebe, der Deutsche gesehen oder von ihnen gehört habe? [...]

Ist in dem, was in diesen Reden dargelegt worden, Wahrheit, so seid unter allen neuren Völkern ihr es, in denen der Keim der menschlichen Vervollkommnung am entschiedensten liegt und denen der Vorschritt in der Entwicklung derselben aufgetragen ist. Gehet ihr in dieser eurer Wesenheit zugrunde, so gehet mit euch zugleich alle Hoffnung des gesamten Menschengeschlechts auf Rettung aus der Tiefe seiner Übel zugrunde. Hoffet nicht und tröstet euch nicht mit der aus der Luft gegriffenen, auf bloße Wiederholung der schon eingetretenen Fälle rechnenden Meinung, daß ein zweites Mal nach Untergang der alten Bildung eine neue auf den Trümmern der ersten aus einer halbbarbarischen Nation hervorgehen werde. In der alten Zeit war ein solches Volk mit allen Erfordernissen zu dieser Bestimmung ausgestattet vorhanden und war dem Volke der Bildung recht wohl bekannt und ist von ihnen beschrieben; und diese selbst, wenn sie den Fall ihres Unterganges zu setzen vermocht hätten, würden an diesem Volke das Mittel der Wiederherstellung haben entdecken können. Auch uns ist die gesamte Oberfläche der Erde recht wohl bekannt und alle die Völker, die auf derselben leben. Kennen wir denn nun ein solches dem Stammvolke der neuen Welt ähnliches Volk, von welchem die gleichen Erwartungen sich fassen ließen? Ich denke, jeder, der nur nicht bloß schwärmerisch meint und hofft, sondern gründlich untersuchend denkt, werde diese Frage mit Nein beantworten müssen. Es ist daher kein Ausweg: wenn ihr versinkt, so versinkt die ganze Menschheit mit, ohne Hoffnung einer einstigen Wiederherstellung. [...]

Fichtes Reden an die deutsche Nation, eingel. v. Rudolf Eucken, Leipzig 1915, S. 253 f. u. S. 267 f.

3   Petersburger Denkschrift des Freiherrn Karl vom Stein, 17. September 1812

Das Glück der Waffen wird über das Schicksal Deutschlands und über die ihm zu erteilende Verfassung entscheiden. Die Auflösung des schändlichen Rheinbundes erfordert die Sicherheit von ganz Europa. Was soll aber an seine Stelle kommen? Hierüber lassen sich nur allgemeine Betrachtungen anstellen. Eine von vielen geäußerte Meinung ist die Herstellung der alten Reichsverfassung. Die Frage bleibt aber immer – welcher? Der, so auf dem Westfälischen Frieden beruhte? oder der, so die französische Übermacht und der Sklavensinn der deutschen Fürsten ao. 1802 gebildet hat?

Es ist das Interesse Europas und namentlich Deutschlands, daß es zu einem kräftigen Staat erhoben werde, um Frankreichs Übermacht zu widerstehen und seine Selbständigkeit erhalten zu können, um seine großen Ströme und seine Küsten England zugänglich zu erhalten, um Rußland gegen französische Invasionen zu schützen. In dieser Absicht kann man das Land zwischen der Oder, dem Ausfluß des Rheins, Maas und denen Mosel-Gebirgen zu einem einzigen kräftigen Staat erheben, oder man kann dieses so begrenzte Deutschland nach dem Lauf des Mains zwischen Preußen und Österreich teilen, oder man kann einzelne Teile dieses Landes z. B. in ein untergeordnetes Verhältnis gegen Österreich und Preußen setzen, alle diese Einrichtungen geben Deutschland mehr Kraft als es bisher hatte, aber die Wiederherstellung der ehemaligen Reichsverfassung ist unmöglich.

Diese Verfassung war nicht das Resultat der durch Erfahrung und Kenntnis des eigenen Interesses geleiteten Nation, sie entsprang aus denen unreinen Quellen des Einflusses herrschsüchtiger Päpste, aus der Untreue aufrührerischer Großen, der Einwirkung fremder Mächte. [...]

Wollen wir also nach solchen traurigen Erfahrungen die alte morsche Staatsverfassung wiederherstellen, wenn wir es könnten? und können wir es?

In dieser Absicht müssen wir, um nur einigermaßen Einheit zu erhalten, Preußen vernichten, die geistlichen und kleinen weltlichen Fürsten, die Reichsritterschaft, die Reichsstädte, die Reichs-Gerichte wiederherstellen, denn nur diese Werkzeuge könnten Österreich eine Oberherrschaft auf Einfluß und das Ansehen der Übermacht gründen. Wir müßten aber auch die ständische Verfassung in denen Ländern wiederaufrichten und dem Despotism der kleinen Fürsten Grenzen setzen. Ist dieses möglich, welches aber ohne Widerstand von Preußen, Bayern, Sachsen, Württemberg u. s. w. nicht geschehen kann, so lassen sich auf einem andern, bessern Weg größere und der Nation wohltätigere Zwecke erreichen.

Denn dieser Zustand bleibt immer mangelhaft, Deutschland zum Widerstand gegen Fremde schwach, in seinem Innern unter Mittelmächte zerstückelt – eine Folge ihrer Bildung ist aber Verlust der Nationalität, des militärischen Sinns, Vernichtung der Vaterlandsliebe, das Interesse wird abgeleitet vom Allgemeinen, vom Großen auf den kleinen Verwaltungs-Kreis eines Ländchens, auf das Treiben kleiner Höfe, deren Vervielfältigung zugleich Sittenverderbnis, höfisches Wesen, Kriecherei verbreitet, und das Gefühl der Unabhängigkeit und Selbständigkeit im einzelnen zerstört.

Könnte ich aber einen Zustand wieder aus der Vergangenheit hervorrufen, so wäre es der unter unseren großen Kaisern des 10. bis 13. Jahrhunderts, welche die deutsche Verfassung durch ihren Wink zusammenhielten und fremden Nationen Schutz und Gesetze gaben.

Das Land zwischen Oder, Rhein, Maas, Schweiz, Italien und denen österreichischen Staaten würde alsdann ein großes Ganzes bilden, das alle physischen und intellektuellen Elemente zu einem glücklichen, kräftigen, freien Staat in sich faßt und dem Ehrgeiz und dem wilden Treiben Frankreichs sich zu widersetzen vermag. Es wird in der Nation das Gefühl der Selbständigkeit wiedererwachen, ihre Kräfte werden nicht auf kleine Gegenstände vergeudet, sie wird sich mit ihrem großen Interesse beschäftigen, und ein solcher Zustand der Dinge ist denen Wünschen der Mehrzahl angemessen, die in ihren Fürsten nur die Vögte der Fremden sieht, die durch das Blut ihrer Untertanen ihr elendes Dasein zu fristen bemüht sind.

Ist die Wiederherstellung der alten Monarchie unmöglich, so bleibt die Teilung Deutschlands zwischen Österreich und Preußen der Wiederherstellung der alten Reichsverfassung vorzuziehen, selbst dann, wenn es nötig sein sollte, um den Egoismus zu schonen, die vertriebenen Fürsten wiederherzustellen und sie in ein föderatives Verhältnis mit dem Teil von Deutschland zu setzen, der sie einschließt. [...]

Freiherr vom Stein, Briefe und amtliche Schriften, Bd. 3, bearb. v. Erich Botzenhart, neu hg. v. Walther Hubatsch, Stuttgart 1961, S. 742 ff.

4 Generalfeldmarschall Fürst Kutusow, Oberbefehlshaber der russisch-preußischen Armee, Proklamation von Kalisch, 25. März 1813

Indem Rußlands siegreiche Krieger, begleitet von denen Sr. Majestät des Königs von Preußen, Ihres Bundesgenossen, in Deutschland auftreten, kündigen Se. Majestät der Kaiser von Rußland und Se. Majestät der König von Preußen den Fürsten und Völkern Deutschlands die Rückkehr der Freiheit und Unabhängigkeit an. Sie kommen nur in der Absicht, ihnen diese entwendeten, aber unveräußerlichen Stammgüter der Völker wieder erringen zu helfen, und der Wiedergeburt eines ehrwürdigen Reiches mächtigen Schutz und dauernde Gewähr zu leisten. Nur dieser große, über jede Selbstsucht erhabene und deßhalb Ihrer Majestäten allein würdige Zweck ist es, der das Vordringen Ihres Heeres gebietet und leitet.

Diese unter den Augen beider Monarchen von ihrem Feldherrn geführten Heere vertrauen auf einen waltenden gerechten Gott, und hoffen vollenden zu dürfen für die ganze Welt, und unwiderruflich für Deutschland, was sie für sich selbst zur Abwendung des schmachvollsten Joches so rühmlich begonnen. Voll von dieser Begeisterung rücken sie heran. Ihre Losung ist: Ehre und Freiheit! Möge jeder Deutsche, der des Namens noch würdig seyn will, rasch und kräftig sich anschließen; möge Jeder, er sey Fürst, er sey Edler, oder er stehe in den Reihen der Männer des Volks, den Befreiungsplänen Rußlands und Preußens beitreten, mit Herz und Sinn, mit Gut und Blut, mit Leib und Leben. Diese Gesinnung, diesen Eifer glauben Ihre Majestäten nach dem Geiste, welcher Rußlands Siege über die zurückwankende Weltherrschaft so deutlich bezeichnet, von jedem Deutschen mit Recht erwarten zu dürfen.

Und so fordern sie denn treues Mitwirken, besonders von jedem deutschen Fürsten, und wollen dabei gern voraussetzen, daß sich keiner finden werde unter ihnen, der, indem er der deutschen Sache abtrünnig seyn und bleiben will, sich reif zeige der verdienten Vernichtung durch die Kraft der öffentlichen Meinung und durch die Macht gerechter Waffen.

Der Rheinbund, diese trügerische Fessel, mit welcher der Allentzweyende das erst zertrümmerte Deutschland, selbst mit Beseitigung des alten Namens, neu umschlang, kann als Wirkung fremden Zwanges und als Werkzeug fremden Einflusses länger nicht geduldet werden.

Vielmehr glauben Ihre Majestäten einem längst gehegten, nur mühsam noch in beklommener Brust zurückgehaltenen allgemeinen Volkswunsche zu begegnen, wenn sie erklären, daß die Auflösung dieses Vereins nicht anders als in ihren bestimmtesten Absichten liegen könne.

Hiemit ist zugleich das Verhältniß ausgesprochen, in welchem Se. Majestät der Kaiser aller Reußen zum wiedergeborenen Deutschland und zu seiner Verfassung stehen wollen. Es kann dieß, da Sie den fremden Einfluß vernichtet zu sehen wünschen, kein anderes seyn, als eine schützende Hand über ein Werk zu halten, dessen Gestaltung ganz allein den Fürsten und Völkern Deutschlands anheim gestellt bleiben soll. Je schärfer in seinen Grundzügen und Umrissen dies Werk heraustreten wird aus dem ureignen Geiste des deutschen Volkes, desto verjüngter, lebenskräftiger und in Einheit gehaltener, wird Deutschland wieder unter Europens Völkern erscheinen können. [...]

Huber, Dokumente, Bd. 1, S. 81 f.

5 Prager Denkschrift des Freiherrn Karl vom Stein, Ende August 1813

[...] Die alte Verfassung Deutschlands versicherte jedem seiner Einwohner Sicherheit der Person und des Eigentums, in den größeren geschlossenen Ländern (territoriis clausis) verbürgten beides Stände, Gerichtsverfassung, in denen übrigen die Reichsgerichte, die Oberaufsicht des Kaisers. Die Willkür der Fürsten war durchaus in der Abgaben-Erhebung, in ihrem Verfahren gegen die

Person ihrer Untertanen beschränkt. Alle diese Schutzwehren sind eingerissen, 15 Millionen Deutsche sind der Willkür von 36 kleinen Despoten preisgegeben, und man verfolge die Geschichte der Staatsverwaltung in Bayern, Württemberg und Westfalen, um sich zu überzeugen, wie es einer wilden Neuerungssucht, einer tollen Aufgeblasenheit und einer grenzenlosen Verschwendung und tierischen Wollust gelungen ist, jede Art des Glücks der beklagenswerten Bewohner dieser einst blühenden Länder zu zerstören.
[...]

Die Fortdauer der Zerstückelung Deutschlands in 36 Despotien ist folglich verderblich für die bürgerliche Freiheit und für die Sittlichkeit der Nation und verewigt den überwiegenden Einfluß Frankreichs über eine Bevölkerung von 15 Mill[ionen] zum Nachteil für sie selbst und für die Ruhe der übrigen Mächte Europas. Benutzen die an der Spitze der deutschen Angelegenheiten stehenden Staatsmänner die Krise des Moments nicht, um das Wohl ihres Vaterlandes auf eine dauerhafte Art zu befestigen, beabsichtigen sie nur, auf eine leichte, bequeme Art einen Zwischenzustand herbeizuführen, durch welchen die nächsten Zwecke einer vorübergehenden Ruhe, einer etwas erträglicheren Lage erreicht werden, so werden Zeitgenossen und Nachwelt sie des Leichtsinns, der Gleichgültigkeit gegen das Glück des Vaterlands mit Recht anklagen und als daran schuldig brandmarken.

Die Frage, welche Verfassung soll Deutschland erhalten als Resultat des zwanzigjährigen Krieges, kann auf keine Art umgangen werden, das Wohl seiner Bewohner, das Interesse Europas, die Ehre und Pflicht der die großen Angelegenheiten der Nationen leitenden Staatsmänner erfordert, daß man sie mit allem dem Ernst, der ihrem Umfange, und mit der tiefen Besonnenheit, die ihrer Heiligkeit gebührt, erwäge und Flachheit, Leichtsinn, Genußliebe entferne.

Die Art der Auflösung der Aufgabe muß zwar das Erreichbare, aber auch das unter dieser Bedingung möglichst Vollkommene bezwecken.

Das Wünschenswerte, aber nicht das Ausführbare, wäre ein einziges, selbständiges Deutschland, wie es vom 10.–13. Jahrhundert unsere großen Kaiser kräftig und mächtig beherrschten. Die Nation würde sich zu einem mächtigen Staat erheben, der alle Elemente der Kraft, der Kenntnisse und einer gemäßigten und gesetzlichen Freiheit in sich faßt. Dieses schöne Los ist ihr nicht beschieden, auf anderen Wegen muß sie ihre innere gesellschaftliche Entwicklung zu erreichen suchen, die dieser entgegenstehenden Hindernisse beseitigen, neue Einrichtungen und Verfassungen schaffen.

Deutschland hat eine Richtung genommen zu einer Trennung in zwei größere Teile, in das nördliche und südliche. In dem ersteren besaß Preußen, in dem letzteren Österreich ein Übergewicht in den öffentlichen Angelegenheiten. Verschiedenheit der ursprünglichen Stämme seiner Bewohner, der Sachsen und Franken, der Sitten, der Religion, der Gemeindeeinrichtungen veranlaßten und beförderten diese Trennung, und sie würde ohne Schwierigkeit in dem gegenwärtigen Augenblicke können ausgeführt werden. Ist es möglich, die Einheit der Nation zu erhalten, so hat dieses ohnstreitig einen großen Vorzug in Hinsicht auf Macht und innere Ruhe. In diesem Falle ist es nötig, die Macht des Kaisers oder des Oberhaupts des Staates noch mehr zu verstärken. [...]

Die Macht des Kaisers werde vergrößert, man setze ihn in Stand, eine Oberherrlichkeit auszuüben, indem man allen denjenigen Mitgliedern des Reiches, so nach dem Reichsdeputationsschluß von anno 1803 unmittelbar waren, diese Eigenschaft wieder beilege, die Länder in die damaligen Grenzen einschränke, denn es waren die großen deutschen Staaten, so sich durch Neutralitäts-, Allianzverträge an Frankreich anschlossen und ihren Pflichten gegen Deutschland entzogen, *nicht* die kleineren, die fest an der alten Verfassung hielten und von ihrer Erhaltung ihr Heil erwarteten. [...]

Die Macht der Stände werde ferner geschwächt, man nehme ihnen das Recht, Krieg und Frieden zu schließen und übertrage es dem Kaiser und dem Reichstag.

Der Kaiser erhalte das Recht der exekutiven Gewalt, das heißt die Oberaufsicht über die Reichsgerichte, ihre Visitation, die unmittelbare Leitung der Verhältnisse mit fremden Mächten, der Militärangelegenheiten, der Reichskasse. Er ernenne die Generalität, den Generalstab, das Kommissariat allein. In denen kleinen Staaten, so unter dreitausend Mann stellen, ordnet er unmittelbar die militärische Organisation, in denen größeren übe er die Oberaufsicht aus. [...]

Erhält Österreich die so verstärkte Kaiserwürde, so wird seine

Macht bedeutend vermehrt. Es ist ratsam, sie ihm anzuvertrauen, um sein Interesse an Deutschland zu binden und wegen des langen Besitzes und der Gewohnheit der Völker. Aber auch Preußen darf Deutschland nicht entfremdet werden und es muß eine hinlängliche Kraft erhalten, um zu dessen Verteidigung mitzuwirken, ohne seine Kräfte zu überspannen und sein politisches Dasein auf das Spiel zu setzen – es muß kräftig und selbständig werden. In Preußen erhält sich der deutsche Geist freier und reiner als in dem mit Slaven und Ungarn gemischten, von Türken und slavischen Nationen umgrenzten Österreich, dessen Entwicklung daher auf jeden Fall erschwert würde, wären ihre Fortschritte auch nicht im XVII. und XVIII. Jahrhundert noch durch Geistesdruck und Intoleranz gestört worden. [...]

Preußen bleibt wegen seiner geographischen Lage, des Geistes seiner Bewohner, seiner Regierung, des Grades seiner erworbenen Bildung ein für Europa, besonders für Deutschland, wichtiger Staat. Die Notwendigkeit seiner Wiederherstellung ist von Rußland, Österreich und England anerkannt, aber seine Wiederherstellung ist ohne seine innere Verstärkung ohne Wert und ohne wesentlichen Erfolg. Preußen hat seinen politischen Indifferentismus, den es seit dem Baseler Frieden zeigte, teuer gebüßt und seine Ansprüche auf den alten Waffenruhm und eine achtbare Stelle unter den Nationen mit seinem edelsten Blute wieder erkauft. [...]

Freiherr vom Stein, Briefe und amtliche Schriften, Bd. 4, S. 242 ff.

6 Denkschrift Wilhelm von Humboldts, 1813

[...] Fragt man mich nun, was eigentlich die bindenden und erhaltenden Principien in einer, durch blosse Schutzbündnisse gebildeten Vereinigung Deutschlands seyn sollen? so kann ich bloss folgende, allerdings wohl sehr starke, allein freilich meist moralische nennen:

Die Übereinstimmung Österreichs und Preussens; das Interesse der grössesten unter den übrigen Deutschen Staaten; die Unmöglichkeit der kleineren gegen sie, und Österreich und Preussen aufzukommen; den wieder erweckten, und durch Freiheit und Selbständigkeit zu erhaltenden Geist der Nation; und die Gewährleistung Russlands und Englands. [...]

Wilhelm von Humboldt, Werke, Bd. IV, hg. v. Andreas Flitner u. Klaus Giel, Stuttgart 1964, S. 302ff.

7 Artikel Joseph von Görres, Die künftige teutsche Verfassung, 18. August 1814

[...] Was uns Not tut vor Allem, und was zuerst durch die Verfassung gesetzlich begründet werden muß, ist innere Festigkeit und geschlossene Haltung dem Ausland gegenüber. Haben alle anderen Völker nur eine einzige Seite gegen uns zu decken, dann sind wir, wie die Persier in Asien, nach allen Seiten bloß gegeben. Deutschland ist der Kreuzungspunkt, wo alle Völkerstraßen sich begegnen; alles stößt und drängt, wie von einer inneren Schwerkraft getrieben, gegen uns in der Mitte an; und besäßen die Spanier noch die Niederlande, kein Volk könnte unruhig in seinem Sitze sich bewegen, ohne daß die Wellen irgendwo unmittelbar an die Ufer unseres Landes schlügen. [...]

Darum ist unsere Stellung auf der hohen Warte des gesamten Weltteils, von wo aus wir mit unablässiger Wachsamkeit auf alle Völkerbewegungen zu achten haben; sicher, daß jede, die wir sorglos vorübergehen lassen, zu unserm Verderben führt. Wie das alte Germanien mit einem Walle von Markmännern und kriegerischen Völkerschaften im Süden gegen die Weltherrschaft der Römer sich umgab: so müssen wir rundum mit einer solchen Wehre uns umgürten, und mit einer Schildburg uns umschließen. Die bewaffneten Völker werden die Mauern dieser großen Feste sein, und hoch über ihre Zinnen werden die Fürsten, starke Türme, sich erheben, die weit umschauen in die Ferne und alle Zugänge sichern und bewehren. Innen muß alles dann *ein* Leben und *ein* Bund zum Schutz und Trutze sein, damit beim ersten Schlage, der an ferner Grenze an Schildesrand auffällt, alles aufmerkend horche, und beim wirklichen Angriff alle insgemein dem angegriffenen Stamme zu Hilfe eilen. Dann allein kann es uns gelingen, daß wir die Schmach nicht wieder sehen, daß Feindesheere aus Donau, Elbe, Weser, Main und Lech und Inn unser Herzblut trinken. Wir können in Ruhe unseres Wohlstands pflegen, und dürfen nicht besorgen, daß er mit jedem Jahrhundert einmal dem frechen Raub zur Beute werde.

Dazu muß alles im gemeinen Wesen sich stark und fest zusammenfügen, also daß die Bande in ruhigen Zeiten lose und nicht drückend das Einzelne umschlingen, im Druck und Not und dem Anstoß fremder Gewalt aber immer stärker sich zuziehen. Alle benachbarten Völker haben zu diesem Zwecke die Einheit der monarchischen Form ohne Mittelbehörden gewählt, und dadurch für den Angriff große Mittel, für die Verteidigung starke Schnellkraft sich gewonnen, dabei aber auch Vieles an innerem eigentümlichem Leben aufgeopfert. In Deutschland widerstrebt zu oberst die religiöse Entzweiung dieser Einheit; ihr widerstrebt der uralte selbstständig eigentümliche Stammesgeist, der wie in Bergzüge die Nation in sich abgeteilt und gegliedert hat; die liebevolle Anhänglichkeit der Völkerschaften an ihre Fürstenstämme; endlich die fromme Achtung für das Herkömmliche und den urkundlichen und durch die Verjährung langer Zeitläufte gesicherten Besitzstand. Darum ist Deutschland die schwerere Aufgabe zu Teil geworden, die Vielherrschaft durch die Macht der Verfassung und den Gesamtwillen der Nation also zu bemeistern, daß sie stark wie die Einheit, wenn auch nicht zum Angriff, doch für die Verteidigung wirkt. Größer ist dann auch der Preis, der auf der Lösung steht; denn das Beste ist die starke Einheit in der freien Vielheit, und das Gegenteil führt nur allzuleicht zu Erstarrung, Tod und Despotismus.

Zu diesem Zwecke müssen die Fürsten vor Allem erkennen, daß sie dieselbe Liebe, Treue, Ergebenheit und den gleichen Gehorsam, den sie von den Untergebnen verlangen, auch ihrerseits der Gesamtheit und dem Vaterlande schuldig sind; daß dieselbe Einigkeit und Einheit, die ihre besondere Herrschaft stark macht und kräftigt, auch nach aufwärts allein das Ganze, und in ihm auch wieder ihr Besonderes, bleibend und bestehend machen kann. Die Völker müssen sich in gleicher Weise überzeugen, daß ohne einen entschiednen, kräftig bestimmten öffentlichen Geist der Wille der Fürsten fürs gemeine Wohl ohnmächtig ist, und daß, wenn sie in Lässigkeit versinken, der gesamte Verband notwendig zu Grunde gehen muß. Völker und Fürsten sind nacheinander die schwere Prüfung dieser Zeiten durchgegangen, jene, indem sie zuerst aus dem

Taumelbecher französischer Freiheit getrunken, diese, indem sie im Schirlingstranke von Napoleons Despotismus sich betäubt, und Beide in der Anarchie ihre Freiheit zu begründen wähnten. [...]
Damit aber der öffentliche Geist, wie er sich jetzt glücklicherweise in Deutschland entzündet hat, nachwirken, und die Fürsten halten, tragen und in allem Guten unterstützen, im Bösen abmahnen und ihm entgegenstreben könne, muß ihm in innerer ständischer Verfassung eine verfassungsmäßige Stimme und eine Einwirkung in das Getriebe der Staatsverwesung gestattet werden. [...]
Wo der Staat nur in Wenigen lebt, da führt ihr Verderben ihn auch leicht zum Untergang, und er sinkt und steigt mit ihnen; wo die Gesamtheit aber ihm ihre Teilnahme zugewendet hat, da lebt er ein unverwüstlich immer sich verjüngend Leben. In dem gleichen Gemeinsinn, womit die Fürsten sich zusammenschließen, werden darum auch die Völker sich um die Fürsten drängen, und also, durch solche Doppelkraft gebunden, wird mit wachsender Gefahr die Verbindung immer enger werden, und genauer und fester geschlossen stehen. [...]
Ein Rat, den die Fürsten zu bestimmten Zeiten in eigner Person besuchen, übe unter ihrem Vorsitz die gesetzgebende Gewalt, und bringt fortschreitendes, sich immer selbst ergänzendes Leben in die Verfassung, damit diese, als bleibend gesetzt, nicht erstarre und, wenn wir, den Franzosen gleich, sie in jedem Jahre ändern wollen, nicht zum Gespötte werde. [...]
Es sind aber die drei Säulen, auf welche alle ständische Verfassung gegründet ist, Lehrstand, Wehrstand und Nährstand, dieselben, welche weise, wenn auch nicht vollkommen, in der Reichsstandschaft der alten Verfassung, durch die geistlichen Fürsten, die weltlichen samt der Reichsritterschaft, und die Reichsstädte dargestellt wurden. Auf dieser dreifachen Grundlage, die so alt ist wie die Geschichte, und in ihren Uranfängen und in tiefster Wurzel schon also geteilt erscheint, wird auch der neue Staatsvertrag errichtet werden. Die Häupter der drei Stände werden um den Fürsten stehen als Teilnehmer seiner Verantwortlichkeit, Beistand ihm und Räte, antreibend, wo die Herrscherkraft nachläßt, hemmend, wo sie allzu scharf sich spannt: Vermittler zwischem dem Volke und der Regierung.

Rheinischer Merkur, 18. 8. 1814 u. 20. 8. 1814

II. Deutscher Bund

8 Deutsche Bundesakte, 8. Juni 1815

Im Nahmen der allerheiligsten und untheilbaren Dreyeinigkeit.
Die souverainen Fürsten und freien Städte Deutschlands den gemeinsamen Wunsch hegend den 6. Artikel des Pariser Friedens vom 30. May 1814 in Erfüllung zu setzen, und von den Vortheilen überzeugt, welche aus ihrer festen und dauerhaften Verbindung für die Sicherheit und Unabhängigkeit Deutschlands, und die Ruhe und das Gleichgewicht Europas hervorgehen würden, sind übereingekommen, sich zu einem beständigen Bunde zu vereinigen, und haben zu diesem Behuf ihre Gesandten und Abgeordneten am Congresse in Wien mit Vollmachten versehen [...]
Art. 1. Die souverainen Fürsten und freien Städte Deutschlands mit Einschluß Ihrer Majestäten des Kaisers von Österreich und der Könige von Preußen, von Dänemark und der Niederlande, und zwar
  Der Kaiser von Österreich, der König von Preußen, beyde für ihre gesammten vormals zum deutschen Reich gehörigen Besitzungen,
  der König von Dänemark für Holstein, der König der Niederlande für das Großherzogthum Luxemburg,
  vereinigen sich zu einem beständigen Bunde, welcher der deutsche Bund heißen soll.
Art. 2. Der Zweck desselben ist Erhaltung der äußeren und inneren Sicherheit Deutschlands und der Unabhängigkeit und Unverletzbarkeit der einzelnen deutschen Staaten. [...]

Huber, Dokumente, Bd. 1, S. 84 ff.

9 Denkschrift des Historikers Arnold H. L. Heeren, 1816

[...] Ein Bundesstaat kann seiner Natur nach schon nicht leicht erobernder Staat seyn wollen, weil er kein Interesse dabey hat. Welchen Vortheil zöge er aus den Eroberungen; und wem sollten sie zu Gute kommen? Für die Vortheile eines einzelnen seiner Glieder werden die andern nicht kämpfen; und Eroberungen für das Ganze wären nur in so fern gedenkbar, als man etwa einen fremden Staat zwingen wollte, dem Bundesstaat beyzutreten; ein

Fall, der hier so außerhalb den Gränzen der Wahrscheinlichkeit liegt, daß es unnütz seyn würde, sich dabei zu verweilen. Aber gesetzt auch, er wollte erobern, so fehlen ihm die Mittel dazu. Es liegt, aus leicht einzusehenden Gründen, in dem Character eines Bundesstaates, daß, wie stark er auch zur Vertheidigung seyn mag, er doch schwach zum Angriff ist; vor allen wo er, wie hier, auf beyden Seiten von mächtigen Monarchien eingeschlossen wird [...]

Der Deutsche Bundesstaat ist ein Friedensstaat in einem viel höhern Sinne. *Sein* Frieden ist der Frieden, der aus dem Rechtszustande hervorgeht; er dauert mit diesem und hört auf mit diesem. Sein eignes Daseyn ist zunächst an die Sicherheit des Besitzstandes seiner eignen Glieder geknüpft; aber auch die Erhaltung der rechtmäßigen Dynastieen und des rechtmäßigen Besitzstandes der Staaten von Europa liegt keinesweges geradezu außer seiner Sphäre. Nicht daß er, bey jedem entstehenden Streit, sich zum Schiedsrichter aufwürfe; aber gleichgültig bey offener Verletzung des Rechts kann er nicht bleiben, denn Alles, was Revolution heißt, ist ihm ein Greuel. Er muß die Stütze der rechtmäßigen Dynastieen seyn, weil er weiß, daß ihr Sturz zu Revolutionen führt; er *muß* der Vertheidiger des Princips des rechtmäßigen Besitzstandes seyn, weil ohne dieses für ihn selber bald keine Sicherheit mehr wäre.

Diese ehrenvolle Bestimmung giebt dem Deutschen Bundesstaat schon seine Lage in Verbindung mit seinem Umfange; geschickt dazu macht ihn vor allen andern der Character des Volks. Fern bleibe von dem Deutschen jedes Pralen mit Vorzügen, die er voraus haben will; mit größerem Heldenmuth, größerer Aufklärung, größerer Sittlichkeit! Wir nennen uns nicht selbst die große, nicht die erste Nation.

[...] Sein Wesen ist sein föderativer Character; er ist und heißt *ein Bund*; aber doch ein Bund eigner Art. Der Ausdruck Bund schließt Beydes in sich, sowohl den Begriff eines Staatenbundes, als eines Bundesstaats; und schon ist gefragt worden: zu welcher von beyden Arten der Deutsche Bund zu rechnen sey? Die Antwort ergiebt sich leicht; wir entscheiden klar und bestimmt für die letztere. Die Scheidungslinie zwischen einem Staatenbund und Bundesstaat ist nicht schwer zu ziehen. Ein Staatenbund ist eine Verbindung von Staaten auf beschränkte oder auch zuweilen unbeschränkte Zeit, ohne einen gemeinschaftlichen politischen Mittelpunct, zu verschiedenartigen Zwecken; ein Bundesstaat hingegen eine Verbindung von Staaten auf beständig zu Einem Hauptzweck, dem der Existenz als Staat, mit Einem gemeinschaftlichen Mittelpunct. Er bildet also eine politische Einheit; der bloße Staatenbund nicht. Legt man diese Kennzeichen zum Grunde, so läßt der Character des Deutschen Bundes als Bundesstaat sich aus der Bundesacte selbst am deutlichsten zeigen. Sie giebt dem Bunde eine beständige Dauer; einen bestimmten Zweck, den der innern und äußern Sicherheit Deutschlands, und der Unabhängigkeit und Unverletzbarkeit der einzelnen Deutschen Staaten; endlich einen gemeinschaftlichen Mittelpunct durch die Anordnung des Bundestags und des Orts seiner Versammlung. Mit der Eröffnung des Bundestags steht also auch der Deutsche Bundesstaat als solcher in seiner Wirksamkeit da.

A[rnold] H. L. Heeren, Der Deutsche Bund in seinen Verhältnissen zu dem Europäischen Staatensystem, Göttingen 1816, S. 13ff, 20f

10 Memoire des preußischen Finanzministers Friedrich von Motz, Juni 1829

[...] Preußen mit Großherzogtum Hessen einerseits und Bayern mit Württemberg andererseits haben zu einem Zoll- und Handelssystem sich vereinigt; zu einem System, welches wechselseitig möglichst freien Verkehr mit allen Erzeugnissen der Natur und der Kunst als oberstes Prinzip verkündet hat.

Unschätzbar sind die Wohltaten, welche die erhabenen Regierungen dieser Staaten ihren Völkern mittelst jener Einigung gewährt haben. Sie kann (und wird) in jeder Beziehung für die Verhältnisse (und Gestaltung) des Deutschen Bundes eine neue Epoche sein.

Denn kommerziell wie finanziell, politisch wie militärisch-strategisch ist sie für die vereinigten Staaten sowohl als die des so betitelten mitteldeutschen Vereins und für ganz Deutschland überhaupt von unberechenbarer Wichtigkeit. [...]

Wenn es staatswissenschaftliche Wahrheit ist, daß Ein-, Aus- und Durchgangszölle nur die Folge politischer Trennung verschiedener Staaten sind (und das ist wahr), so muß es umgewandelt auch Wahrheit sein, daß Einigung dieser Staaten zu einem Zoll-

und Handelsverbande zugleich Einigung zu einem und demselben politischen System mit sich führt.

Und je natürlicher jene Verbindung zu einem kommerziellen Zoll- und Handelssystem ist, – nachdem sie auf der einzig festen und dauerhaften Grundlage wechselseitig gleicher Vorteile ruht – desto inniger und fester wird auch die Verbindung zu *einem* politischen System unter diesen Staaten sein.

Denn es erscheint ganz unnatürlich, daß solche Staaten in der Politik divergierende Ansichten hegen und verfolgen sollten, deren Völker zu einem Kommerzialsystem gebunden sind und in diesem System sich wohl befinden. [...]

Vorgeschichte und Begründung des Deutschen Zollvereins 1815–1834. Akten der Staaten des Deutschen Bundes und der europäischen Mächte, bearb. v. W. v. Eisenhart Rothe u. A. Ritthalter, Bd. III, Berlin 1934, S. 528f. u. S. 534f.

11 Vortrag des österreichischen Staatskanzlers Fürst Klemens von Metternich für Kaiser Franz: Der preußische Zollverein, Juni 1833

[...] Hatte nun schon der preußische Zollverein, wie er zu Ende des Jahres 1832 bestand, eine zu ernstem Nachdenken auffordernde feste Gestalt angenommen, so ist er seitdem in Folge des bayerisch-württembergischen Anschlusses zu einer Größe gediehen, die ihn zum wahrhaft wichtigen Zeitereignisse stempelt. [...]

Die commerciellen Nachtheile, welche selber für die österreichische Monarchie nothwendig haben muß, Eurer Majestät näher zu entwickeln, muß ich der Finanzbehörde, wenn Eure Majestät sie darum zu befragen geruhen wollen, überlassen. Es kann aber auch dem uneingeweihten Blicke nicht zweifelhaft bleiben, daß eine und dieselbe fremde Zoll-Linie, die die Grenzen der Monarchie von Krakau bis Salzburg und Bregenz umfaßt, unseren ganzen westlichen Ein- und Ausfuhrhandel, mit Ausnahme des Débouchés auf der Elbe, welches aber natürlich nur in einer einzigen Richtung nutzbar und zu verwenden ist, unbedingt beherrscht; und wenn man bedenkt, daß diese Herrschaft in die Hände eines Staates wie Preußen gelegt ist, welcher in Natur- wie in Industrie-Producten auf den Märkten Europas als einer unserer vorzüglichsten Nebenbuhler betrachtet werden kann, so läßt sich von dessen neu erworbenem Einflusse auf alle unsere Communicationswege durch und mit Deutschland nur eine sehr ungünstige Rückwirkung auf Production und Industrie im Kaiserstaate erwarten.

Allein noch viel bedenklicher dürfte diese Rückwirkung auf dem politischen Felde sich für uns gestalten; und man möge das allgemeine Interesse des deutschen Bundesvereines oder den Österreich gebührenden Einfluß in selbem, oder endlich den moralischen Zustand der Parteien in der jetzigen Zeit vorzüglich vor Augen haben, so wird man in jeder dieser Beziehungen von den durchaus schädlichen und gefährlichen Wirkungen dieses preußischen Zollsystems sich überzeugen müssen.

Erlauben mir Eure Majestät Allerhöchstderselben in Kurzem folgende Betrachtungen hierüber in Ehrfurcht vorzulegen:

Der Deutsche Bund kann nur dann als eine wahrhaft wohlthätige politische Stiftung betrachtet werden und nur dann seine hohe Stellung in dem europäischen Staatensysteme behaupten, wenn er unverbrüchlich dem Grundcharakter des Vereines, Gleichheit der Rechte und der Pflichten der Glieder desselben, treu bleibt. Jede Präponderanz, jedes Vorrecht irgend einer Macht (mit Ausnahme des lediglich formellen Präsidiums Österreichs am Bundestage) ist dem Bundesvereine, wie ihn die Wiener Congreß-Acte schuf, gänzlich fremd; alle Mitglieder desselben sollen das ihnen verfassungsmäßig zukommende Stimmrecht am Bundestage und den daraus hervorgehenden Antheil an der obersten Leitung der Bundesgeschäfte gleichmäßig frei und ungehindert ausüben, und wenn sich bis jetzt kleinere Bundesglieder bei Geltendmachung dieses Stimmrechtes der Anleitung dieses oder jenes größeren Hofes besonders hingaben, so war dieses zwar eine Folge des natürlichen Einflusses, den in jedem freien oder geschlossenen Vereine von Staaten der Mächtigere meist über dem Schwächeren ausübt; es war aber jedenfalls stets ein blos factisches, nicht aber ein rechtlich begründetes, ein wechselndes, nicht ein dauerndes Verhältniß; auch theilte sich dieser Einfluß nach den verschiedenen geographischen, persönlichen und Familienbeziehungen zwischen Österreich und Preußen; keiner von beiden Höfen nahm ihn ausschließlich in Anspruch; in Bundesangelegenheiten zumeist denselben Weg verfolgend, brachten beide im Endziel das Getheilte zusammen, und ging dennoch in einzelnen Geschäften ausnahmsweise ihre Bahn eine verschiedene Richtung, so hatte immerhin das Gewicht einer jeden dieser beiden Mächte sein Gegengewicht. Für den Bund lag in dem hieraus hervorgehenden System des *Gleichgewichtes* die wahre Bürgschaft der Fortdauer der durch die Grundgesetze begründeten vollen Unabhängigkeit und Rechtsgleichheit seiner Mitglieder.

Anders gestaltet sich die Sache in Folge der Bildung des preußischen Zollvereines. Eine Reihe bisher unabhängiger Staaten verpflichtet sich gegen einen übermächtigen Nachbar in einem überaus wichtigen Zweige der öffentlichen Besteuerung, seinen Gesetzen zu folgen, sich seinen Administrativ- und Control-Maßregeln zu unterwerfen. Die in der Bundes-Acte stipulirte und bisher bestandene Rechtsgleichheit der Bundesglieder hört nun, wenigstens in Bezug auf diesen speciellen Theil der Staatshoheit, auf, um dem Verhältniß zwischen Patron und Clienten, zwischen Beschützer und Schutzbefohlenen Platz zu machen. In dem großen Bundesverein entsteht ein kleinerer Nebenbund, in dem vollsten Sinne des Wortes ein status in statu, welcher nur zu bald sich daran gewöhnen wird, seine Zwecke mit seinen Mitteln in erster Linie zu verfolgen und die Bundeszwecke und Bundesmittel nur in zweiter Linie, insofern sie mit den ersteren sich vereinbaren lassen, zu berücksichtigen. Nach und nach werden die Vereinsstaaten unter der thätigen preußischen Leitung und bei den sich nothwendig bildenden gemeinschaftlichen Interessen in einen mehr oder weniger compacten Körper zusammenfließen, welcher bei jeder am Bundestage zur Verhandlung kommenden Frage (und dies nicht blos in den den Handel betreffenden Angelegenheiten) nach gemeinschaftlich verabredeten Grundsätzen vorangehen und in demselben Sinne abstimmen wird. [...]

Aus Metternich's nachgelassenen Papieren, hg. v. Richard Metternich-Winneburg, Teil II, Dritter Band, Wien 1882, S. 502 ff.

12 Rede Philipp Jakob Siebenpfeiffers auf dem Hambacher Fest, 27. Mai 1832

Wir widmen unser Leben der Wissenschaft und der Kunst, wir messen die Sterne, prüfen Mond und Sonne, wir stellen Gott und

Mensch, Höll' und Himmel in poetischen Bildern dar, wir durchwühlen die Körper- und Geisteswelt: aber die Regungen der Vaterlandsliebe sind uns unbekannt, die Erforschung dessen, was dem Vaterlande Not tut, ist Hochverrat, selbst der leise Wunsch, nur erst wieder ein Vaterland, eine freimenschliche Heimat zu erstreben, ist Verbrechen. Wir helfen Griechenland befreien vom türkischen Joche, wir trinken auf Polens Wiedererstehung, wir zürnen, wenn der Despotismus der Könige den Schwung der Völker in Spanien, in Italien, in Frankreich lähmt, wir blicken ängstlich nach der Reformbill Englands, wir preisen die Kraft und die Weisheit des Sultans, der sich mit der Wiedergeburt seiner Völker beschäftigt, wir beneiden den Nordamerikaner um sein glückliches Los, das er sich mutvoll selbst erschaffen: aber knechtisch beugen wir den Nacken unter das Joch der eigenen Dränger [...]

Und es wird kommen der Tag, der Tag des edelsten Siegstolzes, wo der Deutsche vom Alpengebirg und der Nordsee, vom Rhein, der Donau und der Elbe den Bruder im Bruder umarmt, wo die Zollstöcke und die Schlagbäume, wo alle Hoheitszeichen der Trennung und Hemmung und Bedrückung verschwinden, samt den Konstitutiönchen, die man etlichen mürrischen Kindern der großen Familie als Spielzeug verlieh; wo freie Strassen und freie Ströme den freien Umschwung aller Nationalkräfte und Säfte bezeugen; wo die Fürsten die bunten Hermeline feudalistischer Gottstatthalterschaft mit der männlichen Toga deutscher Nationalwürde vertauschen und der Beamte, der Krieger, statt mit der Bedientenjacke des Herrn und Meisters, mit der Volksbinde sich schmückt; wo nicht 34 Städte und Städtlein, von 34 Höfen das Almosen empfangend, um den Preis hündischer Unterwerfung, sondern wo alle Städte, frei emporblühend aus eigenem Saft, um den Preis patriotischer Tat ringen; wo jeder Stamm, im Innern frei und selbständig, zu bürgerlicher Freiheit sich entwickelt und ein starkes, selbstgewobenes Bruderband alle umschliesst zu politischer Einheit und Kraft; wo die deutsche Flagge, statt Tribut an Barbaren zu bringen, die Erzeugnisse unseres Gewerbefleisses in fremde Weltteile geleitet und nicht mehr unschuldige Patrioten für das Henkerbeil auffängt, sondern allen freien Völkern den Bruderkuß bringt [...] Ja, er wird kommen der Tag, wo ein gemeinsames deutsches Vaterland sich erhebt, das alle Söhne als

Bürger begrüsst und alle Bürger mit gleicher Liebe, mit gleichem Schutz umfasst; wo die erhabene Germania dasteht auf dem erzernen Piedestal der Freiheit und des Rechts, in der einen Hand die Fackel der Aufklärung, welche zivilisierend hinausleuchtet in die fernsten Winkel der Erde, in der anderen die Wage des Schiedsrichteramts, streitenden Völkern das selbst erbetene Gesetz des Friedens spendend, jenen Völkern, von welchen wir jetzt das Gesetz der Gewalt und den Fusstritt höhnender Verachtung empfangen [...]

Es lebe das freie, das einige Deutschland!
Hoch leben die Polen, der Deutschen Verbündete!
Hoch leben die Franken, der Deutschen Brüder, die unsere Nationalität und Selbständigkeit achten!
Hoch lebe jedes Volk, das seine Ketten bricht und mit uns den Bund der Freiheit schwört!
Vaterland – Volkshoheit – Völkerbund hoch!

Historisches Lesebuch 1815–1871, hg. v. Werner Pöls, Frankfurt a. M. 1966, S. 97 f.

13 Georg Büchner, Friedrich Ludwig Weidig, Der Hessische Landbote, 1834

[...] Denn was sind diese Verfassungen in Deutschland? Nichts als leeres Stroh, woraus die Fürsten die Körner für sich herausgeklopft haben. Was sind unsere Landtage? Nichts als langsame Fuhrwerke, die man einmal oder zweimal wohl der Raubgier der Fürsten und ihrer Minister in den Weg schieben, woraus man aber nimmermehr eine feste Burg für deutsche Freiheit bauen kann. Was sind unsere Wahlgesetze? Nichts als Verletzungen der Bürger- und Menschenrechte der meisten Deutschen. [...]

Das ganze deutsche Volk muß sich die Freiheit erringen. Und diese Zeit, geliebte Mitbürger, ist nicht ferne. – Der Herr hat das schöne deutsche Land, das viele Jahrhunderte das herrlichste Reich der Erde war, in die Hände der fremden und einheimischen Schinder gegeben, weil das Herz des deutschen Volkes von der Freiheit und Gleichheit seiner Voreltern und von der Furcht des Herrn abgefallen war, weil ihr dem Götzendienste der vielen Herrlein, Kleinherzoge und Däumling-Könige euch ergeben hattet. [...]

Weil das deutsche Reich morsch und faul war und die Deutschen von Gott und von der Freiheit abgefallen waren, hat Gott das Reich zu Trümmern gehen lassen, um es zu einem Freistaat zu verjüngen. Er hat eine Zeitlang »den Satans-Engeln Gewalt gegeben, daß sie Deutschland mit Fäusten schlügen, er hat den Gewaltigen und Fürsten, die in der Finsternis herrschen, den bösen Geistern unter dem Himmel (Ephes. 6.), Gewalt gegeben, daß sie Bürger und Bauern peinigten und ihr Blut aussaugten und ihren Mutwillen trieben mit allen, die Recht und Freiheit mehr lieben als Unrecht und Knechtschaft.« – – Aber ihr Maß ist voll! [...]

Der Herr wird ihre Zwingburgen zerschmeißen, und in Deutschland wird dann Leben und Kraft, der Segen der Freiheit wieder erblühen. Zu einem großen Leichenfelde haben die Fürsten die deutsche Erde gemacht, wie Ezechiel im 37. Kapitel beschreibt: »Der Herr führte mich auf ein weites Feld, das voller Gebeine lag, und siehe, sie waren sehr verdorrt.« Aber wie lautet des Herrn Wort zu den verdorrten Gebeinen: »Siehe, ich will euch Adern geben und Fleisch lassen über euch wachsen und euch mit Haut überziehen und will euch Odem geben, daß ihr wieder lebendig werdet, und sollt erfahren, daß Ich der Herr bin.« Und des Herrn Wort wird auch an Deutschland sich wahrhaftig beweisen, wie der Prophet spricht: »Siehe, es rauschte und regte sich, und die Gebeine kamen wieder zusammen, ein jegliches zu seinem Gebein. – Da kam Odem in sie, und sie wurden wieder lebendig und richteten sich auf ihre Füße, und ihrer war ein sehr groß Heer.«

Wie der Prophet schreibet, also stand es bisher in Deutschland: eure Gebeine sind verdorrt, denn die Ordnung, in der ihr lebt, ist eitel Schinderei. 6 Millionen bezahlt ihr im Großherzogtum einer Handvoll Leute, deren Willkür euer Leben und Eigentum überlassen ist und die anderen in dem zerrissenen Deutschland gleich also. Ihr seid nichts, ihr habt nichts! Ihr seid rechtlos. Ihr müßt geben, was eure unersättlichen Presser fordern, und tragen, was sie euch aufbürden. Soweit ein Tyrann blickt – und Deutschland hat deren wohl dreißig – verdorrt Land und Volk. Aber wie der Prophet schreibet, so wird es bald stehen in Deutschland: der Tag der Auferstehung wird nicht säumen. In dem Leichenfelde wird sichs regen und wird rauschen, und der Neubelebten wird ein großes Heer sein. [...]

Georg Büchner, Friedrich Ludwig Weidig: Der Hessische Landbote 1834, hg. v. E. G. Franz, Marburg 1973, S. 6ff

14 Heinrich Heine: Ludwig Börnes. Eine Denkschrift, 1840

[...] Der Geist, der sich auf Hambach aussprach, ist grundverschieden von dem Geiste, oder vielmehr von dem Gespenste, das auf der Wartburg seinen Spuk trieb. Dort, auf Hambach, jubelte die moderne Zeit ihre Sonnenaufgangslieder und mit der ganzen Menschheit ward Brüderschaft getrunken; hier aber auf der Wartburg, krächzte die Vergangenheit ihren obskuren Rabengesang, und bei Fackellicht wurden Dummheiten gesagt und getan, die des blödsinnigsten Mittelalters würdig waren! Auf Hambach hielt der französische Liberalismus seine trunkensten Bergpredigten, und sprach man auch viel Unvernünftiges, so ward doch die Vernunft selber anerkannt als jene höchste Autorität, die da bindet und löset und den Gesetzen ihre Gesetze vorschreibt; auf der Wartburg hingegen herrschte jener beschränkte Teutomanismus, der viel von Liebe und Glaube greinte, dessen Liebe aber nichts anders war als Haß des Fremden und dessen Glaube nur in der Unvernunft bestand, und der in seiner Unwissenheit nichts Besseres zu erfinden wußte als Bücher zu verbrennen! Ich sage Unwissenheit, denn in dieser Beziehung war jene frühere Opposition, die wir unter dem Namen »die Altdeutschen« kennen, noch großartiger, als die neuere Opposition, obgleich diese nicht gar besonders durch Gelehrsamkeit glänzt. Eben derjenige, welcher das Bücherverbrennen auf der Wartburg in Vorschlag brachte, war auch zugleich das unwissendste Geschöpf, das je auf Erden turnte und altdeutsche Lesearten herausgab: Wahrhaftig, dieses Subjekt hätte auch Bröders lateinische Grammatik ins Feuer werfen sollen!

Sonderbar! Trotz ihrer Unwissenheit hatten die sogenannten Altdeutschen von der deutschen Gelehrtheit einen gewissen Pedantismus geborgt, der eben so widerwärtig wie lächerlich war. Mit welchem kleinseligen Silbenstechen und Auspünkteln diskutierten sie über die Kennzeichen deutscher Nationalität! wo fängt der

Germane an? wo hört er auf? darf ein Deutscher Tabak rauchen? Nein, behauptete die Mehrheit. Darf ein Deutscher Handschuhe tragen? Ja, jedoch von Büffelhaut. (Der schmutzige Maßmann wollte ganz sicher gehen und trug gar keine.) Aber Biertrinken darf ein Deutscher, und er soll es als echter Sohn Germanias; denn Tacitus spricht ganz bestimmt von deutscher Cerevisia. Im Bierkeller zu Göttingen mußte ich einst bewundern, mit welcher Gründlichkeit meine altdeutschen Freunde die Proskriptionslisten anfertigten, für den Tag wo sie zur Herrschaft gelangen würden. Wer nur im siebenten Glied von einem Franzosen, Juden oder Slawen abstammte, ward zum Exil verurteilt. Wer nur im mindesten etwas gegen Jahn oder überhaupt gegen altdeutsche Lächerlichkeiten geschrieben hatte, konnte sich auf den Tod gefaßt machen, und zwar auf den Tod durchs Beil, nicht durch die Guillotine, obgleich diese ursprünglich eine deutsche Erfindung und schon im Mittelalter bekannt war, unter dem Namen »die welsche Falle«. Ich erinnere mich bei dieser Gelegenheit, daß man ganz ernsthaft debattierte: Ob man einen gewissen Berliner Schriftsteller, der sich im ersten Bande seines Werkes gegen die Turnkunst ausgesprochen hatte, bereits auf die erwähnte Proskriptionsliste setzen dürfe: Denn der letzte Band seines Buches sei noch nicht erschienen, und in diesem letzten Bande könne der Autor vielleicht Dinge sagen, die den inkriminierten Äußerungen des ersten Bandes eine ganz andere Bedeutung erteilen.

Sind diese dunklen Narren, die sogenannten Deutschtümler, ganz vom Schauplatz verschwunden? Nein. Sie haben bloß ihre schwarzen Röcke, die Livree ihres Wahnsinns, abgelegt. Die meisten entledigten sich sogar ihres weinerlich brutalen Jargons, und vermummt in den Farben und Redensarten des Liberalismus, waren sie der neuen Opposition desto gefährlicher während der politischen Sturm- und Drangperiode nach den Tagen des Julius. Ja, im Heere der deutschen Revolutionsmänner wimmelte es von ehemaligen Deutschtümlern, die mit sauren Lippen die moderne Parole nachlallten und sogar die Marseillaise sangen [...]

Die Kurzsichtigen freilich unter den deutschen Revolutionären beurteilten alles nach französischen Maßstäben, und sie sonderten sich schon in Konstitutionelle und Republikaner und wiederum in Girondisten und Montagnards, und nach solchen Einteilungen haßten und verleumdeten sie sich schon um die Wette: Aber die Wissen-

den wußten sehr gut, daß es im Heere der deutschen Revolution eigentlich nur zwei grundverschiedene Parteien gab, die keiner Transaktion fähig und heimlich dem blutigsten Hader entgegenzürnten. Welche von beiden schien die überwiegende? Die Wissenden unter den Liberalen verhehlten einander nicht, daß ihre Partei, welche den Grundsätzen der französischen Freiheitslehre huldigte, zwar an Zahl die stärkere, aber an Glaubenseifer und Hilfsmitteln die schwächere sei. In der Tat, jene regenerierten Deutschtümler bildeten zwar die Minorität, aber ihr Fanatismus, welcher mehr religiöser Art, überflügelte leicht einen Fanatismus, den nur die Vernunft ausgebrütet hat; ferner stehen ihnen jene mächtigen Formeln zu Gebot, womit man den rohen Pöbel beschwört, die Worte »Vaterland, Deutschland, Glauben der Väter usw.« elektrisieren die unklaren Volksmassen noch immer weit sicherer als die Worte: »Menschheit, Weltbürgertum, Vernunft der Söhne, Wahrheit...!«
[...]

Heinrich Heine, Sämtliche Werke, hg. v. Ernst Elster, Bd. VII, Leipzig/Wien [1890], S. 94ff.

15 August Heinrich Hoffmann von Fallersleben, Das Lied der Deutschen, 1841

Deutschland, Deutschland über alles,
Über alles in der Welt,
Wenn es stets zu Schutz und Trutze
Brüderlich zusammenhält
Von der Maas bis an die Memel
Von der Etsch bis an den Belt.
Deutschland, Deutschland über alles,
Über alles in der Welt!

Deutsche Frauen, deutsche Treue,
Deutscher Wein und deutscher Sang
Sollen in der Welt behalten
Ihren alten schönen Klang
Und zu edler That begeistern
Unser ganzes Leben lang.
Deutsche Frauen, deutsche Treue,
Deutscher Wein und deutscher Sang!

Einigkeit und Recht und Freiheit
Für das deutsche Vaterland,
Danach laßt uns alle streben
Brüderlich mit Herz und Hand!
Einigkeit und Recht und Freiheit
Sind des Glückes Unterpfand:
Blüh im Glanze dieses Glückes,
Blühe, deutsches Vaterland!

August Heinrich Hoffmann von Fallersleben, Gedichte und Lieder, hg. v. Hermann Wendebourg u. Anneliese Gerbert, Hamburg 1974

16 Erklärung der Heidelberger Versammlung, 5. März 1848

Heidelberg, den 5. März. Heute waren hier 51 Männer versammelt aus Preußen, Bayern, Württemberg, Baden, Hessen, Nassau und Frankfurt, fast alle Mitglieder von Ständekammern, um in diesem Augenblick der Entscheidung über die dringendsten Maßregeln für das Vaterland sich zu besprechen.

Einmütig entschlossen in der Hingebung für Freiheit, Einheit, Selbständigkeit und Ehre der deutschen Nation, sprachen alle die Überzeugung aus, daß die Herstellung und Verteidigung dieser höchsten Güter im Zusammenwirken aller deutschen Volksstämme mit ihren Regierungen – so lange auf diesem Wege Rettung noch möglich ist – erstrebt werden müsse.

Einmütig nicht minder war der tiefe Ausdruck des Schmerzes, daß die traurigsten Erfahrungen über die Wirksamkeit der deutschen Bundesbehörde das Vertrauen zu derselben so sehr erschüttert haben, daß eine Ansprache der Bürger an sie die schlimmsten Mißklänge hervorrufen würde. Tief betrübend in einem Augenblicke, wo diese Behörde sich auf die traurigen Erfahrungen der Geschichte beruft und mit schönen Worten von der hohen Stellung spricht, welche die Nation unter den Völkern einzunehmen berufen ist, wo sie jeden Deutschen zu vertrauensvollem Mitwirken auffordert – tief betrübend in diesem Augenblick ist die Erinnerung, daß sie selbst den Deutschen verboten hat, Vorstellungen an sie zu richten.

Die Versammelten sprachen ihre Überzeugung von dem, was das Vaterland dringend bedarf, einstimmig dahin aus:

»Deutschland darf nicht durch Dazwischenkunft in die Angelegenheiten des Nachbarlandes oder durch Nichtanerkennung der dort eingetretenen Staatsveränderung in Krieg verwickelt werden.

»Die Deutschen dürfen nicht veranlaßt werden, die Freiheit und Selbständigkeit, welche sie als Recht für sich selbst fordern, anderen Nationen zu schmälern oder zu rauben.

»Die Verteidigung der Deutschen und ihrer Fürsten darf hauptsächlich nur in der Treue und dem bewährten Kriegsmute der Nation, nie in einem russischen Bündnis gesucht werden.

»Die Versammlung einer in allen deutschen Landen nach der Volkszahl gewählten Nationalvertretung ist unaufschiebbar, sowohl zur Beseitigung der nächsten inneren und äußeren Gefahren, wie zur Entwicklung der Kraft und Blüte deutschen Nationallebens.«

Um zur schleunigsten und möglichst vollständigen Vertretung der Nation das Ihrige beizutragen, haben die Versammelten beschlossen:

»Ihre betreffenden Regierungen auf das Dringendste anzugehen, sobald und so vollständig, als nur immer möglich ist, das gesamte deutsche Vaterland und die Throne mit diesem kräftigen Schutzwalle zu umgeben.

»Zugleich haben sie verabredet, dahin zu wirken, daß baldmöglichst eine vollständigere Versammlung von Vertrauensmännern aller deutschen Volksstämme zusammentrete, um diese wichtigste Angelegenheit weiter zu beraten und dem Vaterlande wie den Regierungen ihre Mitwirkung anzubieten.«

Zu dem Ende wurden sieben Mitglieder ersucht, hinsichtlich der Wahl und der Einrichtungen einer angemessenen Nationalvertretung Vorschläge vorzubereiten, und die Einladung zu einer Versammlung deutscher Männer schleunigst zu besorgen.

Eine Hauptaufgabe der Nationalvertretung wird jedenfalls die Gemeinschaftlichkeit der Verteidigung und der Vertretung nach Außen sein, wodurch große Geldmittel für andere wichtige Bedürfnisse erspart werden, während zugleich die Besonderheit und angemessene Selbstverwaltung der einzelnen Länder bestehen bleibt.

Bei besonnenem treuen und mannhaften Zusammenwirken aller Deutschen darf das Vaterland hoffen, auch in der schwierigsten Lage Freiheit, Einheit und Ordnung zu erringen und zu bewahren, und die Zeit einer kaum geahnten Blüte und Macht freudig zu begrüßen. [...]

Huber, Dokumente, Bd. 1, S. 326 ff.

17 Beschluß der Frankfurter Nationalversammlung über die Errichtung einer provisorischen Zentralgewalt, 28. Juni 1848

1. Bis zur definitiven Begründung einer Regierungsgewalt für Deutschland soll eine provisorische Zentralgewalt für alle gemeinsamen Angelegenheiten der deutschen Nation bestellt werden.
2. Dieselbe hat
    a) die vollziehende Gewalt zu üben in allen Angelegenheiten, welche die allgemeine Sicherheit und Wohlfahrt des deutschen Bundesstaates betreffen;
    b) die Oberleitung der gesamten bewaffneten Macht zu übernehmen, und namentlich die Oberbefehlshaber derselben zu ernennen;
    c) die völkerrechtliche und handelspolitische Vertretung Deutschlands auszuüben, und zu diesem Ende Gesandte und Konsuln zu ernennen.
3. Die Errichtung des Verfassungswerkes bleibt von der Wirksamkeit der Zentralgewalt ausgeschlossen.
4. Über Krieg und Frieden und über Verträge mit auswärtigen Mächten beschließt die Zentralgewalt im Einverständnisse mit der Nationalversammlung.
5. Die provisorische Zentralgewalt wird einem Reichsverweser übertragen, welcher von der Nationalversammlung gewählt wird.
6. Der Reichsverweser übt seine Gewalt durch von ihm ernannte, der Nationalversammlung verantwortliche Minister aus. Alle Anordnungen desselben bedürfen zu ihrer Gültigkeit der Gegenzeichnung wenigstens eines verantwortlichen Ministers.
7. Der Reichsverweser ist unverantwortlich.

8. Über die Verantwortlichkeit der Minister wird die Nationalversammlung ein besonderes Gesetz erlassen.
9. Die Minister haben das Recht, den Beratungen der Nationalversammlung beizuwohnen und von derselben gehört zu werden.
10. Die Minister haben die Verpflichtung, auf Verlangen der Nationalversammlung in derselben zu erscheinen und Auskunft zu erteilen.
11. Die Minister haben das Stimmrecht in der Nationalversammlung nur dann, wenn sie als deren Mitglieder gewählt sind.
12. Die Stellung des Reichsverwesers ist mit der eines Abgeordneten der Nationalversammlung unvereinbar.
13. Mit dem Eintritte der Wirksamkeit der provisorischen Zentralgewalt hört das Bestehen des Bundestages auf.
14. Die Zentralgewalt hat sich in Beziehung auf die Vollziehungsmaßregeln, soweit tunlich, mit den Bevollmächtigten der Landesregierungen in's Einvernehmen zu setzen.
15. Sobald das Verfassungswerk für Deutschland vollendet und in Ausführung gebracht ist, hört die Tätigkeit der provisorischen Zentralgewalt auf.

Huber, Dokumente, Bd. 1, S. 340f.

18 Programme der wichtigsten in der Frankfurter Nationalversammlung vertretenen Fraktionen 1848

a) Äußerste Rechte (Milani), 30. September 1848
1. Zweck und Aufgabe der Nationalversammlung ist die Gründung der deutschen Verfassung.
2. Dieselbe kann nur durch Vereinbarung mit den Regierungen der deutschen Einzelstaaten für diese rechtsgültig zustande kommen. Die Zustimmung der Einzelstaaten kann ausdrücklich oder stillschweigend erteilt werden.
3. Mit Ausnahme der Verfassung und der einen integrierenden Bestandteil derselben bildenden Gesetze steht der Nationalversammlung der Erlaß neuer Gesetze für Deutschland nur insoweit zu, als dieselben die Geltendmachung der durch das

Gesetz vom 28. Juni der Zentralgewalt beigelegten Befugnisse betreffen.
4. Die Nationalversammlung übt nur die konstitutionelle Kontrolle der Handlungen des Reichsministeriums aus und befaßt sich nicht mit der Einmischung in exekutive Maßregeln. [...]

b) Rechte im engeren Sinne (Casino), 25. September 1848
 1. Im Verfassungswerk Festhalten am Beschluß der Nationalversammlung vom 27. Mai d. J.
 Die Deutsche Nationalversammlung als das aus dem Willen des Volks und den Wahlen der deutschen Nation hervorgegangene Organ zur Begründung der Einheit und politischen Freiheit Deutschlands erklärt, daß alle Bestimmungen einzelner deutscher Verfassungen, welche mit dem von ihr zu gründenden allgemeinen Verfassungswerk nicht übereinstimmen, nur nach Maßgabe des letzteren als gültig zu betrachten sind, ihrer bis dahin bestandenen Wirksamkeit unbeschadet.
 2. Die Einheit Deutschlands ist vor allem zu erstreben, daher kein Partikularismus, aber Anerkennung der den einzelnen deutschen Staaten und Stämmen in der Gesamtheit gebührenden Besonderheit.
 3. Die politische Freiheit soll begründet und gesichert werden, also keine Reaktion; aber mit aller Entschiedenheit ist für die öffentliche Ordnung gegen die Anarchie zu kämpfen.

c) Rechtes Zentrum (Landsberg), September 1848
 1. Der Verein der unterschriebenen Mitglieder der verfassungsgebenden Reichsversammlung nimmt für diese das Recht in Anspruch: die Verfassung des deutschen Bundesstaates selbständig herzustellen und über alle in dieser Beziehung gemachten Vorschläge endgültig zu beschließen. Dagegen ist derselbe der Ansicht, daß alle mit dem Verfassungswerk nicht in Verbindung stehenden Angelegenheiten in der Regel an die Reichsgewalt zu verweisen sind.
 2. Der Verein verlangt von den einzelnen deutschen Staaten die Aufopferung ihrer Selbständigkeit nicht, wohl aber, daß sie sich eine Beschränkung derselben insoweit gefallen lassen,

als solches zur Begründung eines einigen, festen und kräftigen Bundesstaates erforderlich ist. Demnach hält derselbe dafür, daß namentlich die obere Leitung des Heereswesens, die völkerrechtliche und handelspolitische Vertretung Deutschlands in die Hände der Reichsgewalt gelegt werden müssen.
3. Der Verein macht es sich zur Aufgabe, die durch die jüngste Staatsumwälzung zur Geltung gekommenen Rechte des deutschen Volks weiter auszubilden und sicherzustellen, aber auf Rückführung der früheren Zustände wie auf Zerrüttung der gesetzlichen Ordnung hinzielenden Bestrebungen entgegenzuwirken und einen wahren Rechtsstaat zu gründen.
4. Der Verein erkennt in der auf demokratischen Grundlagen ruhenden konstitutionellen Regierungsform diejenige, welche die Einrichtung jener Zwecke am zuverlässigsten verbürgt.

d) Linkes Zentrum (Württemberger Hof), September 1848
1. Wir wollen, daß der verfassungsgebende deutsche Reichstag selbständig die allgemeine deutsche Verfassung gründe. Wir verwerfen somit die Ansicht, daß der Reichstag in dieser Beziehung auf dem Boden des Vertrages mit den Regierungen – als Organe der einzelnen deutschen Staaten – stehe. Wir erachten hierdurch eine Berücksichtigung der von den gedachten Regierungen an den Reichstag gebrachten und von diesem geeignet befundenen Ansichten nicht ausgeschlossen.
2. Wir wollen, daß die zu gründende deutsche Bundesverfassung in allen ihren Teilen die Souveränität des deutschen Volks zur Grundlage habe und diese Grundlage sichere.
3. Wir wollen, daß die Souveränität der einzelnen deutschen Staaten denjenigen Beschränkungen und nur denjenigen Beschränkungen unterworfen werde, welche zur Begründung eines einigen und kräftigen Bundesstaats erforderlich sind.
4. Wir erachten alle übrigen Fragen zur Zeit für offen.

e) Linke im engeren Sinne (Deutscher Hof), Oktober 1848
Die Partei der Linken, welche ihre Vereinsversammlungen im

»Deutschen Hof« hält, erkennt als oberste Grundlage für ihre Handlungsweise an: Volkssouveränität, demokratische Freiheit und Einheit des deutschen Vaterlandes, Humanität und Nationalität. Sie will die Volkssouveränität in ihrem vollen Umfang. Sie will daher durch die Deutsche Nationalversammlung, sie will für alle Zukunft die Gesetzgebung ausschließlich und allein der Volksvertretung mit Ausschluß des Bestimmungsrechtes der vollziehenden Reichsgewalt überlassen wissen, unbeschadet einer nochmaligen Beratung auf Grund erhobener Bedenken der Vollzugsgewalt. Sie will eine Volksvertretung, aus der freien Wahl aller volljährigen Deutschen hervorgegangen, und will deren Wirksamkeit nur auf das dauernde Vertrauen des Volkes gegründet wissen. Sie will eine verantwortliche, nur auf Zeit gewählte vollziehende Reichsgewalt. Sie will das Recht der einzelnen deutschen Staaten, ihre Verfassung festzustellen, sei es in Form der demokratischen Monarchie, sei es in Form des demokratischen Freistaates. Sie will die vollkommene Freiheit. Sie will daher die Freiheit nicht mehr beschränkt wissen, als das Zusammenleben der Staatsgenossen unumgänglich notwendig macht. Sie will die Grundrechte aller Deutschen in diesem Sinne festgestellt, gegen alle Verkümmerung und alle vorbeugenden Maßregeln sowohl der Reichsgewalt als der Regierungen der einzelnen Staaten für alle Zukunft geschützt, sie will gegen Verletzung eines jeden verfassungsmäßigen Rechts das Klagerecht vor dem Reichsgericht gesichert haben.

Sie will die Einheit Deutschlands. Sie will daher einen konsequent durchgeführten Bundesstaat, eine gesetzgebende und vollziehende Reichsgewalt, die Reichsgesetzgebung für bürgerliches Recht, Handels- und Wechselrecht, Strafrecht, gerichtliches Verfahren. Sie will die Reichsgesetzgebung im Schiffahrts-, Eisenbahn-, Zoll-, Post-, Münz-, Gewichts- und Bankwesen. Sie will das Gesandtschafts- und Heerwesen ausschließlich für die Reichsgewalt. Sie will die Souveränität der einzelnen Staaten und deren Selbständigkeit nur so weit, als sie sich mit der Errichtung des Bundesstaates verträgt.

Sie will die Humanität. Sie will namentlich ein hiernach gänzlich verändertes Unterrichtswesen, eine auf Humanität begründete Strafgesetzgebung, ein Heerwesen, gegründet auf Volkswehr. Sie will Wegfall aller unsittlichen Staatseinnahmen, eine mit der Steuerkraft übereinstimmende Besteuerung. Sie will im allgemeinen durchgreifende Verbesserung der sozialen Zustände des Volkes.

Sie will endlich Gleichberechtigung aller Nationalitäten. Sie will demnach den auf deutschem Boden wohnenden fremden Nationalitäten Sprache, Sitte usw., sie will den auswärtigen Völkern das Recht ihrer Selbstbestimmung vollständig und uneingeschränkt gewährt wissen.

Nur in der Anerkennung und Ausführung dieser Grundsätze sieht sie die Bedingungen der Größe und Macht Deutschlands.

f) Äußerste Linke (Donnersberg)
Die demokratische Partei der Deutschen Nationalversammlung erkennt die Freiheit, Gleichheit und Brüderlichkeit als die Grundsätze an, deren Durchführung ihre Aufgabe ist. Aus dem Grundsatze der Freiheit folgt, daß jeder Mensch, jede Gemeinde, jeder Einzelstaat, jede Nation das Recht hat, sich selbst zu bestimmen, die eigenen Angelegenheiten selbst zu ordnen.

Aus dem Grundsatze der Gleichheit folgt, daß jeder Mensch, jede Gemeinde, jeder Einzelstaat, jede Nation bei Ausübung des Rechts der Selbstbestimmung und der Ordnung der eigenen Angelegenheiten verpflichtet ist, das gleiche Recht aller andern zu achten.

Aus dem Grundsatze der Brüderlichkeit folgt, daß jeder Mensch, jede Gemeinde, jeder Einzelstaat, jede Nation bei Ausübung des Rechts der Selbstbestimmung und der Ordnung der eigenen Angelegenheiten verpflichtet ist, das Wohl und das Glück aller andern vor Augen zu haben.

Das Recht der freien Selbstbestimmung schließt für den Menschen die Sklaverei, für die Gemeinde, den Einzelstaat, die Nation den Absolutismus aus. Dagegen folgt daraus, daß jeder Mensch, jede Gemeinde, jeder Einzelstaat, jede Nation die eigenen Angelegenheiten nach eigener Wahl entweder unmittelbar selbst oder mittelbar durch Beauftragte ordnen und besorgen kann. Die Achtung des Rechts anderer bringt es mit sich, daß kein Mensch, keine Gemeinde, kein Einzelstaat, keine Nation andere unterdrücken, sich über sie erheben, sich in die eigentümlichen Angelegenheiten derselben mischen darf.

Auf der Sorge für das Wohl und das Glück anderer entspringt

die Verpflichtung der Mehrheit, die Minderheit der Gemeinde, den einzelnen des Einzelstaates, die Gemeinde der Nation, den Einzelstaat in Ausübung der eigenen Rechte zu schützen.

Es folgt daraus, daß, während jeder Einzelstaat sich seine Verfassung selbst geben muß, kein anderer Einzelstaat sich in dessen eigentümliche Angelegenheiten mischen darf, daß dagegen die Nation die Verpflichtung hat, die Durchführung des Willens der Mehrzahl der Bewohner eines Einzelstaates zu sichern und die Unterdrückung desselben durch irgendwelche Gewalt zu verhüten.

Die Gesamtverfassung Deutschlands muß auf die vorstehend entwickelten Grundsätze gebaut ein.

Sie muß daher kraft des Grundsatzes der Freiheit die Ordnung der Angelegenheiten des Gesamtvaterlands, das heißt sowohl die Gesetzgebung für den Gesamtstaat als auch die Vollziehung des Gesamtwillens frei gewählten, verantwortlichen und absetzbaren Beauftragten überlassen, sie muß kraft des Grundsatzes der Gleichheit jede Überhebung des einen über den andern, jedes Privilegium verbieten, sie muß kraft des Grundsatzes der Brüderlichkeit die Sorge für das Wohl und das Glück aller unter ihr vereinigten Menschen als höchste Aufgabe, als endliches Ziel anerkennen.[...]

Felix Salomon, Die deutschen Parteiprogramme, 2. Aufl., Leipzig/Berlin 1912, S. 43–50.

19 Kundmachung des demokratischen Zentralmärzvereins an das deutsche Volk, November 1848

[...] Wir wollen die Einheit Deutschlands;

Wir wollen, daß die Freiheit als das natürliche Eigentum der Nation anerkannt werde, nicht als ein Geschenk oder eine Gabe, die ihm nach Belieben von irgendeiner Seite zugemessen wird;

Wir wollen, daß die Nation die Einschränkungen dieser Freiheit selbst bestimmt und sich nicht aufdrängen läßt, daß aber ein jeder sich diesen Einschränkungen zu unterwerfen hat;

Wir wollen die Berechtigung für das Gesamtvolk, wie für das Volk eines jeden einzelnen Landes, sich seine Regierungsform selbst festzusetzen und einzurichten, zu verbessern und umzugestalten, wie es ihm zweckdienlich erscheint, weil jede Regierung nur um des Volkes willen und durch seinen Willen da ist;

Wir wollen, daß die Verfassungen, welche der Gesamtstaat und die einzelnen deutschen Staaten sich geben, Bestimmungen enthalten, nach denen sie auf friedlichem, *gesetz*lichem Wege geändert und verbessert werden können;

Wir wollen, daß die auf solcher Grundlage errichteten Verfassungen von dem Gesamtstaate garantiert werden;

damit auf diese Art die Revolution zu Ende gebracht und ein dauernder Zustand der Gesetzlichkeit, des Friedens und der Wohlfahrt der deutschen Nation und der einzelnen deutschen Volksstämme gesichert werde. [...]

Karl Obermann, Flugblätter der Revolution. Eine Flugblattsammlung zur Geschichte der Revolution von 1848/49 in Deutschland, Berlin (O) 1970, S. 359ff.

20 Vorschlag des österreichischen Premierministers Felix Fürst von Schwarzenberg für die künftige politische Gestaltung des Reiches, 8. März 1849

§ 1. Die Reichsregierung führt ein Direktorium.
§ 2. Dieses Direktorium bilden sieben regierende Fürsten oder ihre Stellvertreter. Es besteht:
1. aus dem Kaiser von Österreich;
2. dem König von Preußen;
3. dem König von Bayern;
4. aus einem durch Württemberg, Baden, Hohenzollern-Hechingen-Sigmaringen und Liechtenstein;
5. aus einem durch Sachsen, Sachsen-Weimar, Koburg-Gotha, Meiningen-Hildburghausen, Altenburg, Reuß-Greiz und Schleiz, Schwarzburg-Rudolstadt und Sondershausen, Anhalt-Köthen, Bernburg und Dessau;
6. aus einem durch Hannover, Oldenburg, Braunschweig, Mecklenburg-Schwerin und Strelitz, Holstein und Lauenburg, Hamburg, Bremen und Lübeck;
7. aus einem durch Kurhessen, Hessen-Darmstadt, Nassau, Hes-

sen-Homburg, Luxemburg-Limburg, Waldeck, Lippe-Detmold, Schaumburg-Lippe und Frankfurt gewählten Fürsten.

§ 3. Jene Staaten welche ein Mitglied wählen, haben sich über dessen Wahl zu verständigen; für den Fall der Wahlverständigung wird ein Reichsgesetz das Mitwirkungsrecht der Beteiligten bestimmen. Solange weder eine Verständigung noch ein Reichsgesetz erfolgt ist, entscheidet der Regent desjenigen Staates, dessen Volkszahl in dem betreffenden Staatenverbande die größte ist, Kurhessen und Hessen-Darmstadt aber abwechselnd.

§ 4. An der Spitze der Reichsregierung steht ein Reichsstatthalter.

§ 5. Abwechselnd von Jahr zu Jahr bekleidet der Kaiser von Österreich und der König von Preußen die Würde eines Reichsstatthalters.

§ 6. Der Reichsstatthalter führt in der Reichsregierung den Vorsitz, besorgt die Geschäftsleitung, repräsentiert den Bundesstaat im Inneren und gegen das Ausland, beglaubigt Reichsgesandte, empfängt fremde Gesandte und verkündet die Reichsgesetze.

§ 7. Der Reichsstatthalter ernennt ferner die Reichsbeamten. Er ist jedoch bei ihrer Ernennung an die Zustimmung des abwechselnd mit ihm zur Würde des Reichsstatthalters berufenen Fürsten gebunden. Bei Meinungsverschiedenheiten entscheidet das Direktorium.

§ 8. In Verhinderung übt Preußen für Österreich und Österreich für Preußen die Rechte des Reichsstatthalters aus.

§ 9. Alle nicht dem Reichsstatthalter allein zukommenden Regierungsrechte stehen der gesamten Reichsregierung zu, diese faßt ihre Beschlüsse durch absolute Stimmenmehrheit, wobei Österreich und Preußen je zwei, die übrigen Mitglieder aber je eine Stimme führen. Die Mitglieder des Direktoriums sind nicht an spezielle Instruktionen gebunden. Die Abwesenheit einzelner Mitglieder hindert eine Beschlußfassung nicht. Wird eine absolute Stimmenmehrheit nicht erzielt, so entscheidet der Reichsstatthalter.

§ 10. Alle Regierungshandlungen bedürfen zu ihrer Gültigkeit der Gegenzeichnung wenigstens eines Reichsministers, welcher dadurch die Verantwortung übernimmt.

§ 11. Der Sitz der Reichsregierung wird durch ein Reichsgesetz bestimmt.

Huber, Dokumente, Bd. 1, S. 370f.

21 Verfassung des deutschen Reiches, 28. März 1849

§ 1. Das deutsche Reich besteht aus dem Gebiete des bisherigen deutschen Bundes. [...]

§ 5. Die einzelnen deutschen Staaten behalten ihre Selbständigkeit, soweit dieselbe nicht durch die Reichsverfassung beschränkt ist; sie haben alle staatlichen Hoheiten und Rechte, soweit diese nicht der Reichsgewalt ausdrücklich übertragen sind.

§ 6. Die Reichsgewalt ausschließlich übt dem Auslande gegenüber die völkerrechtliche Vertretung Deutschlands und der einzelnen deutschen Staaten aus. [...]

§ 10. Der Reichsgewalt ausschließlich steht das Recht des Krieges und Friedens zu. [...]

§ 68. Die Würde des Reichsoberhauptes wird einem der regierenden deutschen Fürsten übertragen.

§ 69. Diese Würde ist erblich im Hause des Fürsten, dem sie übertragen worden. Sie vererbt im Mannsstamme nach dem Rechte der Erstgeburt.

§ 70. Das Reichsoberhaupt führt den Titel: Kaiser der Deutschen. [...]

§ 85. Der Reichstag besteht aus zwei Häusern, dem Staatenhaus und dem Volkshaus.

§ 86. Das Staatenhaus wird gebildet aus den Vertretern der deutschen Staaten. [...]

§ 88. Die Mitglieder des Staatenhauses werden zur Hälfte durch die Regierung und zur Hälfte durch die Volksvertretung der betreffenden Staaten ernannt. [...]

§ 93. Das Volkshaus besteht aus den Abgeordneten des deutschen Volkes.

§ 94. Die Mitglieder des Volkshauses werden für das erste Mal auf vier Jahre, demnächst immer auf drei Jahre gewählt.

Die Wahl geschieht nach den in dem Reichswahlgesetz enthaltenen Vorschriften. [...]

Huber, Dokumente, Bd. 1, S. 375 ff.

22 Angebot der Kaiserkrone an den preußischen König Friedrich Wilhelm IV. und dessen Ablehnung, 3. März 1849

Die verfassungsgebende deutsche Reichsversammlung, im Frühling des vergangenen Jahres durch den übereinstimmenden Willen der Fürsten und Volksstämme Deutschlands berufen, das Werk der deutschen Verfassung zustande zu bringen, hat am Mittwoch, dem 28. März 1849, nach Verkündigung der in zweimaliger Lesung beschlossenen deutschen Reichsverfassung, die in derselben begründete erbliche Kaiserwürde auf Seine königliche Majestät von Preußen übertragen. – Sie hat dabei das feste Vertrauen ausgesprochen, daß die Fürsten und Volksstämme Deutschlands großherzig und patriotisch in Übereinstimmung mit der Nationalversammlung die Verwirklichung dieser von ihr gefaßten Beschlüsse mit aller Kraft fördern werden. Sie hat endlich den Beschluß gefaßt, den erwählten Kaiser durch eine Deputation aus ihrer Mitte ehrfurchtsvoll einzuladen, die auf ihn gefallene Wahl auf Grundlage der Verfassung anzunehmen. – In der Vollziehung dieses Auftrags stehen vor Euer königlichen Majestät der Präsident der Reichsversammlung und zweiunddreißig ihrer Mitglieder in der ehrfurchtsvollen Zuversicht, daß eure Majestät geruhen werden, die begeisterten Erwartungen des Vaterlandes, welche eure Majestät als den Schirm und Schutz seiner Einheit, Freiheit und Macht zum Oberhaupte des Reichs erkoren hat, durch einen gesegneten Entschluß zu glücklicher Erfüllung zu führen.

Meine Herren!
Die Botschaft, als deren Träger Sie zu mir gekommen sind, hat mich tief ergriffen. Sie hat meinen Blick auf den König der Könige gelenkt, und auf die heiligen, unantastbaren Pflichten, welche mir als dem Könige meines Volkes und als einem der mächtigsten deutschen Fürsten obliegen; solch ein Blick, meine Herren, macht das Auge klar und das Herz gewiß. In dem Beschlusse der deutschen Nationalversammlung, welchen Sie, meine Herren, mir überbringen, erkenne ich die Stimmen der Vertreter des deutschen Volkes. [...]
  Aber meine Herren, ich würde Ihr Vertrauen nicht rechtfertigen, ich würde dem Sinne des deutschen Volkes nicht entsprechen,

ich würde Deutschlands Einheit nicht aufrichten, wollte ich mit Verletzung heiliger Rechte und meiner früheren ausdrücklichen und feierlichen Versicherungen ohne das freie Einverständnis der gekrönten Häupter, der Fürsten und freien Staaten Deutschlands, eine Entschließung fassen, welche für sie und für die von ihnen regierten deutschen Stämme die entschiedensten Folgen haben müßte. An den Regierungen der einzelnen deutschen Staaten wird es daher jetzt sein, in gemeinsamer Beratung zu prüfen, ob die Verfassung dem Einzelnen wie dem Ganzen frommt, ob die mir übertragenen Rechte mich in den Stand setzen würden, mit starker Hand, wie ein solcher Beruf es von mir fordert, die Geschicke des großen deutschen Vaterlandes zu leiten, und die Hoffnungen seiner Völker zu erfüllen.

Huber, Dokumente, Bd. 1, S. 404 ff.

23 Eisenacher Erklärung zur deutschen Nationaleinigung, 14. August 1859

[...] 1. Wir erblicken in der gegenwärtigen politischen Weltlage große Gefahren für die Unabhängigkeit unseres deutschen Vaterlandes, welche durch den zwischen Österreich und Frankreich abgeschlossenen Frieden eher vermehrt als vermindert worden sind.
2. Diese Gefahren haben ihren letzten Grund in der fehlerhaften Gesamtverfassung Deutschlands, und sie können nur durch eine schleunige Änderung dieser Verfassung beseitigt werden.
3. Zu diesem Zweck ist es notwendig, daß der deutsche Bundestag durch eine feste, starke und bleibende Zentralregierung Deutschlands ersetzt und daß eine deutsche Nationalversammlung einberufen werde.
4. Unter den gegenwärtigen Verhältnissen können die wirksamsten Schritte zur Erreichung dieses Zieles nur von Preußen ausgehen; es ist daher dahin zu wirken, daß Preußen die Initiative dazu übernehme.
5. Sollte Deutschland in der nächsten Zeit von außen wieder unmittelbar bedroht werden, so ist bis zur definitiven Konstituierung der deutschen Zentralregierung die Leitung der deut-

schen Militärkräfte und die diplomatische Vertretung Deutschlands nach außen auf Preußen zu übertragen.
6. Es ist Pflicht jedes deutschen Mannes, die preußische Regierung, insoweit ihre Bestrebungen davon ausgehen, daß die Aufgaben des preußischen Staats mit den Bedürfnissen und Aufgaben Deutschlands im Wesentlichen zusammenfallen und soweit sie ihre Tätigkeit auf die Einführung einer starken und freien Gesamtverfassung Deutschlands richtet, nach Kräften zu unterstützen.
7. Von allen deutschen Vaterlandsfreunden, mögen sie der demokratischen oder der konstitutionellen Partei angehören, erwarten wir, daß sie die nationale Unabhängigkeit und Einheit höher stellen, als die Forderungen der Partei, und für die Erreichung einer kräftigen Verfassung Deutschlands in Eintracht und Ausdauer zusammenwirken.

Huber, Dokumente, Bd. 2, S. 104f.

24 Programm des Deutschen Reformvereins, 28. Oktober 1862

1. Die Reform der Verfassung des Deutschen Bundes ist ein dringendes und unabweisliches Bedürfnis, sowohl um die Machtstellung nach Außen als die Wohlfahrt und bürgerliche Freiheit im Innern kräftiger als bisher zu fördern.
2. Diese Reform muß allen deutschen Staaten das Verbleiben in der vollen Gemeinsamkeit möglich erhalten.
3. Sie findet ihren Abschluß nur in der Schaffung einer kräftigen Bundes-Executiv-Gewalt mit einer nationalen Vertretung.
4. Als die nach den bestehenden Verhältnissen allein mögliche Form einer Bundes-Executiv-Gewalt stellt sich eine concentrirte collegiale Executive mit richtiger Ausmessung des Stimmenverhältnisses dar.
5. Als ein erster Schritt zur Schaffung einer nationalen Vertretung ist die von acht Regierungen beantragte Delegirtenversammlung anzuerkennen. Hierbei wird vorausgesetzt, daß die Regierungen keine Zeit verlieren, jene Versammlung zu einer periodisch wiederkehrenden Vertretung am Bunde mit erweiterter Competenz zu gestalten.

6. Um ihr die nöthige moralische Geltung zu sichern, ist eine größere Zahl von Mitgliedern erforderlich. Der Gesetzgebung der einzelnen Staaten ist die Art und Weise der Wahl zu überlassen, jedoch die Wählbarkeit nicht auf die Mitglieder der einzelnen Landesvertretungen zu beschränken.
7. Die Reform ist nur auf der Grundlage der bestehenden Bundesverfassung durch Vereinbarung herbeizuführen.
8. Wenngleich ein Bundesgericht, dessen Unabhängigkeit gesichert ist, als eine Einrichtung von wesentlichstem Nutzen sich darstellt, so erscheint doch der neueste in dieser Beziehung gemachte Vorschlag nicht zweckmäßig.

Huber, Dokumente, Bd. 2, S. 109f.

25 Österreichische Denkschrift über die Reform der Bundesverfassung, 31. Juli 1863

I. Je unsicherer sich die Lage Europas gestaltet hat, desto unabweislicher tritt an die deutschen Fürsten die Aufgabe heran, Angesichts der inneren und äußeren Gefahren, welche Deutschland bedrohen, sich rechtzeitig einer haltbaren Stellung zu versichern. Eine solche Stellung kann unter den Verhältnissen, die sich in den letzten Jahren ausgebildet haben, augenscheinlich nicht mehr einfach auf die bestehende Bundesverfassung gegründet werden. Seit lange sind die Bundesverträge von 1815 und 1820 in ihren Fundamenten erschüttert. Eine Reihe zusammenwirkender Thatsachen hat das Gebäude dieser Verträge allmählich immer tiefer untergraben. Der ganze Gang der inneren Entwicklung Deutschlands während des letzten Jahrzehnts hat auf die Institution des Bundes in ihrer bisherigen Gestalt so ungünstig als möglich eingewirkt. Theils hat die Unfruchtbarkeit aller Bemühungen, durch den Bund die gemeinsamen deutschen Interessen zu fördern, den Bund in der allgemeinen Meinung entwerthet, theils haben die Bedingungen, unter welchen die Bundesverträge geschlossen wurden, durch die politischen Ereignisse der Neuzeit folgenreiche Veränderungen erfahren. In Österreich wie in Preußen sind neue Staatseinrichtungen geschaffen worden. Einrichtungen, welche auf das Verhältniß beider Monarchien zum Bunde einen mächtigen Einfluß ausüben müssen, bis jetzt aber noch jeder Vermittelung und jedes regelmäßigen Zusammenhanges mit dem Organismus des Bundes entbehren. Auch alle anderen deutschen Regierungen haben wiederholt und feierlich das Bedürfniß einer gründlichen Neugestaltung der Bundesverfassung anerkannt. So hat sich denn in Deutschland unaufhaltsam ein fortschreitender Proceß der Abwendung von dem bestehenden Bunde vollzogen; ein neuer Bund aber ist bis heute nicht geschlossen, und das Facit der neuesten deutschen Geschichte ist somit zur Stunde nichts als ein Zustand vollständiger Zerklüftung und allgemeiner Zerfahrenheit. Man denkt in der That nicht zu nachtheilig von diesem Zustande, wenn man sich eingesteht, daß die deutschen Regierungen im Grunde schon jetzt nicht mehr in einem festen gegenseitigen Vertragsverhältnisse zusammenstehen, sondern nur noch bis auf weiteres im Vorgefühle naher Katastrophen nebeneinander fortleben. Die deutsche Revolution aber, im Stillen geschürt, wartet auf ihre Stunde. [...]

II. Österreichs Reorganisationsvorschläge können nur auf dem mit voller Klarheit und Entschiedenheit festgehaltenen Föderativprincip beruhen.

Manches hat sich in Europa seit 1815 verändert, aber heute wie damals bietet die durch die Auflösung des deutschen Reiches zur Nothwendigkeit gewordene, durch die europäischen Verträge sanctionirte Bestimmung, daß die deutschen Staaten unabhängig und durch ein Föderativband vereinigt sein werden, die einzig mögliche Grundlage für die politische Verfassung Deutschlands dar. Man kann dieser Wahrheit nicht direct oder indirect entgegen handeln, ohne den festen Boden der Wirklichkeit zu verlieren. Man kann nicht von den idealen Forderungen oder von Doctrinen, die einem specifischen Interesse künstlich angepaßt sind, den Maßstab für das Reformwerk entnehmen, ohne die Gegenwart einer ungewissen und von den augenscheinlichsten Gefahren umringten Zukunft zu opfern. Eine dem Bundesprincip entgegengesetzte Richtung kann man in Deutschlands gemeinsamen Angelegenheiten nicht einschlagen, ohne bei jedem Schritte auf Warnungszeichen zu stoßen und am Ende des Wegs an einem Abgrunde anzukommen. Monarchische Staaten, zwei Großmächte unter ihnen, bilden den deutschen Staatenverein. Einrichtungen, wie eine einheitliche Spitze oder ein aus directen Volkswahlen hervorgehendes Parlament, passen nicht für diesen Verein, sie widerstreben seiner Natur, und wer sie verlangt, will nur dem Namen nach den Bund, oder das, was man den Bundesstaat genannt hat, in Wahrheit will er das allmähliche Erlöschen der Lebenskraft der Einzelstaaten, er will einen Zustand des Übergangs zu einer künftigen Unification, er will die Spaltung Deutschlands, ohne welche dieser Übergang sich nicht vollziehen kann. Solche Einrichtungen wird Österreich nicht vorschlagen. Wohl aber hält es den Augenblick für gekommen, wo die Sorge für das Wohl Deutschlands gebieterisch verlangt, daß die Grundlagen, auf welchen der Bund ursprünglich errichtet wurde, verstärkt und das Förderativprincip gegenüber der schon dem Begriffe nach durch dasselbe beschränkten Souveränetät der Einzelstaaten mit erhöhter Kraft und Wirksamkeit ausgestattet werde. Der deutsche Bund ist als ein Bund der Fürsten geschlossen, er ist aber auch ausdrücklich als das an die Stelle des vormaligen Reiches getretene Nationalband der Deutschen anerkannt, und er wird sich künftig, um den Bedürfnissen unserer Epoche zu entsprechen, mit Nothwendigkeit schon durch den Charakter seiner Verfassungsformen der Welt als ein Bund der deutschen Staaten als solcher, der Fürsten wie der Völker darstellen müssen. Der Kaiser erblickt daher in der Kräftigung der Executivgewalt des Bundes und in der Berufung der constitutionellen Körperschaften der Einzelstaaten zur Theilnahme an der Bundesgesetzgebung zwei in gleichem Grade unabweisbare und sich zugleich gegenseitig bedingende Aufgaben. [...]

Die Grundlinien für ihren Reformplan sind somit bereits gezeichnet. Sie wird die Errichtung eines Bundesdirectoriums und die periodische Einberufung einer Versammlung von Abgeordneten der Vertretungskörper der Einzelstaaten in Vorschlag bringen. Nicht verkennend, daß es starker Gegengewichte bedarf, um gegenüber dieser letzteren Einrichtung das monarchische Princip und die berechtigte Selbständigkeit der Einzelstaaten gegen mögliche Übergriffe sicher zu stellen, neigt sie sich zugleich zu dem Gedanken, daß die beste Garantie dieser Art und ein werthvolles Mittel zur Wahrung der fürstlichen Rechte und der hohen Stellung der deutschen Dynastien in periodischen persönlichen Vereinigungen der Souveräne Deutschlands gefunden werden könnte. Auf den Vorschlag der Errichtung eines Bundesgerichts endlich wird sie unter angemessenen Modificationen gleichfalls zurückkommen. Dies sind in den wesentlichsten Umrissen die Absichten des Kaisers in Bezug auf die Grundlagen einer heilsamen Lösung dieser ernsten Frage. [...]

Huber, Dokumente, Bd. 2, S. 135 ff.

26 Resolution des Frankfurter Abgeordnetentags zur deutschen Frage, 21./22. August 1863

1. Der Abgeordnetentag erblickt in Österreichs Initiative und in der Theilnahme fast aller Bundesmitglieder ein erfreuliches Zeugniß der allerwärts siegreichen Überzeugung von der Unzulänglichkeit der bestehenden Bundesformen und der dringenden Nothwendigkeit der Neugestaltung; ob zugleich die Bürgschaft, daß das gute Recht des deutschen Volkes auf eine seiner würdigen Verfassung endlich zur Erfüllung kommt, ist von weiterem Entgegenkommen der deutschen Fürsten abhängig.
2. Der Abgeordnetentag kann nur von einer bundesstaatlichen Einheit, wie sie in der Reichsverfassung von 1849 rechtlichen Ausdruck gefunden hat, die volle Befriedigung des Freiheits-, Einheits-, Sicherheits- und Machtbedürfnisses der Nation erhoffen; indessen ist der inneren Krisis und den äußeren Fragen gegenüber der Abgeordnetentag nicht in der Lage, zu Österreichs Entwurf sich lediglich verneinend zu verhalten.
3. Er muß aber eine Reihe von Einzelbestimmungen der Reformacte, insbesondere die Zusammensetzung und Competenz der Delegirtenvertretung, für höchst bedenklich erachten und muß vielmehr die Bildung einer von der Nation erwählten Vertretung als unerläßliche Vorbedingung des Gelingens bezeichnen.
4. Der Abgeordnetentag betrachtet die Anerkennung der Gleichberechtigung beider Großmächte im Staatenbund als ein Gebot der Gerechtigkeit und der Politik, ebenso den Eintritt der nichtdeutschen preußischen Provinzen.
5. Unter allen Umständen erklärt der Abgeordnetentag: daß von einem einseitigen Vorgehen der Regierungen eine gedeihliche Lösung der Nationalreform nicht zu erwarten ist, sondern nur von der Zustimmung einer nach Norm der Bundesbeschlüsse

vom 30. März und 7. April 1848 zu berufenden Nationalversammlung.

Huber, Dokumente, Bd. 2, S. 141 f.

27 Bericht des preußischen Staatsministeriums über die Frankfurter Akte zur Reform des Deutschen Bundes, 15. September 1863

[...] Die verhältnismäßige Schwäche des Bundes, im Vergleich zu der der deutschen Nation innewohnenden Gesammtkraft, beruht in der Schwierigkeit, die Bundes-Centralgewalt so zusammenzusetzen und mit solchen Attributionen zu versehen, daß sie kräftig und wirksam sei, zugleich aber die berechtigte Unabhängigkeit der einzelnen Staaten schone und erhalte, und der Bedeutung der einzelnen Bundesglieder nach Maßgabe ihrer eigenthümlichen und selbständigen Machtverhältnisse Rechnung trage. Diese Schwierigkeit wurzelt in einer tausendjährigen Geschichte des Landes und läßt sich bei dem besten Willen aller Betheiligten weder schnell, noch vollständig überwinden. Sie steigert sich nothwendig in dem Maße, als dem Bunde die Aufgabe gestellt wird, nicht nur, seinem ursprünglichen Zwecke entsprechend, die Sicherheit seiner Theilnehmer und des Bundesgebiets zu gewährleisten, sondern auch in der äußeren wie in der inneren Politik die Zwecke eines einheitlichen Staatswesens zu erfüllen. [...]

Um einer beklagenswerthen Eventualität vorzubeugen, erscheint es uns unerläßlich, daß der Bund durch eigene Aktion in die Beziehungen der europäischen Politik nur mit dem Einverständnisse der beiden Großmächte eingreife und daß jeder der Letzteren ein Veto mindestens gegen Kriegserklärungen, so lange nicht das Bundesgebiet angegriffen ist, zustehe.

Dieses Veto ist für die Sicherheit Deutschlands selbst unentbehrlich. Ohne dasselbe würde je nach den Umständen die eine oder die andere der beiden Großmächte in die Lage kommen, sich der anderen, durch eine Majorität weniger Stimmen verstärkten – ja, selbst mit der anderen zusammen, sich der Majorität dieser Stimmen unterwerfen zu sollen – und doch der Natur der Dinge nach, und ihrer eigenen Existenz halber, sich nicht unterwerfen zu können. Man kann sich einen solchen Zustand auf die Dauer nicht als möglich denken. Es können Institutionen weder haltbar sein noch jemals werden, welche, das Unmögliche von Preußen oder von Österreich fordernd – nämlich, sich fremden Interessen dienstbar zu machen – den Keim der Spaltung unverkennbar in sich tragen. Nicht auf der gezwungenen, oder geforderten und doch nicht zu erzwingenden Unterordnung der einen Macht unter die andere, sondern auf ihrer Einigkeit beruht die Kraft und die Sicherheit Deutschlands. Jeder Versuch, eine große politische Maßregel gegen den Willen der einen oder der anderen durchzusetzen, wird nur sofort die Macht der realen Verhältnisse und Gegensätze zur Wirksamkeit hervorrufen. [...]

Aber nicht blos da, wo es auf Verhütung von Unternehmungen ankommt, durch welche die Festigkeit des gemeinsamen Bandes in Frage gestellt werden kann, sondern auch in Betreff der Betheiligung an der regelmäßigen Thätigkeit des Bundes erscheint es nothwendig, daß die Formen der Bundesverfassung der Ausdruck der wirklichen Verhältnisse und Thatsachen seien.

Preußen ist als deutsche Macht nicht nur Österreich ebenbürtig, sondern es hat innerhalb des Bundes die größere Volkszahl. [...]

Auf dem Gebiete, in welchem bisher die Kompetenz des Bundes sich bewegte, steht der Vorsitz dem Kaiserlich österreichischen Hofe vertragsmäßig in Form der geschäftlichen Leitung der Bundesversammlung zu. Bei neu zu schaffenden Institutionen aber, auf dem Gebiete umfassender Erweiterungen der Attribute und Befugnisse des Bundes, und für Organe, welche den Bund wesentlich nach Außen zu vertreten bestimmt sind, kann Preußen eine bevorzugte Stellung Österreichs nicht zulassen, sondern erhebt den Anspruch auf eine vollkommene Gleichheit. [...]

Huber, Dokumente, Bd. 2, S. 154 ff.

28 Erklärung des preußischen Bundestagsgesandten Karl Friedrich von Savigny über den Rücktritt Preußens vom Bundesvertrag, 14. Juni 1866

[...] Nachdem das Vertrauen Preußens auf den Schutz, welchen der Bund jedem seiner Mitglieder verbürgt hat, durch den Umstand tief erschüttert worden war, daß das mächtigste Glied des Bundes seit drei Monaten im Widerspruche mit den Bundesgrundgesetzen zum Behufe der Selbsthülfe gegen Preußen gerüstet hat, die Berufungen der Königlichen Regierung aber an die Wirksamkeit des Bundes und seiner Mitglieder zum Schutze Preußens gegen willkürlichen Angriff Österreichs nur Rüstungen mehrerer Bundesglieder ohne Aufklärung über den Zweck derselben zur Folge gehabt haben, mußte die Königliche Regierung die äußere und innere Sicherheit, welche nach Artikel II der Bundesacte der Hauptzweck des Bundes ist, bereits als in hohem Grade gefährdet erkennen. [...]

Durch die nach dem Bundesrechte unmögliche Kriegserklärung gegen ein Bundesmitglied, welche durch den Antrag Österreichs und das Votum derjenigen Regierungen, welche ihm beigetreten sind, bedingt ist, sieht das Königliche Cabinet den Bundesbruch als vollzogen an.

Im Namen und auf Allerhöchsten Befehl Seiner Majestät des Königs, seines allergnädigsten Herrn, erklärt der Gesandte daher hiermit, daß Preußen den bisherigen Bundesvertrag für gebrochen und deßhalb nicht mehr verbindlich ansieht, denselben vielmehr als erloschen betrachten und behandeln wird. [...]

Huber, Dokumente, Bd. 2, S. 240f.

III. Norddeutscher Bund und Kaiserreich

29 Der preußische Ministerpräsident Otto von Bismarck vor dem Reichstag des Norddeutschen Bundes, 4. März 1867

[...] Es liegt ohne Zweifel, meine Herren, etwas in unserem Nationalcharakter, was der Vereinigung Deutschlands widerstrebt. Wir hätten die Einheit sonst nicht verloren oder hätten sie bald wieder gewonnen. Wenn wir in die Zeit der Deutschen Größe, die erste Kaiserzeit, zurückblicken, so finden wir, daß kein anderes Land in Europa in dem Maße die Wahrscheinlichkeit für sich hatte, eine mächtige nationale Einheit sich zu erhalten, wie grade Deutschland. Blicken Sie im Mittelalter von dem russischen Reiche der Rurikschen Fürsten bis zu den Westgothischen und Arabischen Gebieten in Spanien, so werden Sie finden, daß Deutschland vor Allen die größte Aussicht hatte, ein einiges Reich zu bleiben. Was ist der Grund, der uns die Einheit verlieren ließ und uns bis jetzt verhindert hat, sie wieder zu gewinnen? Wenn ich es mit einem kurzen Worte sagen soll, so ist es, wie mir scheint, ein gewisser Überschuß an dem Gefühle männlicher Selbstständigkeit, welcher in Deutschland den Einzelnen, die Gemeinde, den Stamm, veranlaßt, sich mehr auf die eigenen Kräfte zu verlassen, als auf die Gesammtheit. Es ist der Mangel jener Gefügigkeit des Einzelnen und des Stammes zu Gunsten des Gemeinwesens, jener Gefügigkeit, welche unsre Nachbar-Völker in den Stand gesetzt hat, die Wohlthaten, die wir erstreben, sich schon früher zu sichern. Die Regierungen, meine Herren, haben Ihnen, glaube ich, im jetzigen Falle, ein gutes Beispiel gegeben. Es war keine unter ihnen, die nicht erhebliche Bedenken, mehr oder weniger berechtigte Wünsche dem bisher erreichten Ziele hat opfern müssen. Liefern auch wir den Beweis, meine Herren, daß Deutschland in einer sechshundertjährigen Leidensgeschichte Erfahrungen gemacht hat, die es beherzigt, daß wir – und Alle, die wir hier sind, wir haben es selbst erlebt – die Lehren zu Herzen genommen haben, die wir aus den verfehlten Versuchen von Frankfurt und von Erfurt ziehen mußten. Das Mißlingen des damaligen Werkes hat in Deutschland einen Zustand der Unsicherheit, der Unzufriedenheit herbeigeführt, der 16 Jahre lang gedauert hat, und der schließlich durch eine Katastrophe, wie die des vorigen Jahres – nach irgend einer Seite hin, wie es Gott gefiel – seinen Abschluß finden mußte. Das deutsche Volk meine Herren, hat ein Recht, von uns zu erwarten, daß wir der Wiederkehr einer solchen Katastrophe vorbeugen, und ich bin überzeugt, daß Sie mit den verbündeten Regierungen Nichts mehr am Herzen liegen haben, als diese gerechten Erwartungen des deutschen Volkes zu erfüllen [...]

Steno. Berichte über die Verh. des RT des Norddeutschen Bundes, Berlin 1867, S. 41 f.

30 Abg. Johannes von Miquel vor dem Reichstag des Norddeutschen Bundes, 9. März 1867

[...] Meine Herren! Gehen wir aber auf den Bund selber ein, wie er da vor uns ist, dann müssen wir zuerst betrachten die räumliche Ausdehnung des Bundes; wir müssen uns fragen, ob wir es rechtfertigen können, einen Bund zu schaffen nur für Norddeutschland, und Süddeutschland, wenn ich denn den Ausdruck der früheren Zeit gebrauchen darf, gewissermaßen auszuschließen. Uns, meine Herren, wenigstens vielen von uns, war die Mainlinie immer ein schreckliches Gespenst. Wir fürchteten den Dualismus Deutschlands viel mehr als die Vielheit, wir wollten lieber den Föderalismus, weil er die Einheit möglich machte für die Zukunft, als den Dualismus, weil wir fürchteten, er werde die wahre Einheit Deutschlands unmöglich machen. Nun, wir haben die Mainlinie, das Gespenst ist Wirklichkeit geworden. Es hat damit aber aufgehört, Gespenst zu sein, es ist eine praktisch-politische, und ich wage das ketzerische Wort, selbst auf das Risiko hin, meinen Freunden zu mißfallen, eine heilsame Notwendigkeit. Die Mainlinie, wie wir sie heute haben, ist nicht die Scheidung zwischen zwei Machtgebieten zweier Großstaaten, nicht die Mainlinie, die wir früher fürchteten, die Scheidelinie zwischen Österreich und Preußen. Die Mainlinie ist, wenn ich den prosaischen Ausdruck gebrauchen darf, gewissermaßen eine Haltestelle für uns, wo wir Wasser und Kohlen einnehmen, Atem schöpfen, um nächstens weiter zu gehen.

Meine Herren! Wir machen hier einen Entwurf für Norddeutschland; wir müssen ihn berechnen für Norddeutschland, wir dürfen den Entwurf, wenn wir auch das Recht der Nation, sich ganz zu einigen, hier festhalten und nimmer preisgeben können, wir dürfen den Entwurf doch nicht für zukünftige, noch gar nicht zu übersehende politische Konstellationen machen. Er darf kein theoretisches Werk der Zukunft, sondern er muß ein praktisches Werk der Gegenwart sein. Es darf keine provisorische Verfassung sein, sondern eine definitive, wir wissen nicht, wie lange wir mit dieser Verfassung auskommen müssen; wir können die Zeit und Umstände nicht übersehen, wann Süddeutschland in den Bund eintreten wird. Der Bund, den wir schaffen, er muß ein definitiver sein.

Meine Herren! »Locken«, wie einer der Vorredner sich ausgesprochen hat, locken werden wir die Süddeutschen nicht. Wenn der Bund nicht ihren nationalen Lebensbedingungen nach allen Seiten entspricht, wenn der Bund ihnen nicht die Sicherheit und Garantie einer friedlichen Kulturentwicklung gewährt, wenn das Gefühl der Einheit in Sprache, Sitte, Denkungsart und Geschichte, wenn das die Süddeutschen nicht an uns heranzieht, dann werden wir sie nicht locken dadurch, daß wir eine oder die andere Freiheitsbestimmung in den Entwurf aufnehmen. Nur ein machtvoller Staat, der nach außen imponiert, nach allen Seiten hin Sicherheit gewährt, der gewissermaßen zu vergleichen ist einer Feste, welche nicht bloß die darinnen sind schützt, sondern auch die Außenbürger schon jetzt schützt, und die bereit ist, den Außenbrüdern, die noch draußen sind, die weite Pforte aufzutun, wenn es Zeit ist. Nur eine solche starke Feste kann uns Süddeutschland erobern. [...]

Keine Macht des Auslandes soll uns darin hindern. Wir vertrauen zwar, daß die Weisheit der Staatslenker der großen Staaten, angesichts der tausendfältigen Erfahrungen der Gegenwart und Vergangenheit, das Recht der Nation, sich selbst zu konstituieren, da, wo eine nationale und wirtschaftliche Einheit vorhanden ist, auch ein einheitliches Staatsgebäude aufzuführen, anerkennen wird, daß das Ausland das natürliche Recht der Nation unangetastet lassen wird. Wir vertrauen, daß der Kaiser der Franzosen, dessen Erklärungen in dieser Beziehung nach meiner Überzeugung nach Deutlichkeit und Offenheit zu wünschen nichts übrig lassen, daß er und die in Frankreich besonnene Partei stark genug sein werden, Leidenschaften zu überwinden, die stets und zumeist zum Verderben des französischen Volkes ausgeschlagen sind. Wenn es aber dennoch sein müßte, nun, so haben wir Wehr und Waffen, um in dieser Beziehung unser Recht und unsern Willen zur Geltung zu bringen. Ich sage dies nicht, um daran die Forderung zu knüpfen, daß wir schon jetzt unmittelbar mit Süddeutschland in einen Bund eintreten müßten. Es hängt ja das von uns nicht ab. Wir müssen aber deutlicher als hier im Entwurf geschehen ist, zu erkennen geben, daß wir bereit und gewillt sind, diese Verfassung nach Bedürfnis dann zu ändern, wenn Zeit und Umstände die Aufnahme Süddeutschlands gestatten, dann zu ändern, wenn die süddeutschen Regierungen bereit sind, diejenigen Opfer ihrer Souveränität zu bringen, die die norddeutschen schon gebracht hatten, wenn das süddeutsche Volk bereit ist, Opfer zu bringen, wie hergebrachte Meinungen und Vorurteile, die wir auch haben bringen müssen. [...]

Steno. Bericht über die Verh. des RT des Norddeutschen Bundes, Berlin 1867, S. 111 ff.

31 Schreiben König Ludwig II. von Bayern an die Fürsten und Freien Städte Deutschlands, 30. November 1870

Die von Preußens Heldenkönige siegreich geführten deutschen Stämme, in Sprache und Sitte, Wissenschaft und Kunst seit Jahrhunderten vereint, feiern nunmehr auch eine Waffenbrüderschaft, welche von der Machtstellung eines geeinigten Deutschlands glänzendes Zeugniß gibt. – Beseelt von dem Streben, an dieser werdenden Einigung Deutschlands nach Kräften mitzuwirken, habe Ich nicht gesäumt, deshalb mit dem Bundeskanzler-Amte des Norddeutschen Bundes in Verhandlungen zu treten. Dieselben sind jüngst in Versailles zum Abschlusse gediehen. Nach dem Beitritte Süddeutschlands zum deutschen Verfassungsbündnisse werden die Seiner Majestät dem Könige von Preußen übertragenen Präsidialrechte über alle deutschen Staaten sich erstrecken. Ich habe Mich zu deren Vereinigung in Einer Hand in der Überzeugung bereit erklärt, daß dadurch den Gesammtinteressen des deutschen Vaterlandes und seiner verbündeten Fürsten entsprochen werde, zugleich aber in dem Vertrauen, daß die dem Bundespräsidium zustehenden Rechte durch Wiederherstellung eines

Deutschen Reiches und der deutschen Kaiserwürde als Rechte bezeichnet werden, welche Seine Majestät der König von Preußen im Namen des gesammten deutschen Vaterlandes auf Grund der Einigung seiner Fürsten ausübt. In Würdigung der Wichtigkeit dieser Sache wende Ich Mich an Euere [...] mit dem Vorschlage, in Gemeinschaft mit Mir bei Seiner Majestät dem Könige von Preußen in Anregung zu bringen, daß die Ausübung der Bundespräsidalrechte mit Führung des Titels eines Deutschen Kaisers verbunden werde. [...]

Huber, Dokumente, Bd. 2, S. 349.

32 Beschluß des Norddeutschen Bundesrats und Reichstags betr. Änderungen der Verfassung des Deutschen Bundes, 9./10. Dezember 1870

Ew. beehre ich mich die ganz ergebenste Mittheilung zu machen, daß der Bundesrath des Norddeutschen Bundes im Einverständnis mit den Regierungen von Bayern, Württemberg, Baden und Hessen, beschlossen hat, dem Reichstage des Norddeutschen Bundes folgende Änderungen der Verfassung des Deutschen Bundes zur verfassungsmäßigen Zustimmung vorzulegen:
1. Im Eingang der Bundesverfassung ist an Stelle der Worte: »Dieser Bund wird den Namen Deutscher Bund führen« zu setzen:
   »Dieser Bund wird den Namen Deutsches Reich führen«.
2. Der erste Absatz des Artikel 11 der Bundesverfassung erhält nachstehende Fassung: »Das Präsidium des Bundes steht dem Könige von Preußen zu, welcher den Namen Deutscher Kaiser führt. Der Kaiser hat das Reich völkerrechtlich zu vertreten, im Namen des Reiches Krieg zu erklären und Frieden zu schließen, Bündnisse und andere Verträge mit fremden Staaten einzugehen, Gesandte zu beglaubigen und zu empfangen.«

Steno. Berichte über die Verh. des RT des Norddeutschen Bundes, II, S. 151.

33 Proklamation Kaiser Wilhelm I. an das deutsche Volk, 18. Januar 1871

Wir Wilhelm, von Gottes Gnaden König von Preußen, nachdem die Deutschen Fürsten und freien Städte den einmüthigen Ruf an Uns gerichtet haben, mit Herstellung des Deutschen Reiches die seit mehr denn 60 Jahren ruhende Deutsche Kaiserwürde zu erneuern und zu übernehmen, und nachdem in der Verfassung des Deutschen Bundes die entsprechenden Bestimmungen vorgesehen sind, bekunden hiermit, daß Wir es als eine Pflicht gegen das gemeinsame Vaterland betrachtet haben, diesem Rufe der verbündeten Deutschen Fürsten und Städte Folge zu leisten und die Deutsche Kaiserwürde anzunehmen. Demgemäß werden Wir und Unsere Nachfolger an der Krone Preußen fortan den Kaiserlichen Titel in allen Unseren Beziehungen und Angelegenheiten des Deutschen Reiches führen, und hoffen zu Gott, daß es der Deutschen Nation gegeben sein werde, unter dem Wahrzeichen ihrer alten Herrlichkeit das Vaterland einer segensreichen Zukunft entgegenzuführen. Wir übernehmen die Kaiserliche Würde in dem Bewußtsein der Pflicht, in deutscher Treue die Rechte des Reichs und seiner Glieder zu schützen, den Frieden zu wahren, die Unabhängigkeit Deutschlands, gestützt auf die geeinte Kraft seines Volkes, zu vertheidigen. Wir nehmen sie an in der Hoffnung, daß dem Deutschen Volke vergönnt sein wird, den Lohn seiner heißen und opfermüthigen Kämpfe in dauerndem Frieden und innerhalb der Grenzen zu genießen, welche dem Vaterlande die seit Jahrhunderten entbehrte Sicherung gegen erneute Angriffe Frankreichs gewähren. Uns aber und Unseren Nachfolgern an der Kaiserkrone wolle Gott verleihen, allzeit Mehrer des Deutschen Reichs zu sein, nicht an kriegerische Eroberungen, sondern an den Gütern und Gaben des Friedens auf dem Gebiete nationaler Wohlfahrt, Freiheit und Gesittung.

Huber, Dokumente, Bd. 2, S. 378.

34 Präambel der Reichsverfassung, 16. April 1871

Seine Majestät der König von Preußen im Namen des Norddeutschen Bundes, Seine Majestät der König von Bayern, Seine Majestät der König von Württemberg, Seine Königliche Hoheit der Großherzog von Baden und Seine Königliche Hoheit der Großherzog von Hessen und bei Rhein für die südlich vom Main belegenen Theile des Großherzogtums Hessen, schließen einen ewigen Bund zum Schutze des Bundesgebietes und des innerhalb desselben gültigen Rechtes, sowie zur Pflege der Wohlfahrt des Deutschen Volkes. Dieser Bund wird den Namen Deutsches Reich führen und wird nachstehende Verfassung haben.

Reichsgesetzblatt 1871, S. 63.

35 Reichskanzler Otto von Bismarck vor dem Reichstag, an die polnische Fraktion gewandt, 16. März 1885

[...] Ich glaube, daß die Herren aus den polnisch redenden Landestheilen überhaupt ihrem Interesse besser dienen würden, wenn sie die Regierung des Landes und des Reiches bis auf weiteres unterstützten. Sie können eben nur durch einen unglücklichen Krieg ihre außerhalb unserer staatlichen Existenz liegenden Ideale verwirklichen. Findet aber dieser unglückliche Krieg statt, dann werden die Herren ja doch davon profitiren; und das gilt auch auf für andere zentrifugale Bestrebungen. Sie können ja den Erfolg des Krieges ruhig abwarten und können inzwischen der staatlichen Gemeinschaft, in der Sie sich nach Gottes Willen einstweilen befinden, nach dem Spruche: »Seid unterthan der Obrigkeit, die Gewalt über euch hat« – und das möchte ich namentlich auch den konfessionellen Fraktionen ans Herz legen – ruhig und ehrlich dienen. Der Vortheil, den Sie von einem unglücklichen Kriege für Ihre antistaatlichen Ideale haben können, der läuft Ihnen deshalb nicht weg.

Wenn das deutsche Reich zertrümmert, wenn Preußen zerschlagen und niedergeworfen ist, ja dann kommt es nur darauf an, durch wen; das heißt, ob unsere polnischen Provinzen einem anderen Reiche einverleibt werden, oder ob der Sieger ein solcher ist, der seinerseits ein Interesse an der Herstellung des Königreichs Polen hat; im letzteren Falle wird er es ganz sicher herstellen, Sie mögen in der Zwischenzeit sich gegen die jetzige Regierung freundlich benommen und Ihren Landsleuten und Ihrem engeren provinziellen Gemeinwesen das Wohlwollen der jetzigen Regierung erworben haben oder nicht. Das wird sich dabei ganz gleich bleiben, und die Resurrektion des polnischen Gedankens wird dann ohne Ihr Zuthun vom Auslande selbst gemacht werden; denn es gibt ausländische Bestrebungen, denen eine Zerreißung der preußischen Monarchie, denen die Herstellung eines feindlichen Elementes in der Weichselgegend bis an die Oder heran Deutschland gegenüber von Nutzen erscheinen kann. Also warten Sie doch ruhig ab, bis der unglückliche Krieg gekommen und geführt ist, und enthalten Sie sich der Sünde, ihn an die Wand zu malen; denn die Hoffnung, ihn dadurch zu beschleunigen und herbeizuführen, ist doch eine eitle, die wird sich nicht verwirklichen! Die Regierungen sind sich in ihrem Interesse dazu zu klar, die Regierungen sowohl innerhalb Deutschlands wie außerhalb Deutschlands. [...]

Verh. 6. Dt. RT, 68. Sitzung, S. 1855.

36 Abg. Wilhelm Liebknecht (SPD) vor dem Reichstag, 15. Januar 1886

[...] Ich variire da einen Ausspruch des Robespierre und nenne das Nationalitätsprinzip ein Phantom erfunden von Schwindlern, um Narren an der Nase herumzuführen. Das ganze sogenannte Nationalitätsprinzip – so, wie Sie es auffassen, so, wie es sich in diesen Ausweisungen kennzeichnet – ist es denn überhaupt ein Prinzip oder gar ein hohes Kulturprinzip? Eine Nation hat vor allen Dingen den Beruf, menschheitliche Aufgaben zu lösen. Aber ein Nationalitätsprinzip, welches darauf hinausläuft, daß eine Nationalität die andere unterdrückt, aus dem Lande treibt, – meine Herren, das ist ein Prinzip der Barbarei! das ist kein Kulturprinzip? Sie treiben Barbarei im Namen der Kultur. Der ganze Gang der Kulturentwickelung richtet sich gegen das Nationalitätsprinzip, – das heißt das Nationalitätsprinzip so aufgefaßt, daß eine Nation die andere ausschließen, sich von ihr abschließen soll. Unsere ganze Kulturentwickelung ist eine fortdauernde Reihe von Siegen über dieses Prinzip, und zur Ehre unseres Jahrhunderts sei es gesagt, daß die internationale, kosmopolitische Strömung mehr und mehr über diese nationalistischen Regungen die Oberhand gewonnen hat; und in einer Maßregel, wie der, die wir jetzt besprechen, können wir – um mich darwinistisch auszudrücken – nur einen Rückfall in die alte Barbarei erblicken.

Ich habe über diesen Gegenstand schon bei der Budgetberathung gesprochen, und da ich mich in warmer Weise zu Gunsten der Polen ausgesprochen habe, hat man mir in der Presse vorgeworfen – und es ist mir auch im Hause indirekt der Vorwurf gemacht worden –: ich sei kein Patriot, wir Sozialdemokraten seien eine ausländische Partei, uns fehle die Begeisterung für das Vaterland. Es gibt keinen Vorwurf, den ich leichter ertragen kann als diesen. Was heißt Vaterlandsliebe? Nach meiner Auffassung: dafür sorgen, daß das Vaterland, das uns allen gehört, wohnlich werde, dafür sorgen, daß unser deutsches Vaterland Einrichtungen erlangt, die es jedem zur Ehre und Annehmlichkeit machen, darin zu wohnen. Das nenne ich Förderung der deutschen Nationalität; darin aber, daß man in Deutschland Zustände schafft, welche Massen des deutschen Volkes aus dem Lande treiben, und welche zu Maßregeln, wie diese Polenausweisungen, führen, – darin sehe ich wahrhaftig keinen Triumph des Nationalitätsprinzips. [...]

Ich habe vorhin gesagt, das Prinzip der Nationalität werde durch das Prinzip der Humanität überragt. Es gibt noch ein zweites Prinzip, das über das Nationalitätsprinzip hinausgeht: das ist das Prinzip der Freiheit. Hätten wir Freiheit in Deutschland, so würden die nationalen Gegensätze sich innerhalb Deutschlands nicht in der Weise geltend machen können, wie das jetzt der Fall ist. Sie haben zwei Länder, die freiesten Länder der Erde, die Schweiz und Amerika; diese beiden Länder sind – ich möchte sagen – verkörperte Negationen des Prinzips der Nationalität. Es sind da alle Nationen durcheinander gewürfelt. Und sie leben friedlich neben einander. Warum? Weil sie frei sind. [...]

Verh. 6. Dt. RT, 25. Sitzung, S. 536 ff.

37 Abg. Georg Ledebour (SPD) vor dem Reichstag, 12. Juni 1913

[...] Es müßte vor allen Dingen bei uns in Deutschland gebrochen werden mit dieser verderblichen Politik der Unterdrückung fremdsprachiger Völker. Wir Sozialdemokraten vertreten den Grundsatz der nationalen Toleranz in aller Welt, nicht bloß in Deutschland, sondern auch in allen anderen Staaten der Welt, und darin erblicken wir die Lösung der Nationalitätenfrage.

Die Forderung, die wir an alle Staaten stellen, ist die: Es wird sich niemals – bemerke ich – ermöglichen lassen bei der vielfachen Durcheinanderwürfelung verschiedensprachiger Volksbestandteile, daß alle Völker in Europa staatlich nach Sprachgebieten abgegrenzt werden. Wie man auch die Grenzen ziehen mag, – es wird immer in den einzelnen Staaten fremdsprachige Volksbestandteile geben. Aber die Unzuträglichkeiten, die daraus für die staatliche Homogenität, für das staatliche Empfinden dieser Völker erwachsen, werden sofort aufhören, wenn der Grundsatz der Nationalitätentoleranz in jeder Beziehung zur Geltung kommt, wenn jeder einzelne Staat die verschiedensprachigen Volksbestandteile sich vollkommen frei entwickeln läßt, ihnen eine vollkommen freie Schulentwicklung gibt und sie ihre Muttersprache kultivieren läßt. Die fortgeschrittenen Völker wie das deutsche werden dabei immer am besten fahren. Aber sobald von einem Volke eine Unterdrückung gegen das andere geübt wird, peitscht man ja gerade den Widerstand auf, und wenn sonst vielleicht eine Germanisierung fremder Volksbestandteile in einzelnen Gegenden möglich wäre, wird sie vollkommen zerstört und vernichtet durch diese künstliche Aufpeitschung der nationalen Leidenschaften, die durch unsere verderbliche, das deutsche Volk am schwersten schädigende Antipolen- und Antidänenpolitik betrieben wird. [...]

Verh. 13. Dt. RT., 160. Sitzung, S. 5483 Cff.

38 Aufzeichnung des Reichskanzlers Theobald von Bethmann Hollweg, 9. September 1914

Das allgemeine Ziel des Krieges:

Sicherung des Deutschen Reiches nach West und Ost auf erdenkliche Zeit. Zu diesem Zweck muß Frankreich so geschwächt werden, daß es als Großmacht nicht neu erstehen kann, Rußland von der deutschen Grenze nach Möglichkeit abgedrängt und seine Herrschaft über die nichtrussischen Vasallenvölker gebrochen werden.

Die Ziele des Krieges im einzelnen:

1. *Frankreich.* Von den militärischen Stellen zu beurteilen, ob die Abtretung von Belfort, des Westabhangs der Vogesen, die Schleifung der Festungen und die Abtretung des Küstenstrichs von Dünkirchen bis Boulogne zu fordern ist.
   In jedem Falle abzutreten, weil für die Erzgewinnung unserer Industrie nötig, das Erzbecken von Briey.
   Ferner eine in Raten zahlbare Kriegsentschädigung; sie muß so hoch sein, daß Frankreich nicht imstande ist, in den nächsten 15–20 Jahren erhebliche Mittel für Rüstungen aufzuwenden.
   Des weiteren: ein Handelsvertrag, der Frankreich in wirtschaftliche Abhängigkeit von Deutschland bringt, es zu unserem Exportland macht und uns ermöglicht, den englischen Handel in Frankreich auszuschalten. Dieser Handelsvertrag muß uns finanzielle und industrielle Bewegungsfreiheit in Frankreich schaffen, so daß deutsche Unternehmungen nicht mehr anders als französische behandelt werden können.
2. *Belgien.* Angliederung von Lüttich und Verviers an Preußen, eines Grenzstrichs der Provinz Luxemburg an Luxemburg.
   Zweifelhaft bleibt, ob Antwerpen mit einer Verbindung nach Lüttich gleichfalls zu annektieren ist.
   Gleichviel, jedenfalls muß ganz Belgien, wenn es auch als Staat äußerlich bestehen bleibt, zu einem Vasallenstaat herabsinken, in etwa militärisch wichtigen Hafenplätzen ein Besatzungsrecht zugestehen, seine Küste militärisch zur Verfügung stellen, wirt-

schaftlich zu einer deutschen Provinz werden. Bei einer solchen Lösung, die die Vorteile der Annexion, nicht aber ihre innerpolitisch nicht zu beseitigenden Nachteile hat, kann franz. Flandern mit Dünkirchen, Calais und Boulogne mit großenteils flämischer Bevölkerung diesem veränderten Belgien ohne Gefahr angegliedert werden. Den militärischen Wert dieser Position England gegenüber werden die zuständigen Stellen zu beurteilen haben.

3. *Luxemburg* wird deutscher Bundesstaat und erhält einen Streifen aus der jetzt belgischen Provinz Luxemburg und eventuell die Ecke von Longwy.
4. Es ist zu erreichen die Gründung eines mitteleuropäischen Wirtschaftsverbandes durch gemeinsame Zollabmachungen, unter Einschluß von Frankreich, Belgien, Holland, Dänemark, Österreich-Ungarn, Polen und eventl. Italien, Schweden und Norwegen. Dieser Verband, wohl ohne gemeinsame konstitutionelle Spitze, unter äußerlicher Gleichberechtigung seiner Mitglieder, aber tatsächlich unter deutscher Führung, muß die wirtschaftliche Vorherrschaft Deutschlands über Mitteleuropa stabilisieren.
5. Die Frage der kolonialen Erwerbungen, unter denen in erster Linie die Schaffung eines zusammenhängenden mittelafrikanischen Kolonialreichs anzustreben ist, desgleichen die Rußland gegenüber zu erreichenden Ziele werden später geprüft.

Als Grundlage der mit Frankreich und Belgien zu treffenden wirtschaftlichen Abmachungen ist eine kurze provisorische, für einen eventuellen Präliminarfrieden geeignete Formel zu finden.

6. *Holland.* Es wird zu erwägen sein, durch welche Mittel und Maßnahmen Holland in ein engeres Verhältnis zu dem Deutschen Reiche gebracht werden kann.

Dies engere Verhältnis müßte bei der Eigenart der Holländer von jedem Gefühl des Zwanges für sie frei sein, an dem Gang des holländischen Lebens nichts ändern, ihnen auch keine veränderten militärischen Pflichten bringen, Holland also äußerlich unabhängig belassen, innerlich aber in Abhängigkeit von uns bringen. Vielleicht ein die Kolonien einschließendes Schutz- und Trutzbündnis, jedenfalls enger Zollanschluß, eventuell die Abtretung von Antwerpen an Holland gegen das Zugeständnis eines deutschen Besatzungsrechtes für das befestigte Antwerpen wie für die Scheldemündung wäre zu erwägen.

Werner Balser, Deutschlands Annexionspolitik in Polen und im Baltikum 1914–1918, Berlin (O) 1962, S. 381 ff.

IV. Weimarer Republik und Nationalsozialismus

39 Reichspräsident Friedrich Ebert vor der Nationalversammlung in Weimar, 6. Februar 1919

[...] Das deutsche Volk hat sich sein Selbstbestimmungsrecht im Innern erkämpft. Es kann es jetzt nach außen nicht preisgeben.

Wir können auch nicht darauf verzichten, die ganze deutsche Nation im Rahmen eines Reichs zu einigen.

Unsere deutsch-österreichischen Brüder haben auf ihrer Nationalversammlung bereits am 12. November vorigen Jahres sich als Teil der großdeutschen Republik erklärt.

Jetzt hat die deutsch-österreichische Nationalversammlung erneut unter stürmischer Begeisterung uns ihren Gruß entboten und die Hoffnung ausgesprochen, daß es unserer und ihrer Nationalversammlung gelingen wird, das Band, das die Gewalt 1866 zerrissen hat, wieder neu zu knüpfen.

Deutsch-Österreich müsse mit dem Mutterland für alle Zeiten vereinigt werden.

Meine Damen und Herren! Ich bin sicher, im Sinne der gesamten Nationalversammlung zu sprechen, wenn ich diese historische Kundgebung aufrichtig und voll Freude begrüße und sie mit gleicher, herzlicher Brüderlichkeit erwidere.

Unsere Stammes- und Schicksalsgenossen dürfen versichert sein, daß wir sie im neuen Reich der deutschen Nation mit offenen Armen und Herzen willkommen heißen.

Sie gehören zu uns, und wir gehören zu ihnen.

Ich darf auch wohl die Erwartung aussprechen, daß die Nationalversammlung die künftige Reichsregierung ermächtigt, baldigst mit der Regierung des deutsch-österreichischen Freistaates über den endgültigen Zusammenschluß zu verhandeln. Dann soll kein Grenzpfahl mehr zwischen uns stehen. Dann wollen wir sein ein einig Volk von Brüdern.

Deutschland darf nicht wieder dem alten Elend der Zersplitterung und Verengung anheimfallen.

Geschichte und Anlage hemmen zwar, einen straff zentralisierten Einheitsstaat zu bilden. Viele Stämme und viele Dialekte sind in Deutschland vereinigt, aber sie müssen zu einer Nation und einer Sprache zusammenklingen.

Die Abgrenzung zwischen Reichsrecht und Stammesrecht mag im einzelnen umstritten bleiben. Im großen müssen wir uns aber alle einig sein, daß nur eine ungehemmte einheitliche Entwicklungsmöglichkeit unseres Wirtschaftslebens, ein politisch aktionsfähiges, festgefügtes, einiges Deutschland die Zukunft unseres Volkes sicherstellen kann.

In diesem starken deutschen Volksstaat soll jeder Stamm seine wertvollsten Eigenschaften frei zu schöner Blüte entfalten können. Nur so können wir hoffen, aus all dem Drang und all der Not der Zeit den Aufstieg zu den Höhen der Menschheit wiederzufinden.

Eine Nationalversammlung, die einer Regierung die unanfechtbare Legitimation gibt, im Namen des ganzen deutschen Volkes zu handeln, fördert schon dadurch den Frieden nach außen und innen in hohem Maße. [...]

Verh. Nationalversammlung, 1. Sitzung, S. 1 ff.

40 Max Weber, Deutschlands künftige Staatsform, 1919

[...] 1. Klarer Verzicht auf imperialistische Träume und also rein autonomistisches Nationalitätsideal: Selbstbestimmung aller deutschen Gebiete zur Einigung in einem unabhängigen Staat zu rückhaltlos friedlicher Pflege unsrer Eigenart im Kreise des Völkerbunds. Nicht von uns allein hängt es ja ab, ob nationaler Pazifismus unsere dauernde Gesinnung bleiben kann. Werden, wie vor 1870, unserer Einigung (wenn und soweit die Deutschen, insbesondere die Österreicher, sie selbst wollen) Hindernisse bereitet, werden uns außer dem Elsaß, über dessen staatliches Schicksal wir, nachdem es dem alten Regime in 50 Jahren nicht gelang, dieses kerndeutsche Land uns innerlich zu gewinnen, diesen Frieden, der hoffentlich wenigstens seine Eigenart wahrt, als Schlußurteil eines langen Prozesses ehrlich akzeptieren wollen, deutsche Gebiete im Westen oder gar Osten abgenommen, werden uns über die Entschädigung Belgiens hinaus unter dem Vorwand von Schäden, welche aus der Tatsache des Kriegs als solcher und aus beiderseitigen Handlungen herrühren, Fron- und Schuldpflichten auferlegt – dann wird, nach einer Epoche von bloßem Ermüdungspazifismus, jeder letzte Arbeiter, der das spürt, Chauvinist werden! Der Völkerhaß ist in Permanenz und die deutsche Irredenta mit all den dabei üblichen revolutionären Mitteln der Selbstbestimmung flammt auf. Gegen die Fremdherrschaft sind auch die Mittel der Spartakusleute recht, und die deutsche studierende Jugend hätte eine Aufgabe. Der Völkerbund wäre innerlich tot, daran könnten keine »Garantien« etwas ändern. Die englische Politik hätte sich einen Todfeind geschaffen, und Präsident Wilson wäre nicht der Friedensstifter der Welt, sondern der Stifter unendlicher Kämpfe.

2. Kommt – wie wir wollen und hoffen – ein Friede zustande, den wir innerlich aufrichtig annehmen können, dann ist gründliche Entmilitarisierung die Parole. Also zunächst natürlich die bisher fehlende Unterordnung der Militärgewalt unter die bürgerliche. Der international zu vereinbarende Übergang zum rein defensiven Milizsystem wird sie ohne weiteres zur Folge haben. Wehrlosigkeit bedeutet sie nicht und darf sie schon deshalb nicht bedeuten, solange das Wiederaufflammen der in allererster Linie am Kriege schuldigen imperialistischen Gefahr von Rußland, – außer Amerika dem einzigen Lande, welches den Boykott auch eines Völkerbundes leicht ertrüge, – nicht endgültig gebannt scheint.

3. Die Beseitigung der hegemonialen großpreußischen Struktur des Reiches, welche in Wahrheit die Herrschaft einer Kaste bedeutete, ist auch für die preußische Demokratie Programmpunkt. Unentbehrlich wäre sie zumal für die Einigung mit Österreich, welche übrigens dem Reiche – seien wir uns klar! – nicht Macht und Geschlossenheit, sondern schwierige Probleme und Lasten zuführen wird und muß, jedenfalls aber seine äußere Kraft nicht steigert, also keine realpolitische, sondern eine rein gefühlspolitische Notwendigkeit ist. Wien ist noch weniger als München von Berlin aus zu regieren. Behördenverteilung auf die großen Zentren, abwechselnde Tagung des Parlaments in Berlin und Wien oder ständig an einem ganz neuen Ort und ähnliches wären ja Äußerlichkeiten, – aber doch nicht bedeutungslos. Gerade im gegenwärtigen Moment müßte jedenfalls die Konstituante, um unter einem weithin sichtbaren Zeichen der Neuerung zu tagen, in einer anderen Stadt als Berlin, einerlei ob Frankfurt, Nürnberg, München, zusammentreten. Ihre Aufgabe ist es, eine Verfassung zu schaffen, welche im Interesse des Gleichgewichts der Stämme nicht nur die jetzigen formellen Vorrechte Preußens beseitigt, sondern zur Kompensation seines bleibenden materiellen Schwergewichts staatspolitische Gegengewichte darbietet. Welche?

4. Unitarische oder föderalistische Lösung? Einheitsstaat oder Bundesstaat? Man muß sich klar machen, und wir kommen öfters darauf zurück: daß dafür vor allem die *wirtschaftliche* Zukunftsorganisation wichtig ist. Eine wirklich streng sozialistische Organisation würde für die einheitliche Wirtschaft auch ein *einheitliches* politisches Gehäuse fordern. [...] Dagegen jede *privatwirtschaftlich* selbständige Organisation durch freie Unternehmer, auch durch selbstgeschaffene Unternehmerverbände, kann sich mit dem Föderalismus vertragen und auch über die einzelstaatlichen Grenzen hinweg Teilwirtschaftsgebiete syndizieren, wenn nur Recht, Währung, Handelspolitik und Produktionssteuern einheitlich geordnet sind. [...]

Max Weber, Zur Neuordnung Deutschlands, Schriften und Reden 1918–1920, hg. v. Wolfgang J. Mommsen, Tübingen 1988, S. 109ff.

41 Reichsinnenminister Hugo Preuß vor der Nationalversammlung, 24. Februar 1919

[...] Einst aus dem klassischen Geiste von Weimar sprach mit resigniertem Stolz der Spruch:
 Zur Nation Euch zu bilden, Ihr hoffet es Deutsche vergebens.
 Bildet darum – Ihr könnt's – freier zu Menschen Euch aus!
Solche Scheidung scheint dem Geist unserer Zeit nicht möglich. Die Entfaltung freien Menschentums scheint uns nur in der politischen Freiheit des Volkstums gesichert. Das deutsche Volk zur sich selbst bestimmenden Nation zu bilden, zum erstenmal in der deutschen Geschichte den Grundsatz zu verwirklichen: die Staatsgewalt liegt beim Volke – das ist der Leitgedanke der freistaatlichen deutschen Verfassung von Weimar.

Wenn es das Ziel und der Inhalt aller Sozialisierungsgedanken ist, nicht bloß Lohn- und Magenfragen zu regeln, sondern wenn es ihr hohes moralisches Ziel ist, den arbeitenden Massen den Aufstieg zu freiem Menschentum mit seiner sittlichen Würde und Verantwortlichkeit zu bahnen, so ist auch dafür die Voraussetzung die politische Freiheit und Verantwortlichkeit, die sittliche Würde der Demokratie. Auch den sozialen Fortschritt kann die Verfassung unmittelbar so wenig schaffen wie den sonstigen Inhalt des Volkslebens; aber ihm durch die politische Organisation den Weg offen halten, das kann sie, und ich hoffe, daß dies der Entwurf tut.

Man mag keinen besonderen Wert auf Formeln, feierliche Floskeln – wie man es nennen mag – legen und deshalb auch flüchtig über die Formel hinweggehen, die den Verfassungsentwurf einleitet, die sogenannte Präambel:

> Das Deutsche Volk, geeint in seinen Stämmen und von dem Willen beseelt, sein Reich auf der Grundlage der Freiheit und Gerechtigkeit zu erneuern und zu festigen, den inneren und äußeren Frieden zu sichern und den sozialen Fortschritt zu fördern, hat sich diese freistaatliche Verfassung gegeben.

Aber eine Bedeutung gewinnt diese Präambel in ihrem Gegensatz zu der Präambel der früheren Reichsverfassung. Nicht ein »Bund der Fürsten« selbstverständlich, aber auch nicht ein »Bund der Gliedstaaten« ist der Ausgangspunkt für die neue Verfassung, sondern die Selbstorganisation des deutschen Volkes in seiner Gesamtheit. Schon daraus, meine Herren, ergibt sich die Unmöglichkeit, gerade in dem Sinne, den der Verfassungsentwurf nach Möglichkeit verwirklichen möchte, einem Wunsche nachzugeben, der vielfach in der Öffentlichkeit geäußert worden ist, dem neuen Staate oder dem umgewandelten Staatswesen den Namen der »Vereinigten Staaten von Deutschland« zu geben. Nach den besonderen Ereignissen und Entwicklungsbedingungen unserer Geschichte würde dies gegenüber dem im Reiche schon Erreichten einen Rückschritt darstellen. Man mag mancherlei Gründe dafür anführen, die diesem Namen zugute kommen würden, aber er würde zweifellos in seiner ganzen Bedeutung einen partikularistischen Rückschritt gegenüber dem Bestehenden darstellen. Man könnte ja nun – es ist das ja auch bei dem Entwurf der vorläufigen Verfassung von den Herren dort oben stark betont worden – überall die Bezeichnung »Reich« ausmerzen und an ihre Stelle »Deutsche Republik« setzen.

Meine Herren, wenn der Verfassungsentwurf das nicht tut, so tut er das nicht etwa aus Scheu, sich zur Republik zu bekennen; wenn an die Spitze gesetzt ist »Freistaatliche Verfassung«, so sagt das dasselbe. Aber, meine Herren, das Wort, der Gedanke, das Prinzip des Reichs hat für unser deutsches Volk einen so tief wurzelnden Gefühlswert, daß wir es, glaube ich, nicht verantworten könnten, diesen Namen aufzugeben.

Es hängen Traditionen von Jahrhunderten, es hängt die ganze Sehnsucht des zersplitterten deutschen Volkes nach nationaler Einigung an dem Namen »Reich«, und wir würden in weitesten Kreisen tiefwurzelnde Gefühle ohne Grund und Zweck verletzen, wenn wir von diesem Worte, das eine schwer errungene, nach langen Enttäuschungen verwirklichte Einheit darstellt, abgehen wollten.

Ich weiß: das hat nach dem Auslande hin gewisse Schwierigkeiten, daß in der immer noch französischen Sprache der Diplomatie »Reich« sich eben nur als »Empire« übersetzen läßt, oder »Empire« im Englischen. Nun, man wird ja einen Ausweg und eine Aushilfe schaffen, und das neue Reich ist trotz dieses Namens oder gerade deswegen begründet auf dem Namen der Reichseinheit, ein Freistaat, eine Republik, die in dieser Hinsicht wahrlich den Vergleich mit irgend einer anderen Republik und Demokratie nicht zu scheuen braucht.

So wagt es denn auch die Verfassung, Ihnen in dem 1. Artikel vorzuschlagen, dem neuen Reiche neue Farben zu geben, neue Farben, die freilich alt sind und auch als solche für weite Kreise unseres Volkes einen Gefühlswert haben: schwarz-rot-gold. Ich begreife, daß es für viele eine schwere und schmerzliche Entschließung ist, die Fahnen, die Farben, die Jahrzehnte lang ruhmreich geweht haben, verschwinden zu sehen.

Aber es sind gewaltige Veränderungen, die die vergangenen Jahrzehnte seit den Ereignissen der sechziger Jahre als eine in sich abgeschlossene Periode erscheinen lassen, und ein großer Teil der Parteien des Hauses hat ja dasselbe bekundet, indem sie selbst gegenüber den alten Parteinamen eine neue Flagge gehißt haben.

Schon in den verschiedenen »Volksparteien« liegt etwas wie das Hissen von schwarz-rot-gold.

Ob diese Farben scharz-rot-gold wirklich die Farben des alten Deutschen Reichs waren, was die Historiker zum größten Teil bestreiten, ob sie den Farben der Lützowschen Freischar entnommen sind, das ist nicht das Historische an ihnen. Das Historische an ihnen ist die Fülle von Gedanken, Zielen, Bestrebungen politischer Art, die im Verlaufe des 19. Jahrhunderts sich eng verbunden haben, ich möchte sagen: mit dem Prinzip schwarz-rot-gold.

Es war zugleich der Gedanke politischer Freiheit mit dem der nationalen Einigung, und zwar der großdeutschen nationalen

Einigung, der dann auch noch lange, als über dem kleindeutschen Reiche schon die schwarz-weiß-rote Fahne wehte, in Deutsch-Österreich das Schwarz-rot-gold in Ehren hielt.

Es sind daher in neuerem Sinn doch schon historisch gewordene und tiefwurzelnde Erinnerungen, die das neue Reich aufnimmt, wenn es schwarz-rot-gold zu seinen Farben erklärt. [...]

Verh. Nationalversammlung, 14. Sitzung, S. 284 ff.

42 Weimarer Verfassung, 11. August 1919

Das Deutsche Volk, einig in seinen Stämmen und von dem Willen beseelt, sein Reich in Freiheit und Gerechtigkeit zu erneuern und zu festigen, dem inneren und dem äußeren Frieden zu dienen und den gesellschaftlichen Fortschritt zu fördern, hat sich diese Verfassung gegeben.
Art. 1. Das Deutsche Reich ist eine Republik.
Die Staatsgewalt geht vom Volke aus.
Art. 2. Das Reichsgebiet besteht aus den Gebieten der deutschen Länder. Andere Gebiete können durch Reichsgesetz in das Reich aufgenommen werden, wenn es ihre Bevölkerung kraft des Selbstbestimmungsrechts begehrt.
Art. 3. Die Reichsfarben sind schwarz-rot-gold. Die Handelsflagge ist schwarz-weiß-rot mit den Reichsfarben in der oberen inneren Ecke. [...]

Reichsgesetzblatt 1919, S. 1385.

43 Vom Reichstag gebilligte Erklärung der Reichsregierung gegen den Separatismus, 13. März 1919

Die Reichsregierung sieht in jedem Versuch der Losreißung links- oder rechtsrheinischen Landes einen durch keinen Vorwand zu beschönigenden Verstoß gegen das allgemein anerkannte Nationalitätsprinzip, eine unerhörte Vergewaltigung des einheitlich fühlenden deutschen Volks. Die Reichsregierung weiß sich darin völlig einig mit der heiligen Überzeugung der gesamten links- und rechtsrheinischen Bevölkerung, die nichts gemein haben will mit eigennützigen Bestrebungen einzelner interessierter Personen. Die rheinische Bevölkerung ist deutsch und will deutsch bleiben.

Das Verhältnis der rheinischen Lande zu den deutschen Gliedstaaten ist eine rein innere Angelegenheit Deutschlands. Diese Frage kann nur in fester Reichseinheit gelöst werden. Reichsregierung und Nationalversammlung widmen ihr die ernsteste Beachtung. Eine endgültige Lösung kann erst nach Friedensschluß und nur auf verfassungsmäßigem Wege erfolgen.

Verh. Nationalversammlung, S. 776.

44. Aachener Programm des Arbeitsausschusses für die Errichtung einer Westdeutschen Republik, 5. Mai 1919

Der Ausschuß hält nach wie vor am Gedanken der Westdeutschen Republik in der Einheit des Deutschen Reiches fest, wobei gedacht ist, diese Republik außer auf Rheinland und Westfalen, die Pfalz, das Saargebiet auch auf Hannover, Oldenburg und Hessen-Nassau auszudehnen.

Unter der Annahme, daß die politische, militärische, Zoll- und Wirtschaftsgrenze an den Rhein gelegt wird, möchte der Arbeitsausschuß nachstehende Gesichtspunkte vertreten:
1. Der linksrheinische Staat, rheinische Republik oder rheinischer Volksstaat genannt, umfaßt auch die Pfalz und das Saargebiet sowie Rheinhessen mit Mainz.
2. Er wird regiert durch ein Parlament, auf welches die Januarwahlen 1919 zur Preußischen Nationalversammlung mit 100 Abgeordneten übertragen werden. (Hierbei wird sich schätzungsweise eine positive Mehrheit von etwa 65 Abgeordneten ergeben!)
3. Das Parlament wird einberufen durch den vorläufigen Präsidenten und entscheidet darüber, ob er in seinem Amte bestätigt wird.

Das Parlament wählt einen Zehnerausschuß (Ministerium) aus Parlamentariern oder anderen Personen zusammengesetzt, der dem Präsidenten als Beirat zur Seite steht. Den Herren soll auch die Leitung der verschiedenen Verwaltungszweige übertragen

werden. Ferner sollen in die Ministerien besonders befähigte Verwaltungsbeamte berufen werden. [...]
4. Zum Präsidenten ist in Aussicht zu nehmen:
Exzellenz Wallraf, Oberbürgermeister a. D. von Cöln.
5. Finanzen:
Als Staatsbank wird der Schaaffhausensche Bankverein in Aussicht genommen. [...]
Die Staatsbank wird gestützt durch das Staats- und Kommunaleigentum.
6. Kirchenpolitik.
Die Erzdiözese Cöln wird geteilt.
Aachen wird Bischofssitz.
Als Sprengel wird in Aussicht genommen Regierungsbezirk Aachen und die Kreise M.-Gladbach, Viersen, Dülken und andere. [...]
Das Bistum Trier bleibt bestehen.
7. Französische Kontrolle (Zivilkontrolle), die sich auch darauf erstreckt, daß im neuen deutschen Gliedstaate nichts geschieht, was den berechtigten Interessen der Entente zuwiderläuft.
Vorgeschlagen wird ein Résident am Sitze des Präsidenten mit seinem Stabe und in den Hauptstädten der Regierungsbezirke je ein Kommissar, dem auch deutsche Beamte zuzuweisen wären. [...]
So beschlossen in den Sitzungen vom 1. Mai 1919 und vom 5. Mai 1919 im Berliner Hof zu Aachen.

Huber, Dokumente, Bd. 3, S. 118f.

45 Telegramm des österreichischen Unterstaatssekretärs Otto Bauer an den Volksbeauftragten Haase, 13. November 1918

Indem ich Sie zur Übernahme Ihres neuen Amtes in so geschichtlicher Stunde herzlichst beglückwünsche, teile ich Ihnen mit, daß die provisorische Nationalversammlung Deutsch-Österreichs einstimmig beschlossen hat, Deutsch-Österreich für eine demokratische Republik zu erklären, die ein Bestandteil der großen deutschen Republik ist und bleiben soll. Durch diesen Beschluß seiner provisorischen Vertretung hat Deutsch-Österreich seinen Willen kundgetan, sich mit den anderen deutschen Stämmen, von denen es vor 52 Jahren gewaltsam getrennt wurde, wieder zu vereinigen. Wir bitten Sie und die deutsche Regierung, diese Bestrebungen des deutschen Volkes in Österreich zu unterstützen und in direkte Verhandlungen mit uns über die Vereinigung Deutsch-Österreichs mit der deutschen Republik und über die Teilnahme an der Gesetzgebung und Verwaltung des deutschen Reiches einzutreten. Wir bitten Sie, uns Gelegenheit zu geben, uns mit Ihnen über alle Fragen der Friedensverhandlungen ins Einvernehmen zu setzen und diese Verhandlungen in engster Freundschaft miteinander zu führen. Wir bitten Sie schließlich, auch unserer schweren augenblicklichen Not Ihre Aufmerksamkeit zu schenken. Da sich die neuen slawischen nationalen Staaten, die aus dem Zusammenbruch Österreichs hervorgegangen sind, gegen uns vollständig absperren, leiden wir bittere Not an Kohle und Lebensmitteln. Das deutsche Volk in Österreich und insbesondere die deutschen Arbeiterklassen sind überzeugt, daß die neue Regierung der deutschen Republik uns in diesen Stunden der Not beistehen wird. Was wir brauchen, ist an zuständiger Stelle bekannt. Wir bitten Sie, Ihren Einfluß dafür einzusetzen, daß wir die unentbehrliche Aushilfe an Kohle und Lebensmitteln rasch und schnell bekommen. Ich hoffe, daß die alten freundschaftlichen und parteigenössischen Beziehungen, die uns verbinden, es uns erleichtern werden, die engste und dauernde Verbindung zwischen Deutschland und Deutsch-Österreich herzustellen.

Ursachen und Folgen, Bd. 3, S. 286.

46 Von allen Fraktionen unterstützter Antrag in der Deutschen Nationalversammlung, 21. Februar 1919

Die Nationalversammlung wolle beschließen: die Nationalversammlung nimmt mit lebhafter Genugtuung von den Beschlüssen Kenntnis, mit denen die Vertreter der Stämme Deutschösterreichs ihre Zugehörigkeit zu dem deutschen Gesamtvolk bekundet haben. Sie bestätigt den deutschösterreichischen Brüdern, daß über die bisherigen staatlichen Grenzen hinweg die Deutschen des Reiches und Österreichs eine untrennbare Einheit bilden, und spricht die zuversichtliche Hoffnung aus, daß durch die von den Regierungen einzuleitenden Verhandlungen die innere Zusammengehörigkeit bald in festen staatlichen Formen einen von allen Mächten der Welt anerkannten Ausdruck finden wird.

Ursachen und Folgen, Bd. 3, S. 288.

47 Note der Alliierten an die deutsche Regierung, 2. September 1919

Die verbündeten und assoziierten Mächte haben von der deutschen Verfassung vom 11. August 1919 Kenntnis genommen. Sie stellen fest, daß die Bestimmungen des Artikels 61, Absatz 2, eine förmliche Verletzung des Artikels 80 des in Versailles am 28. Juni 1919 unterzeichneten Friedensvertrages enthalten. Diese Verletzung ist doppelter Art:
1. Indem Artikel 61 die Zulassung Österreichs zum Reichsrat ausspricht, stellt er diese Republik den das Deutsche Reich bildenden »deutschen Ländern« gleich – eine Gleichstellung, die mit der Achtung der österreichischen Unabhängigkeit nicht vereinbar ist.
2. Indem er die Teilnahme Österreichs am Reichsrat zuläßt und regelt, schafft der Artikel 61 ein politisches Band zwischen Deutschland und Österreich und eine gemeinsame politische Betätigung in vollkommenem Widerspruch mit der Unabhängigkeit Österreichs.

Die verbündeten und assoziierten Mächte erinnern daher die deutsche Regierung an den Artikel 178 der deutschen Verfassung, wonach die Bestimmungen des Vertrages von Versailles durch die Verfassung nicht berührt werden können, und fordern die deutsche Regierung auf, die gehörigen Maßregeln zu treffen, um diese Verletzung unverzüglich durch Kraftloserklärung des Artikels 61, Abs. 2 zu beseitigen.

Unter Vorbehalt weiterer Maßregeln für den Fall der Weigerung und auf Grund des Vertrages selbst (namentlich des Artikels 429) erklären die verbündeten und assoziierten Mächte der deutschen Regierung, daß diese Verletzung ihrer Verpflichtungen in einem wesentlichen Punkte die Mächte zwingen wird, unmittelbar die

Ausdehnung ihrer Besetzung auf dem rechten Rheinufer zu befehlen, falls ihre gerechte Forderung nicht innerhalb vierzehn Tagen, vom Datum der vorliegenden Note gerechnet, erfüllt ist.

Ursachen und Folgen, Bd. 3, S. 289.

48 Hermann Oncken, Gedächtnisrede auf die Gefallenen des großen Krieges, Universität Heidelberg, 1919

[...] Von diesem Vaterland drängt es uns in dieser Stunde zu sprechen, von der Idee, die solche übermenschliche Leistung möglich machte: der Idee, die im letzten Jahrhundert die Einheit wiederhergestellt und das neue Reich geschaffen hatte. Und nun wird die Abgrundtiefe des Schmerzes um die Gefallenen uns erst voll bewußt. [...]

Niemals aber war der Sturz aus der Höhe jäher als zu dieser Stunde, da wiederum die Idee eines Imperiums den nationalen Staat mit hinabriß. Vor dem Kriege war das Wort unseres Friedenskaisers gewichtig im Rate der Völker, unsere Wohlfahrt überschwellend, unsere Zuversicht ohne Grenzen, wir schienen unseres Schicksals Herrn und Meister zu sein. Während des Krieges stand das Ganze unserer Leistung, beispiellos in der Weltgeschichte, so hoch, daß nur ein heroisches Geschlecht es einst wird würdigen können: als ihre Frucht wollten schon die Umrisse einer großen weltgeschichtlichen Sendung sichtbar werden. Jetzt aber, nach dem Friedensschlusse, sind wir von neuem dort angelangt, wo einst Fichte in den Reden an die deutsche Nation unser Volk sah:

»Es wird ihm, wenn es in diesem Zustand verharrt, seine Zeit, und es selber mit dieser seiner Zeit abgewickelt durch die fremde Gewalt, die über sein Schicksal gebietet; es hat von nun an gar keine eigne Zeit mehr, sondern zählt seine Jahre nach den Begebenheiten und Abschnitten fremder Völkerschaften und Reiche.«

Ja, unsere Feinde wollen, von solcher äußeren Herabdrückung nicht gesättigt, uns obendrein unsere Seele spalten, das Gedächtnis unserer Taten vergiften, unsere Führer entehren und alle Werte unserer Vergangenheit verfälschen. Damit denken sie der Weltgeschichte, deren Formung doch nur zu allen Zeiten menschliches Werk bleibt, auch den geistigen Stempel ihres Sieges aufzudrükken, damit wir in ihr unser Schicksal selber als verdient, als Weltgericht lesen und annehmen. Zu einem moralischen Martyrium, das der Letzte von uns empfindet, soll »unsrer Herrlichkeit Verhöhnen, der Erniedrigung Gewöhnen« gestaltet werden. Da mag einen wohl der Gedanke überkommen, daß uns Deutschen unter den Völkern der Erde das Schicksal des Einzelmenschen: Hochflug und Leidenstiefe, Sieg und Tod, immer von neuem erschütternd und symbolisch zu erleben beschieden ist. Damit aber erscheinen die Toten, die wir beweinen, verflochten in den Ablauf eines Geschickes, das scheinbar unabänderlich über uns schwebt, und die Trauer um ihr Los verschmilzt mit der Tragik unserer Geschichte.

Aber enthält diese Tragik nicht auch das Heilmittel in ihr selber: das Immerwiedersichaufraffen? Lehrt nicht gerade die Vergangenheit, daß die Welle eines Tages wieder aufsteigen wird? Wird nicht auch diesmal eine Erhebung, wenn sie heute auch noch so verdeckt vor uns liegt wie einst vor dem Geschlecht, das aus dem Brandschutt des Dreißigjährigen Kriegs aufstieg, schließlich doch kommen müssen? Sie *kann* nur kommen, wenn wir unser Schicksal nicht hinnehmen, sondern auch diesmal zu bemeistern trachten; wenn wir uns nicht nur passivem Schmerz oder historischem Rückblick hingeben, sondern mit der Tat als unverzagte Pioniere einer neuen Zeit voranschreiten, so steil auch der Weg, so unerprobt auch die Mittel und so endlos auch die Zeitfristen sein werden. Und indem wir mit wehem Schmerze Abschied nehmen von dem unvergeßlichen Reiche Bismarcks, müssen wir uns mutig eingestehen, daß das zukünftige Deutschland von dem alten so geschieden sein wird, wie das Deutschland nach 1250, das nach 1648, das nach 1807 durch eine Welt von der Größe und von dem Wollen des vergangenen Staates geschieden war. [...]

Hermann Oncken, Nation und Geschichte. Reden und Aufsätze 1919–1935, Berlin 1935, S. 3ff.

49 Memorandum aus dem Auswärtigen Amt für den Reichskanzler, 26. August 1930

[...] Mehr wie in einem anderen Teile Europas sind die Dinge im Südosten Europas im Fluß und in der Entwicklung. Dort müßte die deutsche Politik den Hebel ansetzen, weil dort die Zukunftsmöglichkeiten Deutschlands liegen. Jugoslawien wird, um der italienischen Gefahr zu entgehen, Annäherung an Deutschland suchen und die um so rascher und vollständiger vollziehen, wenn es auf eine wirkliche Verständigungsbereitschaft unsererseits stößt.

Bei der raschen Entwicklung der Dinge im Südosten Europas sollte der Zusammenschluß mit Österreich die vordringlichste Aufgabe der deutschen Politik sein, denn von einem zu Deutschland gehörenden Österreich aus könnte in ganz anderer Weise als dies jetzt möglich ist, die Entwicklung im Südosten im Interesse Deutschlands beeinflußt und gelenkt werden. Die Dinge treiben dort zu Festlegungen, die später kaum mehr rückgängig gemacht werden können. Auf weite Sicht und im Hinblick auf die größeren Zukunftsmöglichkeiten betrachtet, scheint als erstes eine Lösung der Frage eines Zusammenschlusses mit Österreich wichtiger noch und dringlicher als selbst die Frage des polnischen Korridors. Man sollte sich hier vielleicht zunächst damit begnügen, dessen schlimmste Fehler zu beseitigen, wofür wohl unschwer eine ziemlich große Stimmung gewonnen werden könnte. Die vielen Stimmen objektiver Beobachter der Verhältnisse im Osten beweisen das.

Wolfgang Ruge/Wolfgang Schumann, Die Reaktion des deutschen Imperialismus auf Briands Paneuropaplan 1930, in: Zeitschrift für Geschichtswissenschaft 28 (1972), S. 40–70.

50 Schreiben des Staatssekretärs des Auswärtigen Amts, Bernhard von Bülow, an den Botschafter in Paris, Leopold von Hoesch, 17. März 1931

Mit dem gleichen Kurier erhalten Sie den Erlaß und sonstige Unterlagen betreffend die österreichische Zollunion. Ich möchte ergänzend auf einen Punkt hinweisen, der sich in einem Erlaß nicht gut unterbringen läßt: Wir dürfen unter keinen Umständen bei Besprechung dieser Angelegenheit und während des zu erwartenden Pressesturmes irgendeine Spur von schlechtem Gewissen zeigen. [...]

Es hat niemand das Recht, uns aus der bisherigen Geheimhaltung unserer Verabredung mit Österreich einen Vorwurf abzuleiten und uns eine Überrumpelung vorzuwerfen. [...] Ferner kann man uns aus unserem Vorgehen ebenfalls nicht Illoyalität oder Verrat an gemeinsamen Interessen Europas zum Vorwurf machen. Unsere Aktion liegt durchaus im Rahmen des paneuropäischen Gedankens, wenn auch nicht der Briandschen Prägung, die wir ja aber niemals akzeptiert haben. Daß wir dabei unsere und Österreichs eigene Interessen zunächst berücksichtigen, ist unser gutes Recht. Wir, die wir durch Reparationslasten so schwer geschädigt sind und aus den verschiedensten Gründen unter der Weltwirtschaftskrise doppelt leiden, sind mehr als andere berechtigt, für uns selbst zu sorgen. Schließlich müssen wir unter allen Umständen daran festhalten, daß wir mit unseren Abmachungen keine Vertragsbestimmung verletzen, und man darf uns das nicht zum Vorwurf machen, daß wir hart an der Grenze des juristisch Zulässigen vorbeigehen. Nicht unser Spiel mit Artikel 80 des Versailler Vertrages ist irgendwie unmoralisch oder anrüchig, sondern dieser Artikel ist unmoralisch, der einem einzigen Lande, nämlich Österreich, das Selbstbestimmungsrecht versagt, das Wilson und die Alliierten während des Krieges so laut proklamiert hatten. Alle diese Punkte erwähne ich, nicht weil sie etwa neu wären, sondern aus der Sorge heraus, daß bei Ihnen, ähnlich wie das hier der Fall ist, einigen Leuten zwar nicht der Mut versagt, aber das Gewissen sich zu regen beginnt, und deshalb komme ich auf den Ausgangspunkt zurück, wir haben das Recht und müssen deswegen auch bei Durchführung der ganzen Aktion nach außenhin das beste Gewissen zur Schau tragen. Vorwürfe der Illoyalität oder wie die Formulierungen dann heißen mögen, können uns nur befremden und peinlich überraschen.

Akten zur Deutschen Auswärtigen Politik 1918–1945, Serie B, 1925–1933, Bd. 17, Göttingen 1982, S. 67f.

51 Protokoll über die Zollunion zwischen dem Deutschen Reich und Österreich, 19. März 1931

Im Verfolg der Besprechungen, die Anfang März 1931 in Wien stattgefunden haben, haben die Deutsche und die Österreichische Regierung vereinbart, alsbald in Verhandlungen über einen Vertrag zur Angleichung der zoll- und handelspolitischen Verhältnisse ihrer Länder auf Grund und im Rahmen der nachstehenden Richtlinien einzutreten:

Art. I. Unter voller Aufrechterhaltung der Unabhängigkeit der beiden Staaten und unter voller Achtung der von ihnen dritten Staaten gegenüber übernommenen Verpflichtungen soll der Vertrag dazu dienen, den Anfang mit einer Neuordnung der europäischen Wirtschaftsverhältnisse auf dem Wege regionaler Vereinbarungen zu machen.

Insbesondere werden beide Teile sich in dem Vertrage verbindlich dazu bereiterklären, auch mit jedem anderen Lande, auf dessen Wunsch, in Verhandlungen über eine gleichartige Regelung einzutreten.

Art. II. Deutschland und Österreich werden ein Zollgesetz und einen Zolltarif vereinbaren, die übereinstimmend in beiden Zollgebieten mit dem Vertrage und für dessen Dauer in Kraft zu setzen sind.

Änderungen des Zollgesetzes und Zolltarifs können während der Dauer des Vertrages nur auf Grund einer Vereinbarung der beiden Teile vorgenommen werden.

Art. III. Im Warenverkehr zwischen den beiden Ländern sollen während der Dauer des Vertrages keine Einfuhr- und Ausfuhrzölle erhoben werden.

Die beiden Regierungen werden sich in dem Vertrage darüber verständigen, ob und für welche bestimmten einzelnen Warenkategorien und für welche Zeit Zwischenzölle sich als erforderlich erweisen. [...]

Huber, Dokumente, Bd. 3, S. 438.

52 Rede Adolf Hitlers im Sportpalast, 26. September 1938

[...] Warum aber konnte diese Frage zu solcher Bedeutung emporsteigen? Ich will Ihnen, meine Volksgenossen, ganz kurz noch einmal Wesen und Ziele der deutschen Außenpolitik wiederholen.

Die deutsche Außenpolitik ist zum Unterschied der vielen demokratischen Staaten weltanschaulich festgelegt und bedingt. Die Weltanschauung dieses neuen Reiches ist ausgerichtet auf Erhaltung und Daseinssicherung unseres deutschen Volkes. Wir haben kein Interesse, andere Völker zu unterdrücken. Wir wollen nach unserer Façon selig werden; die anderen sollen es nach der ihren! Diese in unserer Weltanschauung rassisch bedingte Auffassung führt zu einer Begrenzung unserer Außenpolitik. Das heißt, unsere außenpolitischen Ziele sind keine unbeschränkten, sie sind nicht vom Zufall bestimmt, sondern festgelegt in dem Entschluß, allein dem deutschen Volke zu dienen, es auf dieser Welt zu erhalten und sein Dasein zu sichern.

Ich habe nunmehr ein Memorandum mit einem letzten und endgültigen deutschen Vorschlag der britischen Regierung zur Verfügung gestellt. Dieses Memorandum enthält nichts anderes als die Realisierung dessen, was Herr Benesch bereits versprochen hat.

Der Inhalt dieses Vorschlages ist sehr einfach: Jenes Gebiet, das dem Volke nach deutsch ist und seinem Willen nach zu Deutschland will, kommt zu Deutschland, und zwar nicht erst dann, wenn es Herrn Benesch gelungen sein wird, vielleicht ein oder zwei Millionen Deutsche ausgetrieben zu haben, sondern jetzt, und zwar sofort! Ich habe hier jene Grenze gewählt, die auf Grund des seit Jahrzehnten vorhandenen Materials über die Volks- und Sprachenaufteilung in der Tschechoslowakei gerecht ist. Trotzdem aber bin ich gerechter als Herr Benesch und will nicht die Macht, die wir besitzen, ausnützen. Ich habe daher von vornherein festgelegt: Dies Gebiet wird unter die deutsche Oberhoheit gestellt, weil es im wesentlichen von Deutschen besiedelt ist, die endgültige Grenzziehung jedoch überlasse ich dann dem Votum der dort befindlichen Volksgenossen selbst! Ich habe also festgelegt, daß in diesem Gebiet dann eine Abstimmung stattfinden soll. Und damit niemand sagen kann, es könnte nicht gerecht zugehen, habe ich das Statut der Saarabstimmung als Grundlage für die Abstimmung gewählt.

Ich habe nur weniges zu erklären: Ich bin Herrn Chamberlain dankbar für alle seine Bemühungen. Ich habe ihm versichert, daß das deutsche Volk nichts anderes will als Frieden; allein, ich habe ihm auch erklärt, daß ich nicht hinter die Grenzen unserer Geduld zurückgehen kann. Ich habe ihm weiter versichert und wiederhole es hier, daß es – wenn dieses Problem gelöst ist – für Deutschland in Europa kein territoriales Problem mehr gibt!

Und ich habe ihm weiter versichert, daß in dem Augenblick, in dem die Tschechoslowakei ihre Probleme löst, das heißt, indem die Tschechen mit ihren anderen Minderheiten sich auseinandergesetzt haben, und zwar friedlich und nicht durch Unterdrückung, daß ich dann am tschechischen Staat nicht mehr interessiert bin. Und das wird ihm garantiert! Wir wollen keine Tschechen! Allein, ebenso will ich nun vor dem deutschen Volke erklären, daß in bezug auf das sudetendeutsche Problem meine Geduld jetzt zu Ende ist! Ich habe Herrn Benesch ein Angebot gemacht, das nichts anderes ist als die Realisierung dessen, was er selbst schon zugesichert hat. Er hat jetzt die Entscheidung in seiner Hand! Frieden oder Krieg! Er wird entweder dieses Angebot akzeptieren und den Deutschen jetzt endlich die Freiheit geben, oder wir werden diese Freiheit uns selbst holen!

Ursachen und Folgen, Bd. 12, S. 409 ff.

53 Artikel des Höheren SS- und Polizeiführers beim Reichsstatthalter in Posen, Wilhelm Koppe, 1942

In der Zeit vor dem Weltkriege hat das wilhelminische Deutschland den Volkstumskampf im östlichen Grenzland gegen das Polentum verloren. Jahrzehntelang hatte sich die ständige Abwanderung wertvoller und guter Kräfte aus allen Schichten der Bevölkerung des Ostens nach dem Westen vollziehen können, ohne daß auch nur der ernste Versuch unternommen wurde, dieser für die östliche Volkstumsfront so verhängnisvollen Ost-Westwanderung mit wirksamen Mitteln zu begegnen. Mit nach Westen und Übersee gerichtetem Blick ließ man es in liberalistischer Duldsamkeit tatenlos zu, daß die von Jahr zu Jahr dünner werdende deutsche Bevölkerungsschicht im Osten gegenüber der immer stärker werdenden Unterwanderung durch das sich ständig vermehrende Polentum fortgesetzt an Boden und Widerstandskraft verlor. Diese Entwicklung erreichte ihren Höhepunkt, als nach dem deutschen Zusammenbruch von 1918 aus den durch das Versailler Diktat an Polen abgetretenen Gebieten das dort nur schwach verwurzelte Beamtentum ins Reich zurückkehrte und die verbleibende, vorwiegend ländliche deutsche Bevölkerung in dem nunmehr verschärft einsetzenden Volkstumskampf durch die brutalen und rigorosen Maßnahmen der polnischen Machthaber erheblich dezimiert wurde.

Wir Nationalsozialisten haben aus den Fehlern der Vergangenheit und den bitteren Erfahrungen während der Zeit der deutschen Machtlosigkeit gelernt. Wir wissen, daß die Erhaltung der staatlichen Grenzen als Machtlinien abhängig ist von der inneren Kraft und Stärke des Volkes, das sich diese Grenzen schuf. Entscheidender als die äußeren Reichsgrenzen sind immer die Volksgrenzen; denn sie sind die eigentlichen Kraft- und Lebenslinien eines Volkes. Dem Sieg der deutschen Waffen im Osten muß also der Sieg des deutschen Volkstums über das Polentum folgen, wenn der wiedergewonnene Ostraum nunmehr gemäß dem Willen des Führers für immer ein wesentlicher Bestandteil des Großdeutschen Reichs bleiben soll. Es kommt daher entscheidend darauf an, das wiedergewonnene deutsche Land mit deutschen Bauern, Arbeitern, Beamten, Kaufleuten und Handwerkern zu durchdringen, damit sich ein lebendiges und dennoch im Boden festverwurzeltes Bollwerk deutscher Menschen als Schutzwall gegen fremde Eindringlinge und gegebenenfalls als Ausgangsstellung für die volkstumsmäßige Durchdringung der Gebiete des weiteren Ostens bilden kann.

Der endgültige Sieg des überlegenen deutschen Leistungsmenschen über das Polentum setzt indessen eine Wiederbelebung des Siedlungsdranges nach dem Osten im ganzen deutschen Volke voraus. Die Ostbewegung unserer Zeit, die in ihren Ausmaßen und in ihrem Tempo schon jetzt alle bisherigen Ostsiedlungen in den Schatten stellt, muß das gesamte deutsche Volk ergreifen und als geschichtliches Ereignis den notwendigen Auf- und Ausbau des deutschen Lebensraums im Osten herbeiführen, wie er in diesem

Ausmaße von der mittelalterlichen Ostbewegung nicht erreicht wurde.

Deutsche Arbeit. Die Volkstumspolitische Monatsschrift, 42 (1942), S. 138 ff.; zit. nach Ursachen und Folgen Bd. 18, S. 526 f.

V. Überlegungen zur deutschen Zukunft im Widerstand, im Exil und bei den Alliierten

54 Denkschrift Ludwig Becks und Carl Goerdelers: »Das Ziel«, Anfang 1941

[...] 1. Alle zusammenwohnenden Deutschen gehören in einen Nationalstaat: dabei ist es keine Schwächung, sondern im Gegenteil eine Stärkung deutscher Geltung, wenn auch außerhalb der so zu bestimmenden Grenzen des Deutschen Reiches starke deutsche Teile wohnen. Diese Teile können aber nur Träger des Deutschtums bleiben, wenn sie sich in den fremden Nationalstaat einordnen. Nur dann haben sie und das Deutsche Reich die Möglichkeit, ihnen Erhaltung und Pflege des deutschen Wesens zu sichern.

2. Die Natur der Menschen und die zentrale Lage Deutschlands in einem Kreis anderer Nationalstaaten zwingt das Deutsche Reich zur Erhaltung einer ausreichenden starken Wehrmacht. Sie ist auch außenpolitisch durchzusetzen. Ob sie später der Kern europäischer militärischer Kräfte werden kann, muß der Entwicklung vorbehalten bleiben. Möglichkeit und Ziel sind ins Auge zu fassen. Die Erhaltung der deutschen Wehrmacht ist so wichtig, daß dieser Gesichtspunkt für Zeit und Art der Beendigung dieses Krieges in den Vordergrund zu stellen ist. Die Wehrmacht ist auch als innenpolitische Klammer und als Erziehungsschule des Volkes unerläßlich; sie bedarf aber hierzu der vollen Wiederherstellung und Achtung soldatischer Tugenden. Diese kann sie nur auf einer sittlich reinen Grundlage haben und erhalten.

3. Die Entwicklung der Technik verlangt größere wirtschaftliche Räume, als sie das 19. Jahrhundert geschaffen hat. [...]

Der Wirtschaftsraum Europa kann mit Aussicht auf lange dauernden Bestand nur durch organische Zusammenfassung selbständiger europäischer Nationalstaaten und nicht durch Zusammenraffung erreicht werden. Auch hierzu sind, wie vor einem Jahrhundert seitens Preußens in Deutschland geschehen, die geistigen, wirtschaftlichen und seelischen Kräfte in erster Linie einzusetzen. Die zentrale Lage, die zahlenmäßige Stärke und die hochgespannte Leistungsfähigkeit verbürgen dem deutschen Volk die Führung des europäischen Blocks, wenn es sie sich nicht durch Unmäßigkeit oder durch Machtsuchtmanieren verdirbt. [...]

4. Es ist nützlich, daß das Deutsche Reich Kolonien hat. Die Annahme, daß dies notwendig sei, ist von rein materiellen Erwä-

gungen aus irrig. [...] Es sind also weniger wirtschaftliche oder politische Gesichtspunkte, sondern im wesentlichen seelische Kräfte, die bei der Kolonialfrage als wirksam erkannt werden müssen. Das deutsche Volk wird sich, nachdem es einmal Kolonialbesitz hatte, immer gedemütigt fühlen, wenn es vom Kolonialbesitz ausgeschlossen bleibt. Auch ist nicht zu verkennen, daß die Betätigung in Kolonien dem Landwirt, dem Kaufmann, dem Industriellen, dem Beamten, dem Soldaten die Möglichkeit bietet, überschüssige Kräfte unter schweren Bedingungen einzusetzen, Erfahrungen zu sammeln, weiteren Blick zu gewinnen, und daß Kolonien der Pionierlust der Jugend ein Wirkungsfeld eröffnen. [...]

Beck und Goerdeler. Gemeinschaftsdokumente für den Frieden 1941–1944, hg. von Wilhelm Ritter von Schramm, München 1965, S. 81 ff.

55 Erich Weinert, Rede auf der Gründungstagung des Nationalkomitees »Freies Deutschland«, 12. Juli 1943

[...] Die Körperschaft, die unsere Bewegung leitet und die sie vor unserm Volke und vor der Welt vertreten soll, trägt den Namen »Nationalkomitee ›Freies Deutschland‹«. Geben wir unserer neuen Fahne »Freies Deutschland« die Bedeutung, die ihr gebührt. Unser Ziel ist das freie Deutschland. Aufgaben und Ziel unseres Kampfes haben wir in gemeinsamer Arbeit festgelegt in einem Manifest, zu welchem sich alle Bevollmächtigten als der programmatischen Grundlage unseres Kampfes feierlich bekannt haben.

Der Name »Freies Deutschland« bedeutet, daß wir ein Deutschland wollen, das frei ist von jeder äußeren und inneren Knechtschaft. Die Voraussetzung der äußeren Freiheit jedoch ist die innere Freiheit unseres Volkes. Wenn das deutsche Volk die Dinge laufen läßt und nicht die entwürdigendste innere Knechtschaft seiner Geschichte, das Hitlertum, abschüttelt, so wird es sein nationales Unglück vollmachen und auch der äußeren Knechtschaft nicht mehr entgehen können. Wenn unser deutsches Volk nicht das Piratenschiff Hitlers verläßt, bevor es scheitert, so wird es sich jedes Recht verwirkt haben, nicht mit Hitler identifiziert zu werden.

Hitler ist nicht Deutschland. Dieses Wort wurde seit zehn Jahren in der ganzen Welt von Menschen gesprochen, die das Vertrauen zu unserem Volke, das einmal die Achtung der ganzen Welt besaß, nicht aufgeben wollten. [...]

Unser neues Deutschland soll hervorgehen aus der freien Willensäußerung all seiner Bürger und Bürgerinnen. Nicht nur die politischen und sozialen Rechte gilt es zurückzuerobern, die auf dem Papier früherer Verfassungen standen, sondern wirkliche Rechte und Freiheiten: das Recht des Zusammenschlusses nach freiem Willen, die Freiheit des Wortes und der Presse, des Gewissens und der Bekenntnisse, die Freiheit des schöpferischen Wirtschaftslebens, Handels und Gewerbes, den Schutz der Arbeit der Schaffenden in Stadt und Land, das Recht für jeden auf Arbeit, Bildung und Erholung und eine wahrhaft soziale Gesetzgebung.

Unser neues Deutschland wird souverän und unabhängig sein, es wird frei sein von der Bevormundung durch andere Staaten, wenn es sich selbst jeder Bevormundung und Beleidigung anderer Völker enthält. Es wird wieder in freiem Güteraustausch mit anderen Ländern leben, als der einzigen gesunden Grundlage eines gesicherten nationalen Wohlstandes.

Unser neues Deutschland wird gesäubert sein von allem abscheulichen Unrat, den die fluchbeladene Hitlerzeit ihm hinterließ. Von allen schändlichen Maßnahmen, die ihren Ursprung im Völker- und Rassenhaß, in der Theorie vom Herrenvolk hatten, wird nicht eine Spur mehr übrigbleiben.

Unser neues Deutschland wird sich aller Opfer Hitlers und seines Krieges annehmen, den Leidenden helfen, den Beraubten ihr Hab und Gut zurückgeben. Alle Lasten aber, die die Hitlerzeit uns hinterlassen wird, werden restlos und nachsichtslos auf die Schultern aller derer gewälzt werden, die sich an Hitlers Regime, an seinem Kriege und an der Not des Volkes bereichert haben.

Unser neues Deutschland wird die Schuldigen am Kriege und an allen Verbrechen gegen Leben und Ehre aufrechter Deutscher, es wird Hitler und seine Gönner, seine Minister, Statthalter und alle dienstfertigen Helfer dem Gericht des Volkes überantworten. Aber es wird keine Rache nehmen an den Verführten und Verblendeten, die, in der Stunde der Entscheidung erwacht, auf die Seite des Volkes treten.

Das wird unser neues Deutschland sein. An uns liegt es, es zu schaffen. Geben wir der Bewegung den ersten Stoß. Bringen wir das bröckelnde Gestein ins Rollen, und über Nacht wird das Land widerhallen vom Donner der Lawine, die eine verfaulte Epoche begräbt. [...]

Exil. Literarische und politische Texte aus dem deutschen Exil 1933–1945, hg. v. Ernst Loewy, Stuttgart 1979, S. 1155 u. 1151 ff.

56 Entwurf aus dem Kreisauer Kreis: Grundsätze für die Neuordnung, 9. August 1943

[...] Reichsaufbau

Das Reich bleibt die oberste Führungsmacht des deutschen Volkes. Seine politische Verfassung soll von echter Autorität, Mitarbeit und Mitverantwortung des Volkes getragen sein. Sie beruht auf der natürlichen Gliederung des Volkes: Familie, Gemeinde und Land. Der Reichsaufbau folgt den Grundsätzen der Selbstverwaltung. In ihr vereinigen sich Freiheit und persönliche Verantwortung mit den Erfordernissen der Ordnung und Führung.

Dieser Aufbau soll die Einheit und die zusammengefaßte Führung des Reiches sichern und seine Eingliederung in die Lebensgemeinschaft der europäischen Völker ermöglichen.

Die politische Willensbildung des Volkes vollzieht sich in einem Rahmen, der für den Einzelnen überschaubar bleibt. Auf den natürlichen Gliederungen der Gemeinden und Kreise bauen sich landschaftlich, wirtschaftlich und kulturell zusammengehörige Länder auf. Um eine wirksame Selbstverwaltung zu ermöglichen, sollen die Länder etwa die Zahl von 3 bis 5 Millionen Einwohnern umfassen.

Die Aufgabenverteilung erfolgt nach dem Grundsatz, daß jede Körperschaft für die selbständige Erledigung aller Aufgaben zuständig ist, die sie sinnvoller Weise selbst durchführen kann.

Schon heute ist es Aufgabe aller öffentlichen Behörden, sich in jeder Maßnahme und Verlautbarung von dem Endziel eines rechtlichen Verfassungszustandes bestimmter Prägung leiten zu lassen. Zugleich mit der Beseitigung der aus dem nationalsozialistischen Krieg und Zusammenbruch folgenden Wirren und Mißständen, die Leib und Leben des deutschen Volkes bedrohen, muß sobald als möglich und mit allen hierzu frei werdenden Kräften der verfassungsmäßige Reichsaufbau nach folgenden Grundsätzen in Angriff genommen werden. [...]

»Bewegt von der Hoffnung aller Deutschen«. Zur Geschichte des Grundgesetzes. Entwürfe und Diskussionen 1941–1949, hg. v. Wolfgang Benz, München 1979, S. 94ff.

57 Resolution der Landeskonferenz deutschsprachiger Sozialdemokraten und Gewerkschafter in den USA, 3. u. 4. Juli 1943

Die sozialdemokratische Landeskonferenz geht von der Überzeugung aus, daß der Sieg der Alliierten schon heute als gesichert zu betrachten und der Zusammenbruch des Naziregimes in sichtbare Nähe gerückt ist.

Sie gibt ihrer Hoffnung Ausdruck, daß die allgemeine Kriegslage zu einer Revolution in Deutschland führen möge, noch ehe ein Soldat der alliierten Mächte deutschen Boden betreten hat. Militärische Niederlagen, die in das Bewußtsein des deutschen Volkes eingehen, können in Verbindung mit einer der Kriegsmüdigkeit des deutschen Volkes entsprechenden Form psychologischer Kriegführung durch die Alliierten zu einem raschen Zusammenbruche führen, vorausgesetzt, daß dem deutschen Volke eine Aussicht staatlichen Weiterlebens gegeben erscheint.

Die Konferenz würde den Ausbruch der Revolution begrüßen. Sie würde darin den vom deutschen Volke selbst ausgesprochenen und Tat gewordenen Willen zur Freiheit erblicken, dem die Welt ihre Achtung nicht versagen dürfte.

Sollte der Zusammenbruch des Naziregimes nur allmählich, jeweils mit dem Vordringen der alliierten Heere vor sich gehen, so spricht die Konferenz den Wunsch aus, daß bei der dann eintretenden Okkupation die militärischen Befehlshaber bemüht sein werden, den demokratischen Kräften Gelegenheit und Hilfe zur Liquidierung der nationalsozialistischen Gewaltherrschaft und zu wirkungsvollem Aufbau einer neuen Demokratie zu bieten.

Bei fortschreitender Besetzung Deutschlands sollte die Bewegungsfreiheit der demokratischen Schichten, insonderheit der Arbeiterschaft erweitert und die Einsetzung sicherer demokratischer Persönlichkeiten in wichtigen Stellen des zivilen Verwaltungsapparates allgemein durchgeführt werden.

Bei der Voll-Okkupation hätte eine verwaltende Zentralstelle beschleunigt alle vorbereitenden Schritte zu unternehmen, die die Sicherung einer künftigen Demokratie auf staatspolitischem, rechtlichem, wirtschaftlichem und kulturellem Gebiete gewährleisten. Die Kontrolle der Schwerindustrie, der Großbanken und des Großgrundbesitzes zum Zwecke der späteren Überführung der dafür geeigneten Unternehmungen in Besitz und Verwaltung des Reiches hätte eine ihrer ersten Handlungen zu sein.

Die Konferenz würde es begrüßen, wenn der organische Aufbau eines neuen Deutschlands möglichst früh durch Wiedereinführung normaler Formen demokratischen Lebens in Angriff genommen werden könnte. Sie empfiehlt zur Sicherung der künftigen Demokratie und zur Erhaltung des Weltfriedens die politische Demokratie der Zweiten Republik durch wirtschaftlich demokratische Maßnahmen zu festigen und den Bestand der Verfassung durch die Garantie einer überstaatlichen Organisation sicher zu stellen.

»Bewegt von der Hoffnung aller Deutschen«. Zur Geschichte des Grundgesetzes. Entwürfe und Diskussionen 1941–1949, hg. v. Wolfgang Benz, München 1979, S. 88f.

58 Rundfunkansprache Thomas Manns, 1. Mai 1944

Deutsche Hörer!
Das Wort von der bevorstehenden, »*Versklavung des deutschen Volkes*«, mit dem die Nazi-Propaganda arbeitet, und in das falsche Freunde Deutschlands auch draußen klagend einstimmen, ist ganz danach angetan, das neue Schlagwort zu bilden für die nationalistische Revanche und die Rolle zu spielen, die nach 1918 die Wörter »Dolchstoß« und »Schandfrieden« spielten, also ein neuer Ausdruck zu werden für die grundfalsche Auffassung von der »Wiederherstellung der deutschen Ehre«, die Deutschland in diesen Krieg und in die erneute Niederlage geführt hat.

Die Drohung mit der Versetzung des deutschen Volkes in den

Sklavenstand ist eine Lüge. Keines Volkes Versklavung kann das Ziel der Völkerkoalition sein, die das hirnverbrannte Nazi-Regime gegen sich zusammenzuschmieden verstanden hat. Das Kriegsziel der Alliierten ist die Sicherung des Friedens, ist ein weltweites System kollektiver Sicherheit, in das ein freies und demokratisches Europa eingeschlossen ist. Und in diesem Europa wiederum soll ein freies und demokratisches Deutschland eines Tages seinen verantwortlichen und geachteten Platz einnehmen.

Ich sage: »eines Tages«, und mir ist klar, wie es euch klar sein muß, daß dieser Tag nicht morgen und nicht übermorgen sein kann. Herr Goebbels, nicht blind für das Bevorstehende, ruft heute: »Die Menschheit ist ohne Deutschland undenkbar!« Sie ist wohl denkbar, und mit Vergnügen denkbar, ohne *ihn*; und das Schlimme ist, daß Deutschland gedacht hat, es selbst sei denkbar ohne die Menschheit, ohne Anerkennung des Menschenrechts; daß es die Menschheit versklaven wollte und Europa tatsächlich versklavt hat. Alles kommt darauf an, daß es aufhört, in den unseligen Kategorien von Herrschaft und Sklaverei zu denken, und daß es nicht in der Befreiung Europas, in der Wiederherstellung der Würde und nationalen Gesundheit der von ihm unterjochten Völker und in Deutschlands pflichtschuldiger Mithilfe an dieser Wiederherstellung seine eigene Versklavung sieht.

Die Nazis haben euch Deutschen viel von »Europa« gesprochen und behaupten auch heute, mit dem europäischen Boden die europäische Kultur zu verteidigen, – sie, die Schinder und Henker der Völker Europas. Um Europa aber, um seine mißhandelten Völker, um die Rekonstruktion des Erdteils und seine Sicherung gegen erneuten Angriff wird es sich nach dem Kriege vor allem handeln, und nicht in erster Linie um Deutschland, seine Freiheit und Wiederherstellung. Wenn aus diesem Kriege ein zur Besinnung gekommenes Deutschland hervorgeht, ein Deutschland, das die grauenhaften Untaten an anderer Völker Gut und Blut erkennt und tief bereut, zu denen es von seinen verruchten Machthabern angehalten worden ist, so wird es begreifen, daß die Wiederherstellung Europas ein Vorrecht hat vor dem Wohle Deutschlands, und es wird aus eigenem Antriebe, eigenem Gerechtigkeitsgefühl vor allem dazu beitragen wollen, diese Untaten gut zu machen, soweit sie überhaupt wieder gut zu machen sind, auch wenn dadurch seine eigene Erholung sich verzögert. Das ist keine »Versklavung«, sondern es ist Befreiung aus den Klauen eines verhängnisvollen Superioritätswahns, in den die Deutschen durch falsche Lehrer hineingeschwätzt worden sind. Es ist die Ernüchterung aus einem verderblichen Rausch von Vorrang und Recht zum Unrecht. Die deutsche Kultur ist nicht die höchste und einzige, sondern sie ist eine unter anderen, und Bewunderung war immer ihr tiefster Impuls; am Dünkel stirbt sie. Nicht um Deutschland dreht sich die Welt; es ist nur ein kleiner Teil dieser weiten Erde, und größere Fragen sind an der Tagesordnung als die Probleme der deutschen Seele. Der deutsche Mensch ist kein Teufel, wie manche behaupten, aber er ist auch kein Erzengel, blondgelockt, im arischen Silberharnisch, sondern ein Mensch wie alle; und als Mensch und Bruder seiner Mitmenschen muß er wieder zu leben lernen. Nichts anderes meint das Wort, das wir Deutsche zu lange töricht verachteten, das Wort »Demokratie«.

Thomas Mann, Deutsche Hörer! 55 Radiosendungen nach Deutschland, 2. Aufl., Stockholm 1945, S. 111 ff.

59 Alliiertes Protokoll über Besatzungszonen, 12. September 1944

1. Deutschland wird innerhalb seiner Grenzen, wie sie am 31. Dezember 1937 waren, für den Zweck der Besatzung in drei Zonen geteilt werden, von denen je eine jeder der drei Mächte zugeteilt werden wird, und in ein spezielles Berlin-Gebiet, das unter gemeinsamer Besetzung der Drei Mächte sein wird. [...]

Siegler, Dokumentation, Bd. 1, S. 6 ff.

60 Alliierte Erklärung anläßlich der Konferenz von Jalta, Februar 1945

[...] Wir sind über die gemeinsame Politik und Planlegung zur Durchführung der Bestimmungen der bedingungslosen Kapitulation übereingekommen, die wir gemeinsam dem nationalsozialistischen Deutschland auferlegen werden, nachdem der bewaffnete deutsche Widerstand endgültig gebrochen ist. Diese Bestimmungen werden erst bekanntgegeben werden, wenn die endgültige Niederwerfung Deutschlands vollzogen ist.

Gemäß dem in gegenseitigem Einvernehmen festgelegten Plan werden die Streitkräfte der Drei Mächte je eine besondere Zone Deutschlands besetzen. Der Plan sieht eine koordinierte Verwaltung und Kontrolle durch eine Zentralkommission mit Sitz in Berlin vor, die aus den Oberbefehlshabern der Drei Mächte besteht.

Es ist beschlossen worden, daß Frankreich von den Drei Mächten aufgefordert werden soll, eine Besatzungszone zu übernehmen und als viertes Mitglied an der Kontrollkommission teilzunehmen, falls es dies wünschen sollte. Die Grenzen der französischen Zone werden von den vier beteiligten Regierungen durch ihre Vertreter bei der Europäischen Beratenden Kommission in gegenseitigem Einvernehmen festgelegt.

Es ist unser unbeugsamer Wille, den deutschen Militarismus und Nationalsozialismus zu zerstören und dafür Sorge zu tragen, daß Deutschland nie wieder imstande ist, den Weltfrieden zu stören. Wir sind entschlossen, alle deutschen Streitkräfte zu entwaffnen und aufzulösen; den deutschen Generalstab, der wiederholt die Wiederaufrichtung des deutschen Militarismus zuwege gebracht hat, für alle Zeiten zu zerschlagen; sämtliche deutschen militärischen Einrichtungen zu entfernen oder zu zerstören; die gesamte deutsche Industrie, die für militärische Produktion benutzt werden könnte, zu beseitigen oder unter Kontrolle zu stellen; alle Kriegsverbrecher vor Gericht zu bringen und einer schnellen Bestrafung zuzuführen sowie eine in gleichem Umfang erfolgende Wiedergutmachung der von den Deutschen verursachten Zerstörungen zu bewirken; die Nationalsozialistische Partei, die nationalsozialistischen Gesetze, Organisationen und Einrichtungen zu beseitigen, alle nationalsozialistischen und militärischen Einflüsse aus den öffentlichen Dienststellen sowie dem kulturellen und wirtschaftlichen Leben des deutschen Volkes auszuschalten und in Übereinstimmung miteinander solche Maßnahmen in Deutschland zu ergreifen, die für den zukünftigen Frieden und die Sicherheit der Welt notwendig sind.

Es ist nicht unsere Absicht, das deutsche Volk zu vernichten, aber nur dann, wenn der Nationalsozialismus und Militarismus ausgerottet sind, wird für die Deutschen Hoffnung auf ein würdiges Leben und einen Platz in der Völkergemeinschaft bestehen. [...]

Siegler, Dokumentation, Bd. 1, S. 13 ff.

61 Alliierter Entwurf für eine Urkunde über die bedingungslose Kapitulation Deutschlands, 25. Juli 1944, ergänzt auf der Konferenz von Jalta, Februar 1945

[...]

Artikel 12

(a) Die Vereinigten Staaten von Amerika, das Vereinigte Königreich und die Union der Sozialistischen Sowjet-Republiken werden in Deutschland die höchste Regierungsgewalt besitzen. In Ausübung dieser Regierungsgewalt werden sie diejenigen Maßnahmen treffen, die sie zum künftigen Frieden und zur künftigen Sicherheit für erforderlich halten, darunter auch die vollständige Abrüstung und Entmilitarisierung Deutschlands.

(b) Die alliierten Vertreter werden Deutschland zusätzliche politische, verwaltungsmäßige, wirtschaftliche, finanzielle, militärische und sonstige Forderungen auferlegen, die sich aus der Übergabe Deutschlands ergeben. Die alliierten Vertreter bzw. die ordnungsmäßig dazu ermächtigten Personen oder Dienststellen werden Proklamationen, Befehle, Verordnungen und Anweisungen ergehen lassen, um solche zusätzlichen Forderungen festzulegen und die übrigen Bestimmungen dieses Dokumentes auszuführen. Die deutsche Reichsregierung, das Oberkommando der Deutschen Wehrmacht, alle deutschen Behörden und das deutsche Volk haben den Forderungen der alliierten Vertreter bedingungslos nachzukommen und alle solchen Proklamationen, Befehle, Anordnungen und Anweisungen uneingeschränkt zu befolgen.

Artikel 12a

Das Vereinigte Königreich, die Vereinigten Staaten von Amerika und die Union der Sozialistischen Sowjet-Republiken werden bezüglich Deutschlands höchste Machtvollkommenheit haben. In der Ausübung dieser Macht werden sie solche Maßnahmen einschließlich der völligen Entwaffnung, Entmilitarisierung und Zerstückelung Deutschlands treffen, als sie für den künftigen Frieden und die Sicherheit für notwendig halten. [...]

Siegler, Dokumentation, Bd. 1, S. 20 ff.

VI. Deutschland unter alliierter Besetzung

62 Notizen von Theodor Heuss zur deutschen Niederlage, 9. Mai 1945

[...] Heute ist der 140. Todestag von Schiller. Ich entsinne mich des Abends vor 40 Jahren, da ich an dem schönen Maitag von Dachau, wo ich meine Doktorarbeit schrieb, nach München hereinfuhr, um auch das Denkmal zu besuchen. Das war eine jugendlich gehobene Sentimentalität; es trafen sich in den lauen Abendstunden dort noch manche andere Leute. Jetzt bin ich froh, daß das Dritte Reich diesen Tag nicht noch erlebte, denn wenn er auch keinen genormten Jubiläumstermin darstellt, man hätte sich seiner bei den schamlosen Raubzügen in die Vergangenheit des deutschen Geistes bemächtigt, um auch ihn zu beschmutzen. Jetzt gehen die Verse aus dem nachgelassenen Fragment durch den Sinn:

»Stürzte auch in Kriegesflammen
deutsches Kaiserreich zusammen,
deutsche Größe bleibt bestehn.«

Das war einmal ein stolzes Trostwort der geschichtlichen Ehrfurcht beim Untergang des alten Reiches, um die Dauer unverderbbarer, geistiger und moralischer Werte eines Volkes wissend, geschrieben in einer Zeit, da inmitten politischer Ohnmacht deutsches Denken und Dichten Werke der Weltgeltung schuf. Man überdenkt heute die Worte mit Bitterkeit, denn auch jene Kräfte der Deutschen, deren Schiller sich in unbefangener Zuversicht als ewig wirkend erfreuen konnte, scheinen durch die zwölf Jahre Nationalsozialismus in ihrem Mark und Kern gefährdet, durch Lüge, propagandistische Zweckhaftigkeit und subalternes Ressentiment vergiftet. Es wird eines ungeheuren seelischen Prozesses bedürfen, um diese Elemente aus dem Wesen der Deutschen wieder auszuscheiden. Ob Schiller selber dabei helfen kann? [...]

Theodor Heuss, Aufzeichnungen 1945–1948, hg. v. Eberhart Pikart, Tübingen 1966, S. 54 ff. (© Deutsche Verlagsanstalt, Stuttgart)

63 Berliner Erklärung der Siegermächte, 5. Juni 1945

[...] Die Regierungen des Vereinten Königreichs, der Vereinigten Staaten von Amerika, der Union der Sozialistischen Sowjet-Republiken und die Provisorische Regierung der Französischen Republik übernehmen hiermit die oberste Regierungsgewalt in Deutschland, einschließlich aller Befugnisse der deutschen Regierung, des Oberkommandos der Wehrmacht und der Regierungen, Verwaltungen oder Behörden der Länder, Städte und Gemeinden. Die Übernahme zu den vorstehend genannten Zwecken der besagten Regierungsgewalt und Befugnisse bewirkt nicht die Annektierung Deutschlands.

Die Regierungen des Vereinigten Königreichs, der Vereinigten Staaten von Amerika, der Union der Sozialistischen Sowjet-Republiken und die Provisorische Regierung der Französischen Republik werden später die Grenzen Deutschlands oder irgendeines Gebietes, das gegenwärtig einen Teil deutschen Gebietes bildet, festlegen.

Kraft der obersten Regierungsgewalt und Befugnisse, die die vier Regierungen auf die Weise übernommen haben, verkünden die Alliierten Vertreter die folgenden Forderungen, die sich aus der vollständigen Niederlage und der bedingungslosen Kapitulation Deutschlands ergeben und denen Deutschland nachzukommen verpflichtet ist: [...]

Artikel 13

a) In Ausübung der obersten Regierungsgewalt in Deutschland, die von den Regierungen des Vereinigten Königreichs, der Vereinigten Staaten von Amerika und der Union der Sozialistischen Sowjetrepubliken sowie der Provisorischen Regierung der Französischen Republik übernommen wird, werden die vier alliierten Regierungen diejenigen Maßnahmen treffen, die sie zum künftigen Frieden und zur künftigen Sicherheit für erforderlich halten, darunter auch die vollständige Abrüstung und Entmilitarisierung Deutschlands.
b) Die Alliierten Vertreter werden Deutschland zusätzliche politische, verwaltungsmäßige, wirtschaftliche, finanzielle, militärische und sonstige Forderungen auferlegen, die sich aus der voll-

ständigen Niederlage Deutschlands ergeben. Die Alliierten Vertreter bzw. die ordnungsmäßig dazu ermächtigten Personen oder Dienststellen werden Proklamationen, Befehle, Verordnungen und Anweisungen ergehen lassen, um solche zusätzlichen Forderungen festzulegen und die übrigen Bestimmungen dieser Erklärung auszuführen. Alle deutschen Behörden und das deutsche Volk haben den Forderungen der Alliierten Vertreter bedingungslos nachzukommen und alle solche Proklamationen, Befehle, Anordnungen und Anweisungen uneingeschränkt zu befolgen. [...]

Siegler, Dokumentation, Bd. 1, S. 25 f.

64 Schlußkommunique der Potsdamer Konferenz (Politische Grundsätze), 2. August 1945

[...] 1. Entsprechend der Übereinkunft über das Kontrollsystem in Deutschland wird die höchste Regierungsgewalt in Deutschland durch die Oberbefehlshaber der Streitkräfte der Vereinigten Staaten von Amerika, des Vereinigten Königreichs, der Union der Sozialistischen Sowjetrepubliken und der Französischen Republik nach den Weisungen ihrer entsprechenden Regierungen ausgeübt, und zwar von jedem in seiner Besatzungszone, sowie gemeinsam in ihrer Eigenschaft als Mitglieder des Kontrollrates in den Deutschland als Ganzes betreffenden Fragen.
2. Soweit dieses praktisch durchführbar ist, muß die Behandlung der deutschen Bevölkerung in ganz Deutschland gleich sein. [...]
9. Die Verwaltung Deutschlands muß in Richtung auf eine Dezentralisation der politischen Struktur und der Entwicklung einer örtlichen Selbstverantwortung durchgeführt werden. Zu diesem Zwecke: [...]
(IV) wird bis auf weiteres keine zentrale deutsche Regierung errichtet werden. Jedoch werden einige wichtige zentrale deutsche Verwaltungsabteilungen errichtet werden, an deren Spitze Staatssekretäre stehen, und zwar auf den Gebieten des Finanzwesens, des Transportwesens, des Verkehrswesens, des Außenhandels und der Industrie. Diese Abteilungen werden unter der Leitung des Kontrollrates tätig sein. [...]

14. Während der Besatzungszeit ist Deutschland als eine wirtschaftliche Einheit zu betrachten. [...]

Siegler, Dokumentation, Bd. 1, S. 34 ff.

65 Proklamation Nr. 1 über die Aufstellung des Alliierten Kontrollrates, 30. August 1945

[...]

I.

Laut Bekanntmachung vom 5. Juni 1945 ist die oberste Regierungsgewalt in bezug auf Deutschland von den Regierungen der Vereinigten Staaten von Amerika, der Union der Sozialistischen Sowjetrepubliken, des Vereinigten Königreiches von Großbritannien und Nordirland und der Provisorischen Regierung der Französischen Republik übernommen worden.

II.

Kraft der obersten Regierungsgewalt und der Machtbefugnisse, die damit von den vier Regierungen übernommen wurden, ist der Kontrollrat eingesetzt und die oberste Machtgewalt in Angelegenheiten, die Deutschland als Ganzes angehen, dem Kontrollrat übertragen worden.

III.

Alle Militärgesetze, Proklamationen, Befehle, Verordnungen, Bekanntmachungen, Vorschriften und Anweisungen, die von den betreffenden Oberbefehlshabern oder in ihrem Namen für ihre Besatzungszonen herausgegeben worden sind, verbleiben auch weiterhin in diesen ihren Besatzungszonen in Kraft.

Ursachen und Folgen, Bd. 23, S. 321 f.

66 Erklärung des französischen Generals Marie Pierre Koenig vor dem Alliierten Kontrollrat, 1. Oktober 1945

Auf der zweiten Zusammenkunft des Kontrollrats, am 10. August, hatte ich die Ehre, Sie wissen zu lassen, daß die französische Regierung, die an den Vereinbarungen von Potsdam nicht teilgenommen hat, ihre Verbündeten um einen Meinungsaustausch über einige besondere Punkte dieser Übereinkommen gebeten hatte, bevor sie an der Verantwortung teilnehmen würde, die zu übernehmen sie eingeladen worden war.

Ich hatte darauf hingewiesen, daß die Schaffung deutscher Zentralverwaltungen einer dieser Punkte sei, die ausdrückliche Vorbehalte meinerseits hervorrufen müßten, und daß ich das Ergebnis des Meinungsaustausches abwarten müsse, um den meine Regierung gebeten hatte, bevor ich auf eine Diskussion über die Schlußfolgerungen von Potsdam eingehen könne.

Erst anläßlich der Zusammenkunft der Außenminister in London konnte die französische Regierung sich nun in den letzten Tagen mit ihren Verbündeten über die deutsche Frage unterhalten und ihnen von ihren Ansichten Kenntnis geben. Das Memorandum, in dem diese wiedergegeben sind, enthält die Erklärung seitens der französischen Delegation in London, daß der französische Vertreter im Interalliierten Kontrollrat in Berlin nicht ermächtigt sein wird, einer Maßnahme zuzustimmen, die das besondere Schicksal des rheinisch-westfälischen Gebietes präjudiziert, bevor die in London gestellte Frage von den fünf Ministern debattiert worden ist und Gegenstand eines Beschlusses war.

Welche Begrenzungen aber die Rolle auch immer erfahren wird, welche die geplanten Zentralverwaltungen zu spielen haben würden, so präjudiziert das bloße Prinzip der Schaffung dieser Verwaltungen den Status der in Frage stehenden Gebiete.

Da die in London aufgenommene Diskussion noch nicht zum Ergebnis geführt hat, so sehe ich mich gemäß der von meiner Regierung erhaltenen Weisungen somit genötigt, darum zu ersuchen, daß von der Prüfung der beiden Entwürfe zur Schaffung von Zentralverwaltungen, die dem Rat heute vorliegen, abgesehen wird.

Ich könnte beim gegenwärtigen Stand dieser Entwürfe tatsächlich nur ablehnen.

Ursachen und Folgen, Bd. 23, S. 337.

67 Anlage zum Schreiben Konrad Adenauers an den Duisburger Oberbürgermeister Heinrich Weitz, 31. Oktober 1945

Rußland hat in Händen: die östliche Hälfte Deutschlands, Polen, den Balkan, anscheinend Ungarn, einen Teil Österreichs.

Rußland entzieht sich immer mehr der Zusammenarbeit mit den andern Großmächten und schaltet in den von ihm beherrschten Gebieten völlig nach eignem Gutdünken. In den von ihm beherrschten Ländern herrschen schon jetzt ganz andere wirtschaftliche und politische Grundsätze als in dem übrigen Teil Europas.

Damit ist eine Trennung in Osteuropa, das russische Gebiet, und Westeuropa eine Tatsache.

In Westeuropa sind die führenden Großmächte England und Frankreich. Der nicht von Rußland besetzte Teil Deutschlands ist ein integrierender Teil Westeuropas. Wenn er krank bleibt, wird das von schwersten Folgen für ganz Westeuropa, auch für England und Frankreich sein. Es liegt im eigensten Interesse nicht nur des nicht von Rußland besetzten Teiles Deutschlands, sondern auch von England und Frankreich, Westeuropa unter ihrer Führung zusammenzuschließen, den nicht russisch besetzten Teil Deutschlands politisch und wirtschaftlich zu beruhigen und wieder gesund zu machen.

Eine Lostrennung Rheinlands und Westfalens von Deutschland dient diesem Zwecke nicht, sie würde das Gegenteil herbeiführen. Man würde eine östliche politische Orientierung des nichtrussisch besetzten Teiles Deutschlands herbeiführen.

Dem Verlangen Frankreichs und Belgiens nach Sicherheit kann auf die Dauer nur durch wirtschaftliche Verflechtung von Westdeutschland, Frankreich, Belgien, Luxemburg, Holland wirklich Genüge geschehen. Wenn England sich entschließen würde, auch an dieser wirtschaftlichen Verflechtung teilzunehmen, so würde man dem doch so wünschenswerten Endziele ›Union der westeuropäischen Staaten‹ ein sehr großes Stück näherkommen.

Zum staatsrechtlichen Gefüge des nicht von Rußland besetzten Teiles Deutschlands: Ein vernünftiges staatsrechtliches Gefüge besteht zur Zeit überhaupt nicht, es muß wiederhergestellt werden. Die Schaffung eines zentralisierten Einheitsstaates wird nicht möglich, auch nicht wünschenswert sein, der staatsrechtliche Zusammenhang kann lockerer sein als früher, etwa in der Form eines bundesstaatlichen Verhältnisses.

Adenauer. Briefe 1945–1947, bearb. v. Hans Peter Mensing, Berlin 1983, S. 130f.

68 Rede des Vorsitzenden der Ost-CDU, Jakob Kaiser, 16. Juni 1946

[...] Noch aber ist die Zeit für die innere Ausgestaltung des Reiches nicht da. Erst müssen die Zonengrenzen fallen und die Möglichkeit der Verständigung ohne Behinderung gegeben sein. Das sollte aber nicht hindern, daß sich innerhalb unserer Partei schon die Männer aus Ost und West, aus Süd und Nord zusammenfinden, die zur Arbeit an der Ausgestaltung Deutschlands berufen sind. Vielleicht könnte so der Zerfahrenheit und Gereiztheit der öffentlichen Diskussion vorgebeugt werden, vor allem aber könnten vorzeitige und einseitige Festlegungen verhindert werden.

Meine Freunde, ich sage es aus der tiefsten Sorge um Deutschland und um die Männer, die heute als Vertrauensmänner des Volkes zu sprechen und zu handeln berufen sind: Die deutsche Jugend wird uns einst verurteilen, wenn wir uns zu schwach, zu klein im deutschen Unglück erweisen, zu unfähig aus dem deutschen Leid die Einheit zu retten und zu erhalten [...]

In diesem Zusammenhang noch ein Wort zu dem Verlangen nach den Vereinigten Staaten von Europa, das in den letzten Wochen in Reden deutscher Politiker aufgetaucht ist. Um es gleich zu sagen: Auch ich bekenne mich zur europäischen Schicksalsgemeinschaft, deren Notwendigkeit das Erdbeben des letzten Jahrzehntes mit beispielloser Deutlichkeit bewiesen hat. Ich bekenne mich nicht nur zu ihr, weil wir sie als Brotgemeinschaft der europäischen Menschen in Zukunft kaum entbehren können, ich bekenne mich zu ihr um der geistigen Werte, um der Kultur des Abendlandes willen, denen die Vereinigten Staaten von Europa zu dienen, die sie zu erhalten, zu pflegen und weiterzugeben haben. Und doch empfinde ich immer ein inneres Widerstreben, wenn ich heute von deutschen Politikern den Ruf nach den Vereinigten Staaten von Europa höre.

Was ist unser heutiges Deutschland? Kein Reich, kein Staat, keine Gemeinschaft, kein Volk. Eine gestaltlose Masse von Heimatlosen, Hungernden, Leidenden. Mir will scheinen, als sei dieser Zustand Deutschlands nicht der geeignete Augenblick, nach den Vereinigten Staaten von Europa zu rufen. Es gilt vielmehr zunächst das Schicksal zu meistern, das Deutschland heißt. Dieses Schicksal ist die gemeinsame Aufgabe aller, die sich Deutsche nennen. Mögen sie an der Süd-, West- oder Ostgrenze oder in Berlin wohnen.

Wir können nicht wünschen, daß der Wille zur europäischen Gemeinschaft von uns als Ausweg aus der deutschen Verzweiflung verkündet wird. Wir möchten ihn vielmehr erwachsen sehen aus dem Bewußtsein eines neugeschaffenen fortschrittlichen Deutschlands. Der Wille zu den Vereinigten Staaten von Europa soll nicht Flucht aus dem deutschen Schicksal, sondern Bereitschaft zu engster europäischer Gemeinschaft aus einem gesunden und geläuterten Selbstbewußtsein heraus sein. [...]

Manfred Overesch, Die Deutschen und die Deutsche Frage 1945–1955, S. 83 ff.

69 Stuttgarter Rede des amerikanischen Außenministers James F. Byrnes, 6. September 1946

[...] Wir treten für die wirtschaftliche Vereinigung Deutschlands ein. Wenn eine völlige Vereinigung nicht erreicht werden kann, werden wir alles tun, was in unseren Kräften steht, um eine größtmögliche Vereinigung zu sichern.

So wichtig auch die wirtschaftliche Vereinigung für die Gesundung Deutschlands und Europas ist, so muß das deutsche Volk doch einsehen, daß der Hauptgrund seiner Leiden und Entbehrungen der Krieg ist, den die Nazidiktatur über die Welt gebracht hat. Aber gerade weil Leiden und Entbehrungen in Deutschland unvermeidlich sind, lehnt die amerikanische Regierung die Verantwortung für ein unnötiges Anwachsen der deutschen Not ab, die dadurch verursacht wird, daß es dem Alliierten Kontrollrat nicht gelingt, sich darüber zu einigen, dem deutschen Volk Gelegenheit zu geben, einige seiner dringenden wirtschaftlichen Probleme selbst zu lösen. In vielen lebenswichtigen Fragen wird Deutschland weder vom Kontrollrat regiert, noch gestattet ihm dieser, sich selbst zu regieren. [...]

Die Vereinigten Staaten treten für die baldige Bildung einer vorläufigen deutschen Regierung ein. Fortschritte in der Entwicklung der örtlichen Selbstverwaltung und der Landesselbstverwaltungen sind in der amerikanischen Zone Deutschlands erzielt worden, und die amerikanische Regierung glaubt, daß ein ähnlicher Fortschritt in allen Zonen möglich ist.

Die amerikanische Regierung steht auf dem Standpunkt, daß die vorläufige Regierung nicht von anderen Regierungen ausgesucht werden soll, sondern daß sie aus einem deutschen Nationalrat bestehen soll, der sich aus den nach demokratischen Prinzipien verantwortlichen Ministerpräsidenten oder anderen leitenden Beamten der verschiedenen Länder zusammensetzt, die in jeder der vier Zonen gebildet worden sind.

Unter Vorbehalt der Befugnisse des Alliierten Kontrollrats soll der deutsche Nationalrat für die sachgemäße Erfüllung der Aufgaben der zentralen Verwaltungsbehörden verantwortlich sein, die ihrerseits angemessene Machtbefugnisse besitzen sollen, um die Verwaltung Deutschlands als einer Einheit, wie sie in den Potsdamer Beschlüssen geplant war, zu sichern.

Der deutsche Nationalrat sollte auch mit der Vorbereitung des Entwurfes einer Bundesverfassung für Deutschland beauftragt werden, die unter anderem den demokratischen Charakter des neuen Deutschlands, die Menschenrechte, und die grundsätzlichen Freiheiten aller seiner Einwohner sichern soll. Nach grundsätzlicher Genehmigung durch den Alliierten Kontrollrat wäre die vorgeschlagene Verfassung einer gewählten Versammlung zur endgültigen Formulierung vorzulegen und sodann dem deutschen Volk zur Ratifizierung zu unterbreiten. [...]

Siegler, Dokumentation, Bd. 1, S. 49 ff.

70 Abkommen über die Zusammenlegung der britischen und der amerikanischen Besatzungszone, 2. Dezember 1946

Vertreter der beiden Regierungen sind in Washington zusammengekommen, um die Fragen zu besprechen, die sich aus der wirtschaftlichen Vereinigung ihrer Besatzungszonen in Deutschland ergeben. Ihren Beratungen haben sie die Tatsache zugrunde gelegt, daß beide Regierungen sich die wirtschaftliche Einheit ganz Deutschlands in Übereinstimmung mit dem Potsdamer Abkommen vom 2. August 1945 zum Ziel setzen. Die im folgenden für die Zonen der Vereinigten Staaten und Großbritanniens getroffenen Vereinbarungen sollten als der erste Schritt in der Richtung auf die wirtschaftliche Vereinigung ganz Deutschlands entsprechend jenem Abkommen betrachtet werden. Die beiden Regierungen sind jederzeit bereit, mit jeder der anderen Besatzungsmächte in Verhandlungen einzutreten, die auf eine Ausdehnung dieser Vereinbarungen auf ihre Besatzungszonen hinzielen. [...]

Die beiden Zonen sollen in allen wirtschaftlichen Angelegenheiten als ein einziges Gebiet behandelt werden.

Die einheimischen Hilfsquellen dieses Gebietes und alle Einfuhren dieses Gebietes, einschließlich Lebensmittel, sollen zusammengefaßt werden, damit ein gemeinsamer Lebensstandard hergestellt werden kann.

Der amerikanische und der britische Oberbefehlshaber sind verantwortlich dafür, daß unter ihrer gemeinsamen Kontrolle deutsche Verwaltungsbehörden eingesetzt werden, die zur wirtschaftlichen Vereinigung der beiden Zonen notwendig sind. [...]

Ursachen und Folgen, Bd. 25, S. 98.

71 Erklärung des sowjetischen Außenministers Wjatscheslaw M. Molotow in der Sitzung des Rats der Außenminister in Moskau, 17. März 1947

Im Dezember vorigen Jahres wurde der Kontrollrat vor die Tatsache neuer separater Handlungen seitens zweier Regierungen – der Vereinigten Staaten von Amerika und Großbritanniens – gestellt. Zwischen diesen beiden Regierungen kam es zu einem Abkommen über die wirtschaftliche und administrative Verschmelzung der britischen und der amerikanischen Besatzungszone Deutschlands.

Das Abkommen sieht ein für beide Zonen gemeinsames, auf drei Jahre berechnetes Wirtschaftsprogramm vor. Geplant ist die Entwicklung des Handels der beiden vereinigten Zonen mit anderen Ländern, wobei die Verrechnungen mit den anderen Zonen Deutschlands nicht in deutschen Mark vorgenommen werden sollen, sondern in amerikanischen Dollar oder englischen Pfund Sterling. Durch diese Vereinbarung wurden zwei Besatzungszonen Deutschlands – die amerikanische und die britische – faktisch vom übrigen Deutschland losgerissen. Es wurde also eine Spaltung Deutschlands vorgenommen, die sowohl wirtschaftlich als auch politisch die negativsten Folgen haben kann. Dieses Abkommen widerspricht von Grund aus den Beschlüssen der Berliner Konferenz über die wirtschaftliche Einheit Deutschlands.

Auch in diesem Fall wurde der Kontrollrat in Deutschland, entgegen den von den Vereinigten Staaten von Amerika und Großbritannien übernommenen Verpflichtungen, vor eine vollendete Tatsache gestellt. Eine solche Sachlage kann man nicht als normal bezeichnen, um so weniger, als dieses englisch-amerikanische Abkommen der Notwendigkeit, das deutsche Rüstungspotential zu liquidieren, und der Verpflichtung Deutschlands, Reparationslieferungen zu leisten, nicht im geringsten Rechnung trägt, ganz abgesehen davon, daß es die Verwirklichung des Programms der wirtschaftlichen Wiederherstellung Deutschlands als Ganzes direkt behindert.

Dieses englisch-amerikanische Abkommen erleichtert das Eindringen amerikanischer und englischer Monopolisten in die deutsche Industrie und eröffnet ihnen weite Möglichkeiten, die deutsche Wirtschaft ihrem Einfluß zu unterwerfen. Aber dieses englisch-amerikanische Abkommen ist unvereinbar mit der Herstellung der wirtschaftlichen Einheit Deutschlands, da es zur Zerstückelung und Vernichtung des selbständigen deutschen Staates führt und zu den Beschlüssen der Berliner Konferenz und anderen interalliierten Abkommen in dieser Frage in Widerspruch steht.

Schon die Grundlage des Abkommens ist eine falsche. Geht man davon aus, daß die Verpflichtungen der vier Verbündeten gegenüber Deutschland eingehalten werden müssen, so können andere Zonen sich diesem Abkommen nicht anschließen.

Aus alledem geht hervor, daß das erwähnte englisch-amerikanische Abkommen nicht in Kraft bleiben darf. Es muß annulliert werden.

W. M. Molotow, Fragen der Außenpolitik. Reden und Erklärungen April 1945–Juni 1948, Moskau 1949, S. 388 ff.

72 Referat Walter Ulbrichts auf der Landesvorstandssitzung der SED Groß-Berlin, 21. Februar 1947

[...] Die einzige Partei, die konsequent für die sofortige Wiederherstellung der Einheit Deutschlands ist, ist die SED. Wir sind dafür, daß die Alliierten möglichst bald einen Friedensvertrag mit Deutschland abschließen, das heißt nicht ein Friedensdekret, sondern einen Friedensvertrag, der von einer deutschen zentralen Regierung unterschrieben wird, einer Regierung, an der die Vertreter aller großen Parteien teilnehmen sollen. Wir schlagen deshalb vor, möglichst bald eine solche zentrale deutsche Regierung zu schaffen und damit zu ermöglichen, daß die Vertreter Deutschlands bei den künftigen Beratungen über den Friedensvertrag gehört werden. Wir glauben, daß durch den Abschluß eines Friedensvertrages die politische Grundlage für den demokratischen Aufbau und für die Sicherung des Friedens in Deutschland geschaffen wird. [...] Unser Volk soll selber entscheiden, ob Deutschland ein Einheitsstaat sein soll oder ein Staatenbund oder gar eine Zollunion wie in der Mitte des vorigen Jahrhunderts.

Deshalb hat der Parteivorstand beschlossen, unsere Partei darauf zu orientieren, daß in einiger Zeit die Kampagne für einen Volksentscheid begonnen wird mit der klaren Fragestellung: Einheit Deutschlands oder Föderalismus? Wir sind überzeugt, daß in einem solchen Volksentscheid die übergroße Mehrheit für die Einheit Deutschlands stimmen wird. Das wird den Kampf gegen gewisse reaktionäre Kräfte erleichtern, die den Föderalismus brauchen, um ihre reaktionären Positionen zu halten.

Wir sagen ganz offen, wir sind deshalb für die Einheit eines antifaschistisch-demokratischen Deutschlands, weil jeder Föderalismus, jede Zersplitterung eine Schwächung bedeuten und die einzelnen deutschen Staaten zum Spielball ausländischer Kräfte machen würde. Wir sind für die Einheit eines antifaschistisch-demokratischen Deutschlands, weil nur in einem solchen einheitlichen Deutschland die wirtschaftlichen Fragen im Interesse des werktätigen Volkes gelöst werden können. Wir treten deshalb für die Einheit Deutschlands ein, weil unser Volk in der schweren Lage, in der es sich befindet, nicht vertragen kann, daß von Bayern und anderen Gebieten aus der wirtschaftliche Aufbau und die Demokratisierung sabotiert werden. Bei der Tiefe der Katastrophe, in der wir uns befinden, schädigt jede Zersplitterung den wirtschaftlichen Aufbau und den Wiederaufbau. Deshalb stellen wir die Frage nach der Einheit eines antifaschistisch-demokratischen Deutschlands so ernst und bereiten den Boden dafür vor.

Für den Abschluß eines Friedensvertrages mit Deutschland ist eine zentrale deutsche Regierung notwendig, die möglichst bald geschaffen werden muß, damit die Vertreter Deutschlands bei den Beratungen gehört werden und in der Lage sind, ihre Meinung zu äußern. Vertreter der großen politischen Parteien und der Gewerkschaften sollen mit nach Moskau fahren und die Auffassungen des deutschen Volkes vertreten. [...]

Walter Ulbricht, Zur Geschichte der deutschen Arbeiterbewegung. Aus Reden und Aufsätzen, Bd. 3, Zusatzbd. Berlin (O) 1971, S. 167 ff.

73 Offener Brief der Arbeitsgemeinschaft der CDU und der CSU zur Gründung einer Nationalen Repräsentation, 17. März 1947

Voraussetzung für die Sicherstellung der materiellen Existenz des deutschen Volkes ist die Verwirklichung der wirtschaftlichen Einheit Deutschlands. Grundbedingung ihrer Verwirklichung ist, dem deutschen Volke die Möglichkeit zu geben, seinen politischen Gesamtwillen zum Ausdruck zu bringen. Die politischen Willensträger sind die Parteien. Die Union hält es für erforderlich, daß die für Gesamtdeutschland maßgebenden Parteien in ihren Spitzen zusammentreten, um die Ausdrucksformen des politischen Willens zu klären. Deshalb hat der Vorstand der Union die Führung der deutschen politischen Parteien eingeladen, sich so schnell wie möglich zusammenzufinden, um die erste Stufe einer gesamtdeutschen Vertretung des Volkes vorzubereiten und diese Vertretung bis zu ihrer Verwirklichung zu repräsentieren.

»Neue Zeit«, 17.3.1947; zit. nach Manfred Overesch, Die Deutschen und die Deutsche Frage, Düsseldorf 1985, S. 101f.

74 Rede des SPD-Vorsitzenden Kurt Schumacher über Radio Frankfurt, 31. Mai 1947

Die Sozialdemokratische Partei Deutschlands ist dieselbe Partei in allen Zonen. Ihre aus der Geistesgeschichte des demokratischen Sozialismus in Deutschland und aus einer Analyse der neuen Situation erwachsene Überzeugung trifft nun mit vier verschiedenen politischen, staatsrechtlichen, ökonomischen und kulturellen Konzeptionen der großen Siegermächte zusammen. Die Zonengrenzen scheiden heute nach Form und Inhalt mehr als es früher die Staatsgrenzen auf der europäischen Landkarte taten. Die Deutschen sind nun vor die Frage gestellt, zusammen zu arbeiten und aus den Erfahrungen und Vorbildern der Welt etwas Positives zu lernen oder einfach widerspruchslos in jeder Zone die Meinungen der betreffenden Siegermacht einfach zu imitieren.

Den tollsten Exzess der sklavischen Nachahmung sehen wir bei der russisch kontrollierten kommunistischen SEP. Daß dabei eine völlige Selbstaufgabe des deutschen Volkes und der deutschen Notwendigkeiten, ja, sogar der Ideen der internationalen Zusammenarbeit die Folge sein muß, wird durch ein Übermaß von nationalistischen Phrasen aus der Welt zu schaffen versucht.

Die Kommunisten sind heute in allen europäischen Ländern die unversöhnlichen und raffsüchtigen Nationalisten. Sie tragen damit auf Befehl die Elemente der Unruhe, der Desorganisation und der Lähmung in eine Periode des europäischen Aufbaus. Sie demonstrieren gegen den Hunger und schaffen alle Voraussetzungen für seine Dauer. Sie sabotieren Deutschland und proklamieren es.

Der Versuch, die politische Phraseologie, die sich im Schutze der Besatzungsmacht in der Ostzone monopolistisch geltend macht, auf ganz Deutschland zu übertragen, ist in Wahrheit der

Versuch, Deutschland einseitig für eine Siegermacht gegen alle anderen Siegermächte zu engagieren.

Wir Sozialdemokraten wollen den Ausgleich mit Rußland. Aber wir können ihn nicht um den Preis der Verfeindung mit der ganzen Welt betreiben. Das deutsche Volk ist nicht das politische Kanonenfutter für den imperialen Expansionsdrang irgendwelcher Mammutreiche.

Die Intoleranz der Totalitären begeifert uns in solch einem Fall als »Antibolschewisten«. Das ist falsch. Die Sozialdemokratie ist nicht antirussisch, aber sie ist prodeutsch. Und sie ist nicht für irgendeinen Nationalismus, sie ist für Frieden und Freiheit in der ganzen Welt.

Die Sozialdemokratie wird nicht aufhören, für die Einheit Deutschlands zu kämpfen. Sie bejaht grundsätzlich den Gedanken einer nationalen Repräsentation durch die politischen Parteien. Aber diese politischen Parteien sind im Reichsrahmen noch nicht vorhanden. Wir meinen das nicht in dem engen formaljuristischen Sinne einer Lizensierung durch die Sieger. Aber wir erklären die Unverzichtbarkeit der Forderung, in allen vier Zonen unter den gleichen Bedingungen der politischen Meinungs- und Aktionsfreiheit, der Rechtssicherheit und der staatsbürgerlichen Gleichberechtigung sich mit jedem politischen Gegner messen zu können.

Würden wir diese Forderung aufgeben oder auch nur schwächlich und blaß handhaben, dann würden wir in Wahrheit die nationale Einheit verraten. Es gibt keine Einheit, bei der der eine Teil des deutschen Volkes die relative Freiheit einer entstehenden Demokratie hat und der andere Teil Deutschlands unter dem Terror der Staatspartei einer Besatzungsmacht seufzt.

Das Verbot der Sozialdemokratie in der Ostzone ist keine Parteifrage. Es ist die Frage nach den Möglichkeiten der Demokratie auf deutschem Boden und damit die nationale Frage der Politik, und daß sie eine der wichtigsten Angelegenheiten der Welt ist, sei hier nur nebenbei bemerkt.

Wir müssen mit Bedauern feststellen, daß die Sozialdemokratie in diesem Kampf um das nationale Prinzip der Deutschen von den anderen Parteien weitgehend im Stich gelassen wurde. Daß die Kommunisten trotz ihrer Überproduktion an demokratischen Phrasen sich nicht für die Demokratie erklären würden, ist bei ihren Abhängigkeiten selbstverständlich. Daß aber auch die bürgerlichen Parteien die 17 Millionen Deutsche im Osten einfach ignorieren, ist peinlich und spricht nicht dafür, daß man Wesen und Notwendigkeiten der Demokratie in diesem Lande begriffen hat. Schließlich ist ja die kommunistische SEP nicht die einzige Nutznießerin der Unterdrückung der Sozialdemokratie in der Ostzone.

Das Bemühen, eine Gesamtvertretung des deutschen Volkes durch die Länder zu schaffen, ist von vornherein zum Scheitern verurteilt. Der deutsche Gesamtwille kann nur direkt durch das ganze deutsche Volk aus seiner eigenen politischen Willensbildung und mit der Tendenz zu der eigenen entsprechenden Staatspersönlichkeit geformt werden. Ein Deutschland, das sich und seine Zuständigkeiten von irgendwelchen anderen Stellen ableitet, verleugnet sich selbst und ist lebens- und funktionsunfähig. Es kann nach dem furchtbaren Anschauungsunterricht des letzten Winters, der gezeigt hat, wie wenig die Länder imstande sind, die Probleme der Ernährung und Wirtschaftsbelebung zu meistern, nicht mit denselben Fehlern der Struktur und Organisation in den nächsten Winter gehen.

Die partikularistische Romantik ist die Erbin der dynastischen Aufspaltung Deutschlands. Ihre Lebenskraft ist nur so stark, als sie das konservative Prinzip der Besitzenden ist, die von ihrem Besitz zu Gunsten der Allgemeinheit nichts abgeben, den Finanz- und Lastenausgleich verweigern und die armen Leute das Dritte Reich bezahlen lassen wollen.

Das lebendigste und stärkste Stück Verfassung in Deutschland ist der Wille zur nationalen, staatlichen, ökonomischen, sozialen und kulturellen Einheit. Neben ihm verblassen alle schon geschaffenen oder noch zu schaffenden Länderverfassungen, die zwangsläufig einen stark provisorischen Charakter tragen. Sie werden getrieben von den gleichbleibenden Tatsachen der Existenz des deutschen Landes, des deutschen Volkes und seinem Staatswillen. Sie ruhen nicht nur auf den ökonomischen, sozialen und ernährungsmäßigen Zwangsläufigkeiten. Sie ziehen ihr Leben auch aus dem Geschichtlichen und Politisch-Psychologischen. In einer Welt, in der sich Deutschland und selbst Europa als zu kleinräumig zur Bewältigung der lebensnotwendigen Aufgaben erweisen, kann man nicht doktrinär die Ländersouveränität praktizieren. Schließlich hat niemand das Recht, eines staatsrechtlichen Doktrinarismus wegen seine Mitbürger hungern zu lassen. [...]

Kurt Schumacher. Reden – Schriften – Korrespondenzen, 1945–1952, hg. v. Willy Albrecht, Berlin/Bonn 1985, S. 522 ff.

75 Erklärung der (westdeutschen) Teilnehmer der Münchner Ministerpräsidentenkonferenz, 7. Juni 1947

[...] Seit zwei Jahren wartet das deutsche Volk vergeblich auf eine Klärung seines Schicksals. Alle Versuche, sie herbeizuführen, sind bisher gescheitert. Abgeschlossen von der Welt, in vier Zonen zerrissen, in Unkenntnis seiner politischen Zukunft, ohne unmittelbare Verbindung zu der in Deutschland zur Zeit verantwortlichen Regierung der Alliierten, ohne den lebensnotwendigen Außenhandel und daher auch ohne die erforderlichen Rohstoffe für seine Industrie, ohne sichere industrielle Basis, außerstande, über den Ertrag seiner wichtigsten landwirtschaftlichen Gebiete zu verfügen, sinkt das deutsche Volk in wirtschaftlicher Selbstaufzehrung von Monat zu Monat in immer größere Verelendung und Not.

Die Ministerpräsidenten haben sich daher in München zusammengefunden, um klar und nüchtern festzustellen, unter welchen Bedingungen der völlige Zusammenbruch verhindert und eine Wandlung zum Besseren herbeigeführt werden kann. Die Ministerpräsidenten fühlten sich vor ihrem Gewissen verpflichtet, rückhaltlos die Gründe der jüngsten Entwicklung aufzuzeigen, um ihrer Verantwortung vor dem deutschen Volke zu genügen.

Wenn es gegen das Völkerrecht war, daß Hitler die Welt mit einem verbrecherischen Krieg überzog, so widerspricht es ebenso den gültigen Grundsätzen des Völkerrechts, einem demokratischen Deutschland Frieden und ausreichende Lebensmöglichkeiten zu versagen. Das zerstörte und abgerüstete Deutschland ist keine Gefahr für die Welt, wohl aber ein Deutschland, das verelendet, zu einem Seuchenherd für alle anliegenden Völker wird und damit den Wiederaufbau Europas gefährdet. Darum muß die deutsche Frage unverzüglich geregelt werden.

Die Ministerpräsidenten haben Vorschläge ausgearbeitet, die sie den Militärregierungen überreichen. Eine Delegation von vier

Länderchefs ist beauftragt, dem Kontrollrat nähere Erklärungen und Erläuterungen mündlich vorzutragen.

Die Ministerpräsidenten rufen das deutsche Volk auf, unter Anspannung aller Kräfte ihren Versuch, eine Wendung zum Besseren herbeizuführen, zu unterstützen und unter Zurückstellung aller Gegensätze gemeinsam an der Wiederherstellung eines friedlichen demokratischen Deutschlands zu arbeiten.

II.

Die in München versammelten Chefs der Deutschen Länderregierungen können ihre Beratungen zur Steuerung der unmittelbaren Not des deutschen Volkes im kommenden Winter nicht schließen, ohne vor der ganzen Welt das große Ziel der wirtschaftlichen und politischen Einheit Deutschlands aufzustellen und den Willen zu friedlicher Zusammenarbeit mit allen Völkern ausdrücklich zu bekunden.

Der Neuaufbau unseres staatlichen Lebens kann aber nur auf dem Wege echter Demokratie verwirklicht werden, in der alle Grundrechte menschlicher Freiheit gewährleistet sind.

Nur wenn sich die Maßnahmen des Staates ausschließlich auf den in freien Wahlen festgestellten Willen des Volkes berufen können, besteht Aussicht, das hohe Ziel der friedlichen Völkergemeinschaft, der Freiheit von Furcht und des wahren sozialen Fortschrittes zu erreichen.

Ursachen und Folgen, Bd. 25, S. 384 ff.

76 Ausarbeitung von Theodor Heuss, Zur Frage der Staatsrechtlichen Gestaltung Deutschlands, Juli 1947

[...] 12. Offen und nur gelegentlich am Rande erörtert ist die Benennungsfrage. Darf oder soll der Begriff »Deutsches Reich« erhalten bleiben? Naumann hat das Problem 1919 einmal aufgeworfen, wesentlich unter dem Gesichtspunkt, daß die Übersetzung ins Französische und Englische »Empire« lautet, aber kein Empereur mehr vorhanden. In Deutschland wird das Wort »Reich« von der einen Gruppe geflissentlich vermieden, um alle Erinnerungen an

»imperialistische« Gedanken auszulöschen, von einer anderen Gruppe benützt, um die Geschichtskontinuität des Einheitsbewußtseins nicht versinken zu lassen. Ich weiß nicht, ob bei den Siegermächten diese in ihrer Symbolwirkung nicht ganz unwichtige Frage je zur Erörterung stand. Praktisch ist der Begriff des »Reiches«, soweit ich sehe, lebendig geblieben oder wieder gemacht worden im Verkehrswesen: Reichsbahn, Reichsautobahn. (Doch: Deutsche Post, nicht mehr Reichspost.) Ich halte dafür, der Begriff »Deutscher Bund« sei zu vermeiden, weil von 50 Jahren deutscher Geschichte staatenbündlerischer Struktur aufgebraucht. »Vereinigte Staaten von Deutschland« ist zu bombastisch und mit der Assoziation schiefer Parallelen belastet. Ich selber pflege einfach von »Deutschland« zu sprechen. – Die geographisch-ethnisch-kulturelle Begriffswelt, die ja weiter griff als die künftige Grenze, muß nun eben den politischen Akzent kriegen. Für die formalrechtliche Bezeichnung empfiehlt sich: »Deutsche Republik« (nicht »Bundesrepublik«). Die »Reichs«-Vergangenheit wird dann im Namen des Armenhauses »Österreich« eine seltsame Herberge finden. [...]

Theodor Heuss, Aufzeichnungen 1945–1948, hg. v. Eberhart Pikart, Tübingen 1966, S. 135f. (© Deutsche Verlagsanstalt, Stuttgart)

77 Erklärung Wjatscheslaw M. Molotows auf der Londoner Außenminister-Konferenz, 12. Dezember 1947

[...] Die deutsche Frage kann man nur dann richtig lösen, wenn die wirtschaftliche und politische Einheit Deutschlands gewahrt bleibt. Zu diesem Zweck muß man ungesäumt deutsche Wirtschaftsverwaltungen als Keimzellen einer deutschen Zentralregierung schaffen. Dazu ist es notwendig, jetzt schon zur Bildung eines deutschen Konsultativrats aus Vertretern der Länder und der demokratischen Parteien ganz Deutschlands sowie aus Vertretern der freien Gewerkschaften und anderer großer antinazistischer Organisationen zu schreiten. Dann hätte man Leute, die man nach der eigenen Meinung der Deutschen fragen könnte, was die Gewährung dieser oder jener Wirtschaftshilfe für Deutschland betrifft. Ob die Bedingungen der zu gewährenden ausländischen Kredite annehmbar sind, ob eine Notwendigkeit für die Einfuhr dieser oder jener ausländischer Waren besteht usw. Dann wäre auch die rechtzeitige Erfüllung der Reparationsverpflichtungen Deutschlands gewährleistet. [...]

Ursachen und Folgen, Bd. 25, S. 281 ff.

78 Schlußkommunique der Londoner Sechsmächtekonferenz, 7. Juni 1948

[...] Die Delegationen erkennen unter Berücksichtigung der gegenwärtigen Lage die Notwendigkeit an, dem deutschen Volk die Möglichkeit zu geben, auf der Basis einer freien und demokratischen Regierungsform die schließliche Wiederherstellung der gegenwärtig nicht bestehenden deutschen Einheit zu erlangen. Unter diesen Umständen sind die Delegationen zu dem Schluß gekommen, daß das deutsche Volk in den verschiedenen Ländern die Freiheit erhalten sollte, für sich selbst die politische Organisation und Einrichtungen zu schaffen, welche es in die Lage versetzen sollen, diejenigen staatlichen Aufgaben zu übernehmen, welche mit den Mindesterfordernissen der Besatzung und der Kontrolle vereinbar sind und welche letzten Endes das deutsche Volk in die Lage versetzen werden, volle Regierungsverantwortung zu übernehmen. Die Delegationen sind der Ansicht, daß das deutsche Volk die Schaffung einer Verfassung mit Bestimmungen wünschen wird, die von allen deutschen Ländern ratifiziert werden können, sobald die Umstände dies erlauben. Die Delegationen sind daher übereingekommen, ihren Regierungen zu empfehlen, daß die Militärgouverneure mit den Ministerpräsidenten der westlichen Besatzungszonen in Deutschland eine gemeinsame Sitzung abhalten sollten. Auf dieser Sitzung werden die Ministerpräsidenten ermächtigt werden, eine Verfassunggebende Versammlung einzuberufen, um eine Verfassung auszuarbeiten, die von den teilnehmenden Staaten gebilligt werden soll. Die Delegierten zu dieser Verfassunggebenden Versammlung werden in jedem Land in Übereinstimmung mit einem noch zu bestimmenden Verfahren und Verordnungen seitens der gesetzgebenden Körperschaften der einzelnen Staaten gewählt werden. Diese Verfassung soll es den Deutschen ermöglichen, ihrerseits zur Beendigung der augenblicklichen Teilung Deutschlands beizutragen, nicht durch die Wiederherstellung eines zentral regierten Reiches, sondern durch eine föderalistische Regierung, die die Rechte der einzelnen Staaten angemessen schützt, zur gleichen Zeit eine angemessene zentrale Körperschaft vorsieht und die Rechte und Freiheiten des einzelnen Menschen garantiert. Wenn die von der Verfassunggebenden Versammlung ausgearbeitete Verfassung diesen Forderungen nicht entgegensteht, werden die Militärgouverneure genehmigen, daß sie der Bevölkerung der einzelnen Staaten zur Ratifizierung vorgelegt werden.

Bei der Sitzung mit den Militärbefehlshabern werden die Ministerpräsidenten das Recht haben, die Fragen der Grenzen der einzelnen Länder zu erörtern, um festzustellen, welche Abänderungen den Militärbefehlshabern vorgeschlagen werden sollen, um eine endgültige Lage zu schaffen, mit der die Bevölkerung einverstanden ist.

3. b) Zwischen den Delegationen der Vereinigten Staaten, Großbritanniens und Frankreichs haben weitere Besprechungen über die *Koordinierung der Wirtschaftspolitik* in der *Bizone und der französischen Zone* stattgefunden. Über die gemeinsame Durchführung und Kontrolle des Außenhandels des gesamten Gebietes wurde ein Einverständnis erzielt. Es wurde anerkannt, daß eine völlige wirtschaftliche Verschmelzung der beiden Gebiete erst dann tatsächlich in Kraft treten kann, wenn ein weiterer Fortschritt im Hinblick auf die Bildung der notwendigen deutschen Institutionen in dem gesamten Gebiet erzielt worden ist. [...]

Siegler, Dokumentation, Bd. 1, S. 61 ff.

79 Sowjetische Erklärung anläßlich des Auszugs aus dem Alliierten Kontrollrat, 20. März 1948

Auf der Londoner Konferenz haben offizielle Vertreter der USA, Großbritanniens und Frankreichs miteinander verhandelt und über deutsche Angelegenheiten Entscheidungen getroffen. Diese Angelegenheiten unterstehen der Kompetenz des Kontrollrats und können allein auf der Basis eines Abkommens zwischen den vier Besatzungsmächten entschieden werden. Aber die amerikanischen und britischen Besatzungsbehörden wünschen den Kontrollrat nicht über die in London vorbereiteten Entschlüsse zu informieren und wollen nicht über die Direktiven sprechen, die sie in London in einseitigen Entscheidungen in der Deutschlandfrage erhalten haben. Warum wollen sie das nicht tun? Erstens, weil die Erörterungen dieser Angelegenheiten im Kontrollrat der Weltöffentlichkeit die Augen öffnen würden über die Mitschuld der USA, Großbritanniens und Frankreichs in London gegenüber dem Potsdamer Abkommen und anderen Viermächteabkommen, einer Schuld, deren Ziele unvereinbar sind mit den Veröffentlichungen über die Friedens- und Demokratisierungspolitik Deutschlands. Zweitens, weil die Vertreter dieser Länder versuchen, sich jeden Zwanges zu entledigen, der sie daran hindern könnte, eine Deutschlandpolitik zu treiben, die den Viermächteentschließungen und dem Sinn der Besetzung Deutschlands zuwiderläuft. Es wird eine Situation geschaffen, in der nur die Sowjetdelegation vor dem Kontrollrat Bericht erstatten soll, während die amerikanischen und britischen Mitglieder sich weigern, dem Kontrollrat Rechenschaft über ihre Tätigkeit in ihren Zonen abzulegen. Damit beweisen die Delegierten nur, daß sie mit dem Abkommen über die Kontrollorganisation brechen wollen und die Verantwortung für den Bruch dieses Abkommens übernehmen. Mit dieser Handlungsweise bestätigen die drei Delegationen noch einmal, daß der Kontrollrat in Wirklichkeit nicht mehr als Organ der höchsten Gewalt in Deutschland besteht, die die Viermächteverwaltung in diesem Lande ausgeübt hatte. Das hat sich schon bei allen vorausgegangenen Sitzungen gezeigt. Diese Delegationen zerstören und begraben den Kontrollrat und heben seine Übereinkommen in Deutschland auf. Es untersteht keinem Zweifel, daß dies die ernsteste Verletzung der Verpflichtungen ist, die den britischen, amerikanischen und französischen Besatzungsbehörden auferlegt werden. Es tritt klar zutage, daß die Schritte, die in den westlichen Besatzungszonen unternommen wurden und noch unternommen werden, in Übereinstimmung mit den einseitigen Entschlüssen der Londoner Konferenz geschehen und daher nicht als rechtlich angesehen werden können. Da die britischen und amerikanischen Mitglieder sich weigerten, über diese Dinge zu berichten, die auf der Londoner Konferenz erörtert wurden, sehe ich keine Veranlassung, die heutige Sitzung weiterzuführen und vertage sie hiermit.

Berlin. Quellen und Dokumente 1945–1951, 2. Halbbd., S. 1438.

80 Mitteilung des sowjetischen Marschalls Wassili Danilowitsch Sokolonwski über die Einführung einer neuen Währung in der SBZ und in Groß-Berlin, 22. Juni 1948

Die Aktionen der amerikanischen, britischen und französischen Besatzungsbehörden, die in der Einführung einer separaten Währungsreform in den Westzonen des besetzten Deutschland zum Ausdruck kommen, haben die mir anvertraute Besatzungszone in eine schwierige Lage gebracht. Das hat mich gezwungen, eine Entscheidung zu treffen zum Schutze der Interessen des deutschen Volkes und der Wirtschaft der sowjetischen Besatzungszone und des Gebiets von Groß-Berlin, um ein wirtschaftliches Chaos und die Zerrüttung des Währungsumlaufes zu vermeiden, die durch das Eindringen ungültiger Banknoten aus Westdeutschland hervorgerufen würden. Aus diesem Grunde habe ich mich entschlossen, eine Währungsreform in der Sowjetzone und im Gebiete von Groß-Berlin anzuordnen.

Die Sowjetische Militäradministration in Deutschland hat eine gesamtdeutsche Währungsreform im Rahmen des Kontrollrats in Übereinstimmung mit den Vorstellungen über seinen politisch-moralischen Ruf befürwortet. Sie war aber nicht auf eine separate Währungsreform innerhalb ihrer Zone vorbereitet. So können wir im Augenblick keine neuen Banknoten in Umlauf bringen und müssen die Reform auf der Basis der alten Reichs- und Rentenmark durchführen, die mit Spezialkupons versehen werden.

Ich hoffe, daß Sie die Durchführung dieser Währungsreform nicht durch ihre separaten Aktionen im amerikanischen Sektor Berlins behindern und daß Sie keine übermäßigen Schwierigkeiten machen werden, um einen normalen Währungsumlauf und die Sicherheit des wirtschaftlichen Lebens im Gebiet von Groß-Berlin und in der sowjetischen Besatzungszone zu gewährleisten. [...]

Berlin. Quellen und Dokumente 1945–1951, 2. Halbbd., S. 1363f.

81 Verordnung der Kommandanten der westlichen Sektoren Berlins über die Einführung der DM in West-Berlin, 24. Juni 1948

Die Kommandanten der französischen, britischen und amerikanischen Sektoren von Groß-Berlin haben ein Abkommen über die Maßnahmen zur Durchführung der Währungsreform in den obengenannten Sektoren (im folgenden als »betreffendes Gebiet« bezeichnet) getroffen, um die Folgen der durch den Nationalsozialismus herbeigeführten Währungszerrüttung zu beseitigen.

Diese Verordnung ersetzt die Reichsmarkwährung durch eine neue Währung, ordnet die Ablieferung der außer Kraft gesetzten Zahlungsmittel und die Anmeldung der bei Geldinstituten unterhaltenen Reichsmarkguthaben an und sieht Erstausstattung der Bevölkerung, der Wirtschaft und der öffentlichen Hand mit neuem Geld vor. [...]

Berlin. Quellen und Dokumente 1945–1951, 2. Halbbd., S. 1374 ff.

82 Aufruf der sowjetischen Militärverwaltung an die Berliner zur Währungsreform, 24. Juni 1948

Die amerikanischen, britischen und französischen Militärbehörden haben unrechtmäßig eine separate Währungsreform in den westlichen Besatzungszonen Deutschlands durchgeführt. Dadurch wurde die Bevölkerung der sowjetischen Besatzungszone und Berlins der schweren Gefahr ausgesetzt, daß sowohl die sowjetische Besatzungszone Deutschlands als auch das Gebiet von Groß-Berlin mit annulliertem Geld überschwemmt werden und daß das wirtschaftliche Leben völlig desorganisiert wird. Die offiziellen Erklärungen des britischen, amerikanischen und französischen Oberbefehlshabers, daß sie nicht die Absicht hätten, die Währung der westlichen Besatzungszonen auf Berlin auszudehnen, erwiesen sich als unaufrichtig und heuchlerisch. Zu einer Zeit, da diese Erklärungen von den Oberbefehlshabern abgegeben wurden, beförderte man nach Berlin Säcke mit neuem Geld der westlichen Besatzungszonen, um es in den westlichen Sektoren von Berlin in Umlauf zu bringen, was jetzt auch geschehen ist. [...]

Dieser Schritt kann einen verderblichen Einfluß auf das wirtschaftliche Leben von Berlin und der sowjetischen Besatzungszone Deutschlands ausüben.

Die Verantwortung für die wirtschaftlichen Folgen der Einführung zweier Währungen in der Stadt und die Lasten, die die Bevölkerung der westlichen Sektoren von Berlin im Zusammenhang damit unvermeidlich tragen wird, fällt in vollem Umfang und ausschließlich auf die Behörden zurück, die diesen Beschluß gefaßt haben, sowie auf jene Vertreter der Berliner Verwaltungsorgane, die durch ihre Handlungen zur Entstehung der gegenwärtigen Lage beigetragen haben. [...]

Diese Leitsätze bestimmen auch heute die gesamte Tätigkeit der Sowjetischen Militärverwaltung in Deutschland.

Die Sowjetische Militärverwaltung erklärt, daß die von ihr durchgeführte Währungsreform in der sowjetischen Besatzungszone und in Groß-Berlin eine erzwungene Maßnahme darstellt, die von ihr als Folge der separaten Handlungen der amerikanischen, britischen und französischen Besatzungsbehörden ergriffen wurde. Sie wird auch weiterhin die Verwirklichung der Einheit Deutschlands auf demokratischen Grundlagen und die Schaffung einer deutschen demokratischen Republik fordern, in der die Gesundung der Währungsverhältnisse einen natürlichen Prozeß darstellen wird.

Berlin. Quellen und Dokumente 1945–1951, 2. Halbbd., S. 1378 ff.

83 Meldung des Allgemeinen Deutschen Nachrichtendienstes, 24. Juni 1948

Die bereits gemeldeten technischen Störungen an der Eisenbahnstrecke Berlin–Helmstedt sind laut Auskunft zuständiger Stellen viel ernster, als zunächst angenommen wurde.

Es ist daher im Augenblick schwer zu übersehen, wann der inzwischen in beiden Richtungen auf der Strecke Berlin–Helmstedt eingestellte Güter- und Personenverkehr wiederaufgenommen werden könnte. Da die Lebensmittelversorgung der drei westlichen Sektoren Berlins von den über diese Strecken herangeführten Transporten abhängig ist, sind starke Besorgnisse über die Versorgung entstanden.

Die größten Schwierigkeiten dürften zunächst im französischen Sektor zu erwarten sein, da hier keine Vorräte an Kartoffeln, Fleisch, Fett und Getreide vorhanden sind. Auch im amerikanischen und britischen Sektor Berlins sind die Lebensmittelvorräte nicht allzu groß.

Berlin. Quellen und Dokumente 1945–1951, 2. Halbbd., S. 1458.

84 Frankfurter Richtlinien der westlichen Militärgouverneure an die Ministerpräsidenten der Westzonen, 1. Juli 1948

Dokument I. Verfassunggebende Versammlung

In Übereinstimmung mit den Beschlüssen ihrer Regierungen autorisieren die Militärgouverneure der amerikanischen, britischen und französischen Besatzungszone in Deutschland die Ministerpräsidenten der Länder ihrer Zonen, eine Verfassunggebende Versammlung einzuberufen, die spätestens am 1. September 1948 zusammentreten sollte. [...]

Die Verfassunggebende Versammlung wird eine demokratische Verfassung ausarbeiten, die für die beteiligten Länder eine Regierungsform des föderalistischen Typs schafft, die am besten geeignet ist, die gegenwärtig zerrissene deutsche Einheit schließlich wieder herzustellen und die Rechte der beteiligten Länder schützt, eine angemessene Zentralinstanz schafft und Garantien der individuellen Rechte und Freiheiten enthält.

Wenn die Verfassung in der von der Verfassunggebenden Versammlung ausgearbeiteten Form mit diesen allgemeinen Grundsätzen nicht im Widerspruch steht, werden die Militärgouverneure ihre Vorlage zur Ratifizierung genehmigen. Die Verfassunggebende Versammlung wird daraufhin aufgelöst. Die Ratifizierung in jedem beteiligten Land erfolgt durch ein Referendum [...].

Dokument II. Ländergrenzen

Die Ministerpräsidenten sind ersucht, die Grenzen der einzelnen Länder zu überprüfen, um zu bestimmen, welche Änderungen sie etwa vorzuschlagen wünschen. Solche Änderungen sollten den überlieferten Formen Rechnung tragen und möglichst die Schaffung von Ländern vermeiden, die im Vergleich mit den anderen Ländern entweder zu groß oder zu klein sind. [...]

Dokument III. Besatzungsstatut

1. Die Militärgouverneure werden den deutschen Regierungen Befugnisse der Gesetzgebung, der Verwaltung und der Rechtsprechung gewähren und sich solche Zuständigkeiten vorbehalten, die nötig sind, um die Erfüllung des grundsätzlichen Zwecks der Besatzung sicherzustellen. Solche Zuständigkeiten sind diejenigen, welche nötig sind, um die Militärgouverneure in die Lage zu setzen:
a) Deutschlands auswärtige Beziehungen vorläufig wahrzunehmen und zu leiten;
b) Das Mindestmaß der notwendigen Kontrollen über den deutschen Außenhandel und über die innerpolitischen Richtlinien und Maßnahmen, die den Außenhandel nachteilig beeinflussen könnten, auszuüben, um zu gewährleisten, daß die Verpflichtungen, welche die Besatzungsmächte in Bezug auf Deutschland eingegangen sind, geachten werden, und daß die für Deutschland verfügbar gemachten Mittel zweckmäßig verwendet werden;
c) vereinbarte oder noch zu vereinbarende Kontrollen, wie z. B. in Bezug auf die Internationale Ruhrbehörde, Reparationen, Stand der Industrie, Dekartellisierung, Abrüstung und Entmilitarisierung und gewisse Formen wissenschaftlicher Forschung auszuüben;
d) das Ansehen der Besatzungsstreitkräfte zu schützen und sowohl ihre Sicherheit als auch die Befriedigung ihrer Bedürfnisse innerhalb bestimmter, zwischen den Militärgouverneuren vereinbarten Grenzen zu gewährleisten;
e) die Beachtung der von ihnen gebilligten Verfassungen zu sichern.
2. Die Militärgouverneure werden die Ausübung ihrer vollen Machtbefugnisse wieder aufnehmen, falls ein Notstand die Sicherheit bedroht und um nötigenfalls die Beachtung der Verfassungen und des Besatzungsstatuts zu sichern. [...]

Ursachen und Folgen, Bd. 26, S. 148ff.

85 Vier-Mächte-Abkommen über das Ende der Berlin-Blockade, 4. Mai 1949

[...] 1. Alle Einschränkungen, welche von der Sowjetregierung seit dem 1. März 1948 in bezug auf die Nachrichtenverbindungen, den Verkehr und den Handel zwischen Berlin und den Westzonen Deutschlands sowie zwischen der Ostzone und den Westzonen verfügt worden sind, werden am 12. Mai 1949 aufgehoben. 2. Alle Einschränkungen, welche seit dem 1. März 1948 von den Regierungen Frankreichs, Großbritanniens und der Vereinigten Staaten in bezug auf die Nachrichtenverbindungen, den Verkehr und den Handel zwischen Berlin und der Ostzone sowie zwischen den Westzonen und der Ostzone verfügt worden sind, werden ebenfalls am 12. Mai 1949 aufgehoben. 3. Elf Tage nach der Aufhebung dieser Einschränkungen, d. h. am 23. Mai 1949, wird sich der Rat der Außenminister in Paris versammeln, um die Deutschland betreffenden Fragen, die sich aus der Lage in Berlin ergebenden Probleme und die Währungsfrage in Berlin besprechen.

Siegler, Dokumentation, Bd. 1, S. 80 f.

86 Abg. Carlo Schmid (SPD) vor dem Parlamentarischen Rat, 8. Mai 1949

Durch die Abstimmung, die wir in wenigen Minuten wahrnehmen werden, wird ein Gesetz beschlossen, durch das zum ersten Mal seit dem Zusammenbruch sich die Deutschen über das Gebiet einzelner Länder hinaus eine Ordnung ihres staatlichen Lebens geben werden. Diese Ordnung wird der Bauriß für einen Notbau sein. Diese Ordnung wird nicht die Verfassung Deutschlands sein. Die Verfassung Deutschlands besteht vorderhand in nichts als in dem »Plebiszit eines jeden Tages«, das nach den Worten Ernest Renans die Nation vergegenwärtigt. Diese Verfassung besteht vorderhand in nichts denn in dem Bewußtsein eines gemeinsamen Schicksals, das die Deutschen bejahen, auch in dieser Zeit der Not und der Passion, in die unser Volk nicht ohne seine Schuld gekommen ist. Diese Verfassung besteht vorderhand in nichts anderem als in dem unerschütterlichen Willen aller Deutschen, trotz aller Schranken, die man zwischen ihnen aufgerichtet hat, sich als ein einziges Volk, als ein Staatsvolk zu fühlen.

Und diese Verfassung besteht vorderhand in nichts, als in der Entschlossenheit der Deutschen, diese Phase der Nachkriegsgeschichte erst mit dem Tage als abgeschlossen anzuerkennen, an dem die Einheit des deutschen Volkes ihren konstitutionellen Ausdruck in einer Verfassung gefunden hat, die aus dem freien Willen aller Deutschen hervorgegangen ist.

Dieser Notbau schafft kein politisch und im geschichtlichen Sinne selbständiges staatliches Gebilde. Um im Bilde zu sprechen: Es ist so, als ob man in einem zerstörten Hause drei oder vier Zimmer, aus denen dieses Haus besteht, einigermaßen bewohnbar gemacht habe; nur drei, weil höhere Gewalt es noch unmöglich macht, das vierte Zimmer anzurühren, und weil sie seine Bewohner zwingt, noch im Trümmerschutt zu hausen. Genau so wenig, wie dadurch das alte Haus gespalten wird, genau so wenig haben wir einen neuen Staat geschaffen. Wir haben nur einen Teil des Raumes unseres zerstörten Staatsgebildes umgebaut: das ist alles. Hier im Westen wird unter der Ordnung des Grundgesetzes Gesamtdeutschland gegenwärtig sein, wie es das im Osten auch in der Brust der dortigen Bevölkerung ist und immer sein wird, auch wenn man diese Menschen daran hindert, ihr Wollen zu verwirklichen.

Steno. Berichte Parlamentarischer Rat, 10. Sitzung, S. 199 ff.

VII. Bundesrepublik Deutschland und Deutsche Demokratische Republik bis zum Bau der Mauer

87 Grundgesetz für die Bundesrepublik Deutschland, 23. Mai 1949

Im Bewußtsein seiner Verantwortung vor Gott und den Menschen, von dem Willen beseelt, seine nationale und staatliche Einheit zu wahren und als gleichberechtigtes Glied in einem vereinten Europa dem Frieden der Welt zu dienen, hat das Deutsche Volk in den Ländern Baden, Bayern, Bremen, Hamburg, Hessen, Niedersachsen, Nordrhein-Westfalen, Rheinland-Pfalz, Schleswig-Holstein, Württemberg-Baden und Württemberg-Hohenzollern, um dem staatlichen Leben für eine Übergangszeit eine neue Ordnung zu geben, kraft seiner verfassungsgebenden Gewalt dieses Grundgesetz der Bundesrepublik Deutschland beschlossen. Es hat auch für jene Deutschen gehandelt, denen mitzuwirken versagt war. Das gesamte Deutsche Volk bleibt aufgefordert, in freier Selbstbestimmung die Einheit und Freiheit Deutschlands zu vollenden. [...]

Art. 23. Dieses Grundgesetz gilt zunächst im Gebiete der Länder Baden, Bayern, Bremen, Groß-Berlin, Hamburg, Hessen, Niedersachsen, Nordrhein-Westfalen, Rheinland-Pfalz, Schleswig-Holstein, Württemberg-Baden und Württemberg-Hohenzollern. In anderen Teilen Deutschlands ist es nach deren Beitritt in Kraft zu setzen.

Art. 146. Dieses Grundgesetz verliert seine Gültigkeit an dem Tage, an dem eine Verfassung in Kraft tritt, die von dem deutschen Volke in freier Entscheidung beschlossen worden ist. [...]

Bundesgesetzblatt 1949, S. 1 ff.

88 Statut der Alliierten Hohen Kommission in der Bundesrepublik Deutschland, 20. Juni 1949

Artikel I

1. Hiermit wird eine Alliierte Hohe Kommission (nachstehend die »Hohe Kommission« genannt) zur Ausübung der höchsten alliierten Machtbefugnisse in der Bundesrepublik Deutschland errichtet. Die Hohe Kommission wird von drei Hohen Kommissaren geleitet und jede der drei diese Charta unterzeichnenden Mächte bestimmt einen von ihnen.

2. Mit dem Tage des Inkrafttretens des Besatzungsstatuts werden alle Machtbefugnisse hinsichtlich der Kontrolle Deutschlands oder irgendwelcher deutscher Regierungsstellen, die den jeweiligen Oberbefehlshabern der Besatzungsstreitkräfte der Drei Mächte in Deutschland verliehen waren oder von ihnen ausgeübt wurden, ungeachtet ihrer Herleitung und Art der Ausübung, auf die drei Hohen Kommissare zur Ausübung im Einklang mit den Bestimmungen dieser Charta und des Besatzungsstatuts übertragen. [...]

Artikel II

1. Die Hohe Kommission hat, wie im Besatzungsstatut vorgesehen, die Bundesregierung und die Regierungen ihrer durch die Verfassung angegliederten Länder zu überwachen. In Ausübung der in besagtem Statut den Besatzungsbehörden vorbehaltenen Befugnisse trifft die Hohe Kommission ihre Entscheidungen im Einklang mit den Bestimmungen des »Agreement to Tripartite Controls« (Abkommen über Dreimächtekontrolle) zwischen den Drei Mächten vom 8. April 1949.

Siegler, Dokumentation, Bd. 1, S. 83 ff.

89 Besatzungsstatut der westlichen Siegermächte, 21. September 1949

[...] 1. Während der Zeitspanne, in der die Fortdauer der Besetzung notwendig ist, soll das deutsche Volk nach dem Wunsch und der Absicht der Regierungen Frankreichs, der Vereinigten Staaten und Großbritanniens im höchstmöglichen Maße, das sich mit einer solchen Besetzung verträgt, Selbstverwaltung genießen. Der Bundesstaat und die Länder, aus denen er sich zusammensetzt, sollen vorbehaltlich allein der in diesem Statut niedergelegten Beschränkungen, volle Legislative, Exekutive und Justizgewalt in Übereinstimmung mit dem Grundgesetz und ihren jeweiligen Länderverfassungen ausüben.
2. Um die Verwirklichung der grundlegenden Ziele der Beset-

zung gewährleisten zu können, sind Machtbefugnisse auf den folgenden Gebieten besonders vorbehalten [...]
a) Abrüstung und Entmilitarisierung [...].
b) Kontrollen in bezug auf die Ruhr, die Restitutionen und Reparationen und die Entflechtung, für die Verhinderung der Zusammenballung wirtschaftlicher Machtmittel und der diskriminierenden Behandlung auf dem Gebiet des Handels, in bezug auf Auslandsinteressen in Deutschland und Ansprüche gegen Deutschland.
c) Auswärtige Angelegenheiten [...].
d) Heimatlose Ausländer und die Aufnahme von Flüchtlingen.
e) Der Schutz, das Ansehen und die Sicherheit der alliierten Besatzungsstreitkräfte [...].
f) Achtung des Grundgesetzes und der Länderverfassungen.
g) Kontrolle über Außenhandel und Devisenverkehr.
h) Kontrolle über innere Angelegenheiten, jedoch nur in dem Mindestmaß, das notwendig ist, um die Verwendung von Geldmitteln, Lebensmitteln und anderen Versorgungsgütern derart zu gewährleisten, daß die Notwendigkeit auswärtiger Hilfe für Deutschland auf ein Minimum reduziert werden kann.
i) Kontrolle über die Fürsorge und Behandlung der von den Gerichtshöfen oder Tribunalen der Besatzungsmächte oder Besatzungsbehörden unter Anklage gestellten oder verurteilten Personen, die sich in deutschen Gefängnissen befinden [...].
3. [...] Die Besatzungsbehörden behalten sich jedoch das Recht vor, auf Anweisung ihrer Regierungen ganz oder zum Teil die Ausübung der vollen Gewalt wiederaufzunehmen, wenn diese Regierungen der Auffassung sind, daß dieses für die Sicherheit oder die Erhaltung der demokratischen Regierung in Deutschland oder in Wahrnehmung der internationalen Verpflichtungen ihrer Regierungen notwendig ist. [...]
4. Die deutsche Bundesregierung und die Länderregierungen sollen die Vollmacht haben, nach Verständigung mit den Besatzungsbehörden auf den Gebieten, die den Besatzungsbehörden vorbehalten sind, Gesetze zu erlassen und zu handeln, außer wenn die Besatzungsbehörden anderweitig besondere Anweisungen geben oder wenn solche gesetzgeberische Akte

oder solche Handlungen nicht mit den Beschlüssen oder Aktionen verträglich sind, die von den Besatzungsbehörden selbst ausgehen.
5. Jede Abänderung des Grundgesetzes wird der ausdrücklichen Zustimmung der Besatzungsbehörden bedürfen, bevor sie wirksam wird. [...]

Siegler, Dokumentation, S. 74 ff.

90 Wilhelm Pieck vor der gemeinsamen Sitzung der Provisorischen Volkskammer und der Provisorischen Länderkammer nach seiner Wahl zum Präsidenten der DDR, 11. Oktober 1949

[...] Es wird von der politischen Arbeit der fortschrittlichen demokratischen Kräfte in ganz Deutschland, die sich in der Nationalen Front des demokratischen Deutschlands zusammenfinden, abhängen, ob die westlichen Besatzungsmächte ihre Pläne bis zum Ende durchführen können, oder ob diese Pläne durch den gemeinsamen Kampf des deutschen Volkes zerschlagen werden.

In diesem Kampf wird die Gründung der Deutschen Demokratischen Republik, die Bildung einer souveränen deutschen Regierung in der deutschen Hauptstadt Berlin eine entscheidende Rolle spielen. Diese Regierung, die die Interessen des gesamten deutschen Volkes wahrnimmt und die Legitimation besitzt, für das ganze deutsche Volk zu sprechen, wird durch ihre Arbeit sich nicht nur das Vertrauen des Volkes erwerben, sondern auch zur Stärkung der Nationalen Front aller Deutschen beitragen und so den Kampf um den Frieden, um die nationale Einheit Deutschlands und die wirtschaftlichen Beziehungen zwischen Ost und West auf einer höheren Ebene fortsetzen und zum Siege führen.

Niemals wird die Spaltung Deutschlands, die Verewigung der militärischen Besetzung Westdeutschlands durch das Besatzungsstatut, die Losreißung des Ruhrgebiets aus dem deutschen Wirtschaftskörper von der Deutschen Demokratischen Republik anerkannt werden, und nicht eher werden wir ruhen, bis die widerrechtlich von Deutschland losgerissenen und dem Besatzungsstatut unterworfenen Teile Deutschlands mit dem deutschen Kerngebiet, mit der Deutschen Demokratischen Republik, in einem einheitlichen demokratischen Deutschland vereinigt sind. [...]

Dokumente zur Außenpolitik der Regierung der DDR, Bd. 1, Berlin (O) 1954, S. 15f.

91 Verfassung der Deutschen Demokratischen Republik, 7. Oktober 1949

Von dem Willen erfüllt, die Freiheit und die Rechte des Menschen zu verbürgen, das Gemeinschafts- und Wirtschaftsleben in sozialer Gerechtigkeit zu gestalten, dem gesellschaftlichen Fortschritt zu dienen, die Freundschaft mit allen Völkern zu fördern und den Frieden zu sichern, hat sich das deutsche Volk diese Verfassung gegeben.

Artikel 1

(1) Deutschland ist eine unteilbare demokratische Republik; sie baut sich auf den deutschen Ländern auf.

(2) Die Republik entscheidet alle Angelegenheiten, die für den Bestand und die Entwicklung des deutschen Volkes in seiner Gesamtheit wesentlich sind; alle übrigen Angelegenheiten werden von den Ländern selbständig entschieden.

(3) Die Entscheidungen der Republik werden grundsätzlich von den Ländern ausgeführt.

(4) Es gibt nur eine deutsche Staatsangehörigkeit.

Artikel 2

(1) Die Farben der Deutschen Demokratischen Republik sind Schwarz-Rot-Gold.

(2) Die Hauptstadt der Republik ist Berlin. [...]

Gesetzblatt der DDR 1949, S. 5ff.

92   Nationalhymne der DDR, 7. Oktober 1949

1. Auferstanden aus Ruinen
   Und der Zukunft zugewandt,
   Laß uns dir zum Guten dienen
   Deutschland, einig Vaterland.
   Alte Not gilt es zu zwingen,
   Und wir zwingen sie vereint,
   Denn es muß uns doch gelingen,
   Daß die Sonne schön wie nie
   Über Deutschland scheint.

2. Glück und Frieden sei beschieden
   Deutschland, unserm Vaterland!
   Alle Welt sehnt sich nach Frieden,
   Reicht den Völkern eure Hand.
   Wenn wir brüderlich uns einen,
   Schlagen wir des Volkes Feind.
   Laßt das Licht des Friedens scheinen,
   Daß nie eine Mutter mehr
   Ihren Sohn beweint.

3. Laßt uns pflügen, laßt uns bauen,
   Lernt und schafft wie nie zuvor!
   Und der eignen Kraft vertrauend,
   Steigt ein frei Geschlecht empor.
   Deutsche Jugend, bestes Streben
   Unseres Volks in dir vereint,
   Wirst du Deutschlands neues Leben.
   Und die Sonne schön wie nie
   Über Deutschland scheint.

Ursachen und Folgen, Bd. 26, S. 537.

93   Erklärung der Bundesregierung vom 21. Oktober 1949

Entgegen dem Potsdamer Abkommen vom 2. August 1945, in dem beschlossen wurde, Deutschland während der Besetzungszeit als eine politische und wirtschaftliche Einheit zu betrachten, trat schon sehr bald eine verschiedene Auffassung über die Deutschland gegenüber zu beobachtende Haltung unter den Alliierten zutage. In der Sowjetzone wurden schon im Jahre 1945 im Gegensatz zu den drei anderen Zonen Zentralverwaltungen eingerichtet, die den unverkennbaren Zweck hatten, die ganze sowjetische Zone staatlich einheitlich zu organisieren. Diese Bestrebungen wurden aufs nachdrücklichste gefördert durch die am 12. Juni 1947 erfolgte Bildung einer Wirtschaftskommission. Die wirtschaftliche und die politische Trennung der Sowjetzone von dem übrigen Deutschland wurde weiter gefördert durch die Einsetzung des sogenannten Ersten Volkskongresses am 6. Dezember 1947, die Einberufung des Zweiten Volkskongresses am 18. März 1948, die Schaffung eines Volksrates am gleichen Tag, die Erteilung des Auftrages an den Volksrat, eine Verfassung auszuarbeiten, und schließlich durch die Verabschiedung dieser Verfassung durch den Volksrat am 19. März 1949.

Diese Volkskongresse sind nicht aus Wahlen, das heißt aus freien Wahlen, an denen sich jeder hätte frei beteiligen können, hervorgegangen. Für den Dritten Volkskongreß durfte nur eine Einheitsliste aufgestellt werden. Die in der vom Volksrat beschlossenen Verfassung vom 19. März 1949 vorgesehenen Wahlen für eine Volkskammer wurden nicht abgehalten. Der Volksrat etablierte sich am 7. Oktober 1949 im Widerspruch mit der von ihm selbst beschlossenen Verfassung als provisorische Volkskammer. Gleichzeitig wurde erklärt, daß Wahlen, die schon mehrfach in Aussicht gestellt waren, bis zum 15. Oktober 1950 verschoben würden. Nach dem völligen Zusammenbruch aller staatlichen Organisationen in Deutschland mit der bedingungslosen Kapitulation kann aber eine Organisation in Deutschland nur dann den Anspruch darauf erheben, ein legitimer Staat zu sein, wenn sie auf dem freien Willen der Bevölkerung beruht.

Es wird niemand behaupten können, daß die nunmehr geschaffene Organisation der Sowjetzone auf dem freien Willen der Bevölkerung dieser Zone beruht. Sie ist zustande gekommen auf Befehl Sowjetrußlands und unter Mitwirkung einer kleinen Minderheit ihm ergebener Deutscher.

Im Gegensatz zu der Sowjetzone trat in den drei Westzonen bei den westlichen Alliierten das Bestreben, eine einheitliche staatliche Organisation für diese drei Zonen zu schaffen, erst auf der

183

Londoner Konferenz der sechs Mächte – England, Frankreich, USA, Beneluxstaaten –, die vom Februar bis Juni 1948 abgehalten wurde, zutage. Dieses Bestreben zeigte sich also erst, als die Entwicklung in der Ostzone, die ich eben geschildert habe, schon weit fortgeschritten war, als der Erste und der Zweite Volkskongreß und der Volksrat schon geschaffen waren. Auf Grund der Empfehlungen der Londoner Konferenz wurde der Parlamentarische Rat zum 1. September 1948 einberufen. Das von ihm beschlossene Grundgesetz trat nach der Ratifizierung durch die Landtage am 23. Mai 1949 in Kraft.

Die Wahlen zum ersten Bundestag wurden am 14. August 1949 abgehalten. An ihnen beteiligten sich rund 25 Millionen von 31 Millionen stimmberechtigter Deutscher. Nur die 1,5 Millionen kommunistischer Stimmen, die abgegeben wurden, kann man als gegen die staatliche Neuordnung abgegeben bezeichnen, so daß rund 23 Millionen Wähler bei dieser Wahl bestätigten, daß sie die staatliche Neuordnung der drei Westzonen, die Schaffung der Bundesrepublik Deutschland billigten.

Ich stellte folgendes fest. In der Sowjetzone gibt es keinen freien Willen der deutschen Bevölkerung. Das, was jetzt dort geschieht, wird nicht von der Bevölkerung getragen und damit legitimiert. Die Bundesrepublik Deutschland stützt sich dagegen auf die Anerkennung durch den frei bekundeten Willen von rund 23 Millionen stimmberechtigter Deutscher. Die Bundesrepublik Deutschland ist somit bis zur Erreichung der deutschen Einheit insgesamt die alleinige legitimierte staatliche Organisation des deutschen Volkes. Hieraus ergeben sich innerpolitische und außenpolitische Folgerungen, die ich im einzelnen wiederzugeben, mir heute versagen muß.

Die Bundesrepublik Deutschland fühlt sich auch verantwortlich für das Schicksal der 18 Millionen Deutscher, die in der Sowjetzone leben. Sie versichert sie ihrer Treue und ihrer Sorge. Die Bundesrepublik Deutschland ist allein befugt, für das deutsche Volk zu sprechen. Sie erkennt Erklärungen der Sowjetzone nicht als verbindlich für das deutsche Volk an.

Steno. Berichte 1. BT, Bd. 1, 13. Sitzung, S. 307 ff.

94 Schreiben des Ministerpräsidenten der DDR, Otto Grotewohl, an Konrad Adenauer, 30. November 1950

Durch die Spaltung Deutschlands wurde ein nationaler Notstand herbeigeführt, der durch die Remilitarisierung und Einbeziehung Westdeutschlands in die Pläne der Kriegsvorbereitungen verschärft wurde. Das deutsche Volk ist tief beunruhigt über die Bedrohung seiner nationalen Interessen durch die imperialistischen Kräfte.

Angesichts dieser Lage ist die Erhaltung des Friedens, der Abschluß eines Friedensvertrages sowie die Wiederherstellung der Einheit Deutschlands vor allem von der Verständigung der Deutschen selbst abhängig. Wir halten eine solche Verständigung für möglich, da das ganze deutsche Volk eine friedliche Regelung wünscht. Es würde den Wünschen aller friedliebenden Deutschen entsprechen, wenn ein Gesamtdeutscher Konstituierender Rat unter paritätischer Zusammensetzung aus Vertretern Ost- und Westdeutschlands gebildet würde, der die Bildung einer gesamtdeutschen souveränen demokratischen und friedliebenden provisorischen Regierung vorzubereiten hätte und den Regierungen der UdSSR, USA, Großbritanniens und Frankreichs die entsprechenden Vorschläge zur gemeinsamen Bestätigung unterbreiten würde. Gleichzeitig würde er die genannten Regierungen bis zur Bildung einer gesamtdeutschen Regierung bei der Ausarbeitung des Friedensvertrages konsultieren. Über diesen Vorschlag kann unter Umständen eine Befragung des deutschen Volkes durchgeführt werden.

Wir glauben, daß der Gesamtdeutsche Konstituierende Rat die Vorbereitung der Bedingungen zur Durchführung freier gesamtdeutscher Wahlen für eine Nationalversammlung übernehmen könnte. So würde die Bildung eines Gesamtdeutschen Konstituierenden Rates sofort die Voraussetzung für die unverzügliche Aufnahme der Beratungen zum Abschluß eines Friedensvertrages schaffen, und gleichzeitig könnte der Rat die Vorbereitungen zur Regierungsbildung treffen.

Die Regierung der Deutschen Demokratischen Republik ist bereit, im Geiste ehrlicher Verständigung über alle Fragen zu verhandeln, die mit der Bildung und den Aufgaben eines Gesamtdeutschen Konstituierenden Rates verbunden sind.

Breite Kreise der Bevölkerung in Ost- und Westdeutschland sind der Meinung, daß der nächste Schritt zur Lösung der nationalen Lebensfragen unseres Volkes darin bestehen müßte, den vier Besatzungsmächten einen gemeinsamen deutschen Vorschlag zu unterbreiten. Von diesem Willen der friedliebenden Bevölkerung ausgehend, unterbreitet die Regierung der Deutschen Demokratischen Republik der Regierung der Bundesrepublik den Vorschlag, Besprechungen über die Bildung eines Gesamtdeutschen Konstituierenden Rates zwischen den beiden Regierungen aufzunehmen. Wir schlagen vor, daß dazu von jeder Regierung sechs Vertreter ernannt werden. Über Ort und Zeit könnte zwischen den Staatssekretären der Ministerpräsidenten eine Verständigung erfolgen.

Aktenstücke zur Beurteilung des Grotewohlbriefes, Bonn 1951, S. 63f.

95 Bertolt Brecht: Kinderhymne, 1950

> Anmut sparet nicht noch Mühe
> Leidenschaft nicht noch Verstand
> Daß ein gutes Deutschland blühe
> Wie ein andres gutes Land.
>
> Daß die Völker nicht erbleichen
> Wie vor einer Räuberin
> Sondern ihre Hände reichen
> Uns wie andern Völkern hin.
>
> Und nicht über und nicht unter
> Andern Völkern wolln wir sein
> Von der See bis zu den Alpen
> Von der Oder bis zum Rhein.
>
> Und weil wir dies Land verbessern
> Leben und beschirmen wir's.
> Und das liebste mag's uns scheinen
> So wie andern Völkern ihrs.

Bertolt Brecht, Gesammelte Werke, Bd. 4, Frankfurt 1967, S. 977f. (© Suhrkamp Verlag, Frankfurt).

96 Abkommen zwischen der DDR und der Republik Polen über die Markierung der festgelegten und bestehenden deutsch-polnischen Staatsgrenze, 6. Juli 1950

Artikel 1

Die Hohen Vertragschließenden Parteien stellen übereinstimmend fest, daß die festgelegte und bestehende Grenze, die von der Ostsee entlang die Linie westlich von der Ortschaft Swinoujscie und von dort entlang den Fluß Oder bis zur Einmündung der Lausitzer Neiße und die Lausitzer Neiße entlang bis zur tschechoslowakischen Grenze verläuft, die Staatsgrenze zwischen Deutschland und Polen bildet. [...]

Dokumente zur Außenpolitik der Regierung der DDR, Bd. 1, Berlin 1954, S. 342.

97 Erklärung des Bundestages, 9. März 1951

[...] Das deutsche Volk bekennt sich zu den unveräußerlichen und unverzichtbaren Grundsätzen der Menschheit und der Menschlichkeit. Aus den bitteren Erfahrungen der Vergangenheit und angesichts der weiterbestehenden totalitären Bedrohungen in der Welt hat sich das deutsche Volk eindeutig für die freiheitliche Ordnung des Staates und gegen jeden totalitären Zwang entschieden.

Freiheitliche Ordnung kann nur im Frieden mit allen Völkern gedeihen. Wir wollen diesen Frieden. Wir lehnen den Krieg und jede Kriegsvorbereitung ab. Wir wollen aber keinen Scheinfrieden, mit dem der Kommunismus seine Angriffsabsichten und Unterdrückungen verschleiert und die Welt in dauernder Unrast und Spannung hält.

Ein dauerhafter Frieden kann nur geschaffen werden, wenn es gelingt, die Ursache der Spannungen, die die Welt belasten, zu beseitigen. Wir begrüßen daher die von den Westmächten erklärte Absicht, daß die Prüfung dieser Spannungen und der Möglichkeiten zur Herbeiführung wirklicher und dauernder Verbesserungen in den Beziehungen zwischen den Mächten zum ersten Gegenstand der geplanten Konferenz der Außenminister gemacht werden soll.

Eine wesentliche Ursache für die Störung der europäischen Ordnung und damit des Weltfriedens liegt in der Spaltung Deutschlands. Die Überwindung dieser Spaltung dient dem Frieden. In diesem Geiste bekundet der Deutsche Bundestag seinen Willen, die staatliche Einheit des deutschen Volkes als unverzichtbares nationales Recht zu verwirklichen.

Grundlage dieser Einheit ist der Aufbau des Rechtsstaates in freier Selbstbestimmung, der jedem Einwohner Deutschlands die volle persönliche staatsbürgerliche Freiheit und Gleichheit sichert. Wir wollen, daß ganz Deutschland ein Rechtsstaat ist, in dem freie Menschen ohne Furcht in Verantwortlichkeit füreinander leben, kein Zwangsstaat einer alleinherrschenden Partei mit ihrem politischen, wirtschaftlichen und geistigen Terror.

Der Deutsche Bundestag, als das frei gewählte Parlament der Bundesrepublik Deutschland, fordert die Bundesregierung auf, den vier Besatzungsmächten zugleich im Namen derjenigen Deutschen, denen bis jetzt das Recht der freien Wahl versagt ist, als dringendes Anliegen des ganzen deutschen Volkes das Ersuchen zu unterbreiten:

1. Die Viermächtekonferenz möge die Voraussetzungen dafür schaffen, daß so bald wie möglich freie, allgemeine, gleiche, geheime und direkte Wahlen zu einem Parlament für ganz Deutschland durchgeführt werden können.
2. Die Durchführung dieser Wahlen unter gleichen Bedingungen in allen Zonen setzt voraus, daß durch internationale Sicherungsmaßnahmen vor, während und nach den Wahlen die volle persönliche und staatsbürgerliche Freiheit und Gleichheit für alle Personen und politischen Parteien rechtlich und tatsächlich gewährleistet wird.
3. Das aus solchen Wahlen hervorgegangene Parlament hat als echte Volksvertretung allein die Vollmachten einer verfassungs- und gesetzgebenden Versammlung. Es ist allein befugt, eine Regierung zu bilden und zu kontrollieren.
4. Die so gebildete Regierungsgewalt muß durch geeignete Vorkehrungen gegen unbefugte und rechtswidrige Eingriffe wirksam geschützt werden.

Der Bundestag fordert die Bundesregierung auf, die Regierungen der Besatzungsmächte zu ersuchen, die Bundesregierung über alle Deutschland berührenden Fragen, die sich im Zusammenhang mit der Viermächtekonferenz ergeben, vollständig zu informieren, zu konsultieren und keinen Deutschland berührenden Beschluß ohne Zustimmung des deutschen Volkes zu fassen.

Der Bundestag stimmt den Darlegungen der Regierungserklärung zu und ersucht die Regierung, die Verwirklichung der aufgestellten Forderungen nachdrücklich zu betreiben.

Der deutsche Bundestag will dem Ziel der Wiedervereinigung Deutschlands mit allen Kräften dienen. Mit diesem Gelöbnis grüßen wir alle Deutschen. Wir begrüßen besonders die Deutschen in den Ländern der sowjetischen Besatzungszone und in Berlin. Wir sind mit ihnen untrennbar verbunden und erstreben wie sie den gemeinsamen Staat, in dem wir in Freiheit und sozialer Gerechtigkeit zusammenleben. So werden wir als gleichberechtigtes Glied in einem freien und vereinten Europa dem Frieden der Welt dienen.

Steno. Berichte 1. BT., Bd. 6, 125. Sitzung, S. 4779 B f.

98 Konrad Adenauer vor dem Bundestag, 7. Februar 1952

[...] Ich glaube, niemandem in der Welt als uns Deutschen, die wir ja doch dem Gefahrenherd am nächsten liegen, wäre es willkommener, wenn Sowjetrußland nun ehrlich sagte: Wir wollen zu Frieden und zu Verständigung kommen!

Aber die Rolle, die Sowjetrußland jetzt wieder in der UNO gespielt hat, als es sich darum handelte, gesamtdeutsche Wahlen herbeizuführen, hat doch – und Sie alle haben gestern dieser Auffassung zugestimmt – klar und überzeugend gezeigt, daß Sowjetrußland den Frieden in der Welt nicht will und daß, wenn wir im Verein mit den anderen westeuropäischen Staaten nicht einen Damm des Friedens bauen, der Friede nicht erhalten bleiben wird.

Wir, meine Damen und Herren, wollen den Frieden. Wir wollen den Frieden und die Freiheit! Wir wollen keine Knechtschaft und keine Sklaverei; wir wollen Frieden und Freiheit für uns und für Gesamtdeutschland.

Nach meiner festen Überzeugung, nach der Überzeugung eines jeden Deutschen, der die Dinge unvoreingenommen betrachtet, gibt es vor dieser konsequent fortgeführten Politik des totalitären Sowjetrußlands nur eine Rettung für uns alle: uns so stark zu machen, daß Sowjetrußland erkennt: ein Angriff darauf ist ein großes Risiko für Sowjetrußland selbst.

Das ist das Ziel des Ganzen; das ist unsere Absicht, das wollen wir mit der europäischen Verteidigungsgemeinschaft. Das wollen wir mit der Verbindung, mit dem späteren Eintritt in den Atlantikpakt.

Wir wollen endlich Ruhe und Frieden haben vor dem Drang und den Angriffen aus dem Osten.

Ich bitte Sie, davon überzeugt zu sein – ich sage das mit allem Nachdruck, mit allem Ernst und mit dem Bewußtsein meiner ganzen Verantwortung –, daß wir nichts anderes wollen als den Frieden erhalten, einen wahren Frieden und eine wahre Freiheit und die Wiedervereinigung Deutschlands in Frieden und Freiheit.

Steno. Berichte 1. BT, Bd. 10, 190. Sitzung, S. 8095 D.

99 Rede Kurt Schumachers im Bayerischen Rundfunk, 11. Juni 1952

Bei dem Kampf um das Vertragssystem des Generalvertrages, der Zusatzverträge und der europäischen Verteidigungsgemeinschaft wird die wirkliche Verfassung der Bundesrepublik geschaffen, die viel stärker als das Grundgesetz die tatsächlichen Machtverhältnisse ausdrückt und auch ausnützt.

Das Grundgesetz hat einen von den Alliierten im Londoner Abkommen betonten provisorischen Charakter. Dieser Charakter des Provisorischen geht jetzt durch das Vertragswerk verloren, und die definitiven Momente in den Verträgen sind gerade die Gefährdung der deutschen Einheit und der deutschen Entwicklung. Der Kampf um die Außenpolitik ist zur gleichen Zeit auch der Kampf um die Innenpolitik und um den sozialen Inhalt des demokratischen Staatswesens Bundesrepublik. Denn die Außenpolitik bestimmt die Grenzen der Möglichkeiten, die uns für die Wirtschaftspolitik und besonders die Sozialpolitik bleiben. [...]

Gegenüber den propagandistischen Formeln von der gleichberechtigten Partnerschaft der Deutschen im Generalvertrag und EVG-Vertrag muß festgestellt werden, daß das ganze Vertragswerk im Grunde genommen das einseitige Besatzungsrecht nur

insoweit sachlich verändert, als es geboten erscheint, der Bundesrepublik die ihr zugedachten und ihr auferlegten Leistungen im Rahmen der sogenannten Verteidigungsgemeinschaft möglich zu machen. [...]
Schon der Schuman-Plan hat allen Vertragspartnern das Recht gegeben, die deutsche Wiedervereinigung nach ihrem einzelnen nationalen Willen zu vereiteln. Jetzt ist die Frage der deutschen Einheit in die Hand der Alliierten gegeben.
Zu den Leistungen, die das deutsche Volk in dieses Vertragssystem einzubringen hat, gehört auch der Verzicht auf die Entscheidung über seine nationale Hauptfrage: die deutsche Wiedervereinigung. Erst das vereinigte ganze deutsche Volk kann darüber verbindlich entscheiden, wie es den Aufbau seiner Politik, seiner Wirtschaft und seine Stellung in der internationalen Politik gestalten will. Vorentscheidungen von Teilen des Volkes im Osten oder im Westen sind nur eine Erschwerung für das Zustandekommen der Einheit. [...]
Ein internationaler Vertrag, dem die Sozialdemokratie zustimmen könnte, ist nur möglich auf der Grundlage der tatsächlichen Gleichberechtigung und Gleichwertigkeit und der garantierten Möglichkeit für die Wiedervereinigung des deutschen Volkes. [...]

Kurt Schumacher. Reden – Schriften – Korrespondenzen, 1945–1952, hg. v. Willy Albrecht, Berlin/Bonn 1985, S. 905 ff.

100 Sowjetische Note mit Entwurf eines Friedensvertrages, 10. März 1952

[...] *Die Teilnehmer:* Großbritannien, die Sowjetunion, die USA, Frankreich, Polen, die Tschechoslowakei, Belgien, Holland und die anderen Staaten, die sich mit ihren Streitkräften am Krieg gegen Deutschland beteiligt haben.
Politische Leitsätze: 1. Deutschland wird als einheitlicher Staat wiederhergestellt. Damit wird der Spaltung Deutschlands ein Ende gemacht, und das geeinte Deutschland gewinnt die Möglichkeit, sich als unabhängiger, demokratischer, friedliebender Staat zu entwickeln.
2. Sämtliche Streitkräfte der Besatzungsmächte müssen späte-

stens ein Jahr nach Inkrafttreten des Friedensvertrages aus Deutschland abgezogen werden. Gleichzeitig werden sämtliche ausländische Militärstützpunkte auf dem Territorium Deutschlands liquidiert.

3. Dem deutschen Volk müssen die demokratischen Rechte gewährleistet sein, damit alle unter deutscher Rechtssprechung stehenden Personen ohne Unterschied der Rasse, des Geschlechts, der Sprache oder der Religion die Menschenrechte und die Grundfreiheiten genießen, einschließlich der Redefreiheit, der Pressefreiheit, des Rechts der freien Religionsausübung, der Freiheit der politischen Überzeugung und der Versammlungsfreiheit.

4. In Deutschland muß den demokratischen Parteien und Organisationen freie Betätigung gewährleistet sein, sie müssen das Recht haben, über ihre inneren Angelegenheiten frei zu entscheiden, Tagungen und Versammlungen abzuhalten, Presse- und Publikationsfreiheit zu genießen.

5. Auf dem Territorium Deutschlands dürfen Organisationen, die der Demokratie und der Sache der Erhaltung des Friedens feindlich sind, nicht bestehen.

6. Allen ehemaligen Angehörigen der deutschen Armee, einschließlich der Offiziere und Generale, allen ehemaligen Nazis, mit Ausnahme derer, die nach Gerichtsurteil eine Strafe für die von ihnen begangenen Verbrechen verbüßen, müssen die gleichen bürgerlichen und politischen Rechte wie allen anderen deutschen Bürgern gewährt werden zur Teilnahme am Aufbau eines friedliebenden und demokratischen Deutschlands.

7. Deutschland verpflichtet sich, keinerlei Koalition oder Militärbündnisse einzugehen, die sich gegen irgendeinen Staat richten, der mit seinen Streitkräften am Krieg gegen Deutschland teilgenommen hat.

Das Territorium: Das Territorium Deutschlands ist durch die Grenzen bestimmt, die durch die Beschlüsse der Potsdamer Konferenz der Großmächte festgelegt wurden.

Wirtschaftliche Leitsätze: Deutschland werden für die Entwicklung seiner Friedenswirtschaft, die der Hebung des Wohlstandes des deutschen Volkes dienen soll, keinerlei Beschränkungen auferlegt. Deutschland werden auch keinerlei Beschränkungen in bezug auf den Handel mit anderen Ländern, die Seeschiffahrt und den Zutritt zu den Weltmärkten auferlegt.

Militärische Leitsätze: 1. Es wird Deutschland gestattet sein, eigene nationale Streitkräfte (Land-, Luft- und Seestreitkräfte) zu besitzen, die für die Verteidigung des Landes notwendig sind.

2. Deutschland wird die Erzeugung von Kriegsmaterial und -ausrüstung gestattet werden, deren Menge oder Typen nicht über die Grenzen dessen hinausgehen dürfen, was für die Streitkräfte erforderlich ist, die für Deutschland durch den Friedensvertrag festgesetzt sind.

Deutschland und die Organisation der Vereinten Nationen: Die Staaten, die den Friedensvertrag mit Deutschland abgeschlossen haben, werden das Ersuchen Deutschlands um Aufnahme in die Organisation der Vereinten Nationen unterstützen.

Siegler, Dokumentation, Bd. 1, S. 139f.

101 Amerikanische Antwortnote*, 25. März 1952

1. Die Regierung der Vereinigten Staaten hat die Note der Sowjetregierung vom 10. März, in der der Abschluß eines Friedensvertrages mit Deutschland vorgeschlagen wurde, in Beratung mit den Regierungen Großbritanniens und Frankreichs auf das sorgfältigste erwogen. Die Regierungen der Vereinigten Staaten, Großbritanniens und Frankreichs haben ferner die Regierung der Bundesrepublik und Vertreter Berlins zu Rate gezogen.

2. Der Abschluß eines gerechten und dauerhaften Friedensvertrages, der die Teilung Deutschlands beendet, ist stets ein wesentliches Ziel der amerikanischen Regierung gewesen und wird es bleiben. Der Abschluß eines derartigen Friedensvertrages macht, wie die Sowjetregierung selbst anerkennt, die Bildung einer gesamtdeutschen Regierung erforderlich, die den Willen des deutschen Volkes zum Ausdruck bringt. Eine derartige Regierung kann nur auf der Grundlage freier Wahlen in der Bundesrepublik, der sowjetischen Besatzungszone und in Berlin geschaffen werden. Derartige Wahlen können nur unter Verhältnissen stattfinden, die die nationalen und individuellen Freiheiten des deutschen

---

* Die französische und die britische Regierung stellten der Sowjetunion gleichlautende Noten zu.

Volkes gewährleisten. Die Vollversammlung der Vereinten Nationen hat zur Prüfung der Frage, ob diese erste wesentliche Voraussetzung gegeben ist, eine Kommission ernannt, die eine gleichzeitige Untersuchung in der Bundesrepublik, der Sowjetzone und in Berlin durchführen soll. Dieser Untersuchungskommission ist in der Bundesrepublik und in West-Berlin die erforderliche Unterstützung zugesichert worden. Die amerikanische Regierung würde die Mitteilung zu schätzen wissen, daß eine derartige Unterstützung auch in der Sowjetzone und in Ost-Berlin vorhanden sein wird, damit die Kommission ihre Aufgabe durchzuführen vermag.

3. Die Vorschläge der sowjetischen Regierung geben keinen Hinweis auf die internationale Stellung einer gesamtdeutschen Regierung vor dem Abschluß eines deutschen Friedensvertrages. Die amerikanische Regierung ist der Ansicht, daß es der gesamtdeutschen Regierung sowohl vor wie nach Abschluß eines Friedensvertrages freistehen sollte, Bündnisse einzugehen, die mit den Grundsätzen und Zielen der Vereinten Nationen in Einklang stehen.

4. Mit der Unterbreitung ihrer Vorschläge für einen deutschen Friedensvertrag verlieh die Sowjetregierung ihrer Bereitschaft Ausdruck, auch weitere Vorschläge zu erörtern. Die US-Regierung hat von dieser Erklärung Kenntnis genommen. Nach ihrer Ansicht wird es nicht möglich sein, sich auf ins einzelne gehende Diskussionen über einen Friedensvertrag einzulassen, bis die Voraussetzungen für freie Wahlen geschaffen sind und eine freie gesamtdeutsche Regierung gebildet worden ist, die an derartigen Erörterungen teilnehmen könnte. Es bestehen verschiedene grundsätzliche Fragen, die gleichfalls gelöst werden müßten.

5. So stellt die amerikanische Regierung fest, daß die sowjetische Regierung erklärt, das deutsche Hoheitsgebiet werde durch die Grenzen bestimmt, die durch die Entscheidungen der Potsdamer Konferenz festgelegt wurden. Die amerikanische Regierung möchte daran erinnern, daß in Wirklichkeit keine endgültigen deutschen Grenzen in den Potsdamer Entscheidungen festgelegt wurden, die eindeutig vorsehen, daß die endgültige Entscheidung territorialer Fragen einer Friedensregelung vorbehalten bleiben muß.

6. Die amerikanische Regierung stellt ferner fest, daß die sowjetische Regierung gegenwärtig der Auffassung ist, der Friedens-

vertrag solle die Aufstellung nationaler deutscher Land-, Luft- und Seestreitkräfte vorsehen, während gleichzeitig die Freiheit Deutschlands, Bündnisse mit anderen Ländern abzuschließen, eingeschränkt wird. Die amerikanische Regierung ist der Ansicht, daß derartige Bestimmungen einen Schritt zurück bedeuten und den Anbruch einer neuen Epoche in Europa gefährden könnten, in der sich internationale Beziehungen auf Zusammenarbeit und nicht auf Rivalität und Mißtrauen aufbauen. Von der Notwendigkeit einer Politik der europäischen Einheit überzeugt, gibt die amerikanische Regierung Plänen ihre volle Unterstützung, die die Beteiligung Deutschlands an einer rein defensiven europäischen Gemeinschaft sichern, die Freiheit wahren, eine Aggression verhüten und das Wiederaufleben des Militarismus ausschließen sollen. Die amerikanische Regierung ist der Auffassung, daß der Vorschlag der sowjetischen Regierung zur Aufstellung nationaler deutscher Streitkräfte mit der Erreichung dieser Ziele nicht zu vereinbaren ist. Die amerikanische Regierung ist weiterhin überzeugt, daß diese Politik der europäischen Einheit die Interessen irgendeines anderen Landes nicht bedrohen kann und den wahren Weg zum Frieden darstellt.

Siegler, Dokumentation, Bd. 1, S. 140 ff.

102 Entschließung des Deutschen Bundestages, 3. April 1952

Der Bundestag erklärt erneut in Übereinstimmung mit der Erklärung der Bundesregierung vom 27. September 1951 die Wiederherstellung der deutschen Einheit in einem freien und geeinten Europa als das oberste Ziel der deutschen Politik.

Der Bundestag erblickt in dem Notenaustausch zwischen der Sowjetunion und den drei Westmächten vom 10./25. März 1952 einen wichtigen Beitrag zur Klärung der Voraussetzungen für die Verwirklichung dieses Zieles und eine Bestätigung der Zweckmäßigkeit der Bemühungen der Bundesregierung zur Wiederherstellung eines gesamtdeutschen, demokratischen Rechtsstaates. Der Bundestag ersucht die Bundesregierung, erneut bei den Besatzungsmächten darauf hinzuwirken, daß freie Wahlen zu einer gesamtdeutschen Nationalversammlung unter Zugrundelegung der vom Bundestag am 6. Februar 1952 gebilligten Wahlordnung und unter internationaler Garantie durchgeführt werden und daß für die auf Grund dieser Wahlen zu bildenden Staatsorgane innen- und außenpolitische Entscheidungsfreiheit sichergestellt wird.

Der Bundestag gibt der Erwartung Ausdruck, daß die Verhandlungen der Bundesregierung mit den westlichen Besatzungsmächten über die Ablösung des Besatzungsstatuts und über den Sicherheitspakt fortgesetzt und die Ergebnisse dem Bundestag zugeleitet werden. [...]

Steno. Berichte 1. BT, Bd. 11, 204. Sitzung, S. 8799C; Anlagen, Bd. 16, Ds 3277.

103 Vertrag über die Beziehungen zwischen der Bundesrepublik Deutschland und den Drei Mächten (General- oder Deutschlandvertrag), 26. Mai 1952, in der Fassung vom 23. Oktober 1954

[...] *Art. 1.* (1) Mit dem Inkrafttreten dieses Vertrages werden die Vereinigten Staaten von Amerika, das Vereinigte Königreich von Großbritannien und Nordirland und die Französische Republik (in diesem Vertrag und in den Zusatzverträgen auch als »Drei Mächte« bezeichnet) das Besatzungsregime in der Bundesrepublik beenden, das Besatzungsstatut aufheben und die Alliierte Hohe Kommission sowie die Dienststellen der Landeskommissare in der Bundesrepublik auflösen.

(2) Die Bundesrepublik wird demgemäß die volle Macht eines souveränen Staates über ihre inneren und äußeren Angelegenheiten haben.

Art. 2. Im Hinblick auf die internationale Lage, die bisher die Wiedervereinigung Deutschlands und den Abschluß eines Friedensvertrages verhindert hat, behalten die Drei Mächte die bisher von ihnen ausgeübten oder innegehabten Rechte und Verantwortlichkeiten in bezug auf Berlin und auf Deutschland als Ganzes einschließlich der Wiedervereinigung Deutschlands und einer friedensvertraglichen Regelung. Die von den Drei Mächten beibehaltenen Rechte und Verantwortlichkeiten in bezug auf die Stationierung von Streitkräften in Deutschland und der Schutz der

Sicherheit dieser Streitkräfte bestimmen sich nach den Artikeln 4 und 5 dieses Vertrages. [...]

Art. 7. (1) Die Unterzeichnerstaaten sind darüber einig, daß ein wesentliches Ziel ihrer gemeinsamen Politik eine zwischen Deutschland und seinen ehemaligen Gegnern frei vereinbarte friedensvertragliche Regelung für ganz Deutschland ist, welche die Grundlage für einen dauerhaften Frieden bilden soll. Sie sind weiterhin darüber einig, daß die endgültige Festlegung der Grenzen Deutschlands bis zu dieser Regelung aufgeschoben werden muß.

(2) Bis zum Abschluß der friedensvertraglichen Regelung werden die Unterzeichnerstaaten zusammenwirken, um mit friedlichen Mitteln ihr gemeinsames Ziel zu verwirklichen: Ein wiedervereinigtes Deutschland, das eine freiheitlich-demokratische Verfassung, ähnlich wie die Bundesrepublik, besitzt und das in die europäische Gemeinschaft integriert ist. [...]

(4) Die Drei Mächte werden die Bundesrepublik in allen Angelegenheiten konsultieren, welche die Ausübung ihrer Rechte in bezug auf Deutschland als Ganzes berühren. [...]

Bundesgesetzblatt 1955 II, S. 305.

104 Telegramm des Streikkomitees Bitterfeld an die »sogenannte Deutsche Demokratische Regierung«, 17. Juni 1953

An die sogenannte Deutsche Demokratische Regierung, Berlin-Pankow.

Wir Werktätigen des Kreises Bitterfeld fordern von Ihnen:
1. Rücktritt der sogenannten Deutschen Demokratischen Regierung, die sich durch Wahlmanöver an die Macht gebracht hat,
2. Bildung einer provisorischen Regierung aus den fortschrittlichen Werktätigen,
3. Zulassung sämtlicher großen demokratischen Parteien Westdeutschlands,
4. freie, geheime, direkte Wahlen in vier Monaten,
5. Freilassung sämtlicher politischen Gefangenen (direkt politischer, sogenannter »Wirtschaftsverbrecher« und konfessionell Verfolgter),

6. sofortige Abschaffung der Zonengrenzen und Zurückziehung der Vopo,
7. sofortige Normalisierung des sozialen Lebensstandards,
8. sofortige Auflösung der sogenannten »Nationalarmee«,
9. keine Repressalien gegen einen Streikenden.

Der Aufstand im Juni. Ein dokumentarischer Bericht, Berlin 1954, S. 41 f (zuerst erschienen in: »Der Monat«, Heft 60 u. 61, 1953).

105 Deutsches Manifest*, 29. Januar 1955

Aus ernster Sorge um die Wiedervereinigung Deutschlands sind wir überzeugt, daß jetzt die Stunde gekommen ist, Volk und Regierung in feierlicher Form zu entschlossenem Widerstand gegen die sich immer stärker abzeichnenden Tendenzen einer endgültigen Zerreißung unseres Volkes aufzurufen.

Die Antwort auf die deutsche Schicksalsfrage der Gegenwart – ob unser Volk in Frieden und Freiheit wiedervereinigt werden kann oder ob es in dem unnatürlichen Zustand der staatlichen Aufspaltung und einer fortschreitenden menschlichen Entfremdung leben muß – hängt heute in erster Linie von der Entscheidung über die Pariser Verträge ab.

Die Aufstellung deutscher Streitkräfte in der Bundesrepublik und in der Sowjetzone muß die Chancen der Wiedervereinigung für unabsehbare Zeit auslöschen und die Spannung zwischen Ost und West verstärken. Eine solche Maßnahme würde die Gewissensnot großer Teile unseres Volkes unerträglich steigern. Das furchtbare Schicksal, daß sich die Geschwister einer Familie in verschiedenen Armeen mit der Waffe in der Hand gegenüberstehen, würde Wirklichkeit werden.

In dieser Stunde muß jede Stimme, die sich frei erheben darf, zu einem unüberhörbaren Warnruf vor dieser Entwicklung werden.

---

* Das Manifest wurde auf einer von dem SPD-Vorsitzenden Erich Ollenhauer, dem DGB-Chef Georg Reuter, dem Soziologen Alfred Weber sowie dem Theologen Helmut Gollwitzer einberufenen Versammlung in der Frankfurter Paulskirche verabschiedet und bildete die Plattform für die Bewegung gegen die Wiederbewaffnung.

Unermeßlich wäre die Verantwortung derer, die die große Gefahr nicht sehen, daß durch die Ratifizierung der Pariser Verträge die Tür zu Viermächteverhandlungen über die Wiederherstellung der Einheit Deutschlands in Freiheit zugeschlagen wird.

Wir appellieren an Bundestag und Bundesregierung, alle nur möglichen Anstrengungen zu machen, damit die vier Besatzungsmächte dem Willen unseres Volkes zur Einheit Rechnung tragen.

Die Verständigung über eine Viermächtevereinbarung zur Wiedervereinigung muß vor der militärischen Blockbildung den Vorrang haben. Es können und müssen die Bedingungen gefunden werden, die für Deutschland und seine Nachbarn annehmbar sind, um durch Deutschlands Wiedervereinigung das friedliche Zusammenleben der Nationen Europas zu sichern.

Das deutsche Volk hat ein Recht auf seine Wiedervereinigung!

Peter Brandt, Herbert Ammon, Die Linke und die nationale Frage. Dokumente zur deutschen Einheit seit 1945, Reinbek 1981, S. 128f.

106 Plan des britischen Außenministers Anthony Eden (Übersicht), 29. Januar 1954

Die deutsche Wiedervereinigung und der Abschluß eines frei verhandelten Friedensvertrages mit einem vereinten Deutschland sollte in den folgenden Stadien vollzogen werden:
 I. Freie Wahlen in ganz Deutschland.
 II. Einberufung einer aus diesen Wahlen hervorgehenden Nationalversammlung.
 III. Ausarbeitung einer Verfassung und Vorbereitung der Friedensvertragsverhandlungen.
 IV. Annahme der Verfassung und Bildung einer gesamtdeutschen Regierung, die für die Aushandlung des Friedensvertrages zuständig ist.
 V. Unterzeichnung und Inkrafttreten des Friedensvertrages. [...]

Siegler, Dokumentation, Bd. 1, S. 181 ff.

107 Entwurf der Sowjetunion für einen Gesamteuropäischen Vertrag über kollektive Sicherheit in Europa (Grundprinzipien), 20. Juli 1955

[...] Bis zur Schaffung eines einheitlichen, friedliebenden, demokratischen deutschen Staates können die Deutsche Demokratische Republik und die Bundesrepublik Deutschland gleichberechtigte Vertragspartner sein. Hierbei ist vorgesehen, daß nach der Vereinigung Deutschlands der einheitliche deutsche Staat auf der für alle geltenden Grundlage am Vertrag teilnehmen kann.

Der Abschluß des Vertrages über die kollektive Sicherheit in Europa berührt nicht die Kompetenzen der vier Mächte – der UdSSR, der USA, Englands und Frankreichs – in der deutschen Frage, die nach dem früher von den vier Mächten festgesetzten Verfahren zu regeln ist. [...]

Dokumente Deutschlandpolitik III, Bd. 1, S. 181 ff.

108 Direktive der Regierungschefs der Vier Mächte an die Außenminister, 23. Juli 1955

Die Regierungschefs Frankreichs, Großbritanniens, der Sowjetunion und der Vereinigten Staaten, von dem Wunsche geleitet, zur Verminderung der internationalen Spannungen und zur Festigung des Vertrauens zwischen den Staaten beizutragen, beauftragten ihre Außenminister, die Behandlung folgender Fragen fortzusetzen, über die ein Gedankenaustausch auf der Genfer Konferenz stattgefunden hat, und wirksame Mittel für ihre Lösung vorzuschlagen, wobei sie die enge Verbindung zwischen der Wiedervereinigung Deutschlands und dem Problem der europäischen Sicherheit und die Tatsache berücksichtigen sollen, daß eine erfolgreiche Regelung eines jeden dieser Probleme dem Interesse der Festigung des Friedens dienen würde.

I. Europäische Sicherheit und Deutschland

Zum Zwecke der europäischen Sicherheit bei gebührender Berücksichtigung der rechtmäßigen Interessen aller Nationen und ihrem unveräußerlichen Recht auf individuelle und kollektive Verteidigung werden die Minister angewiesen, verschiedene, diesem Ziel dienende Vorschläge zu prüfen, darunter die folgenden:

Einen Sicherheitspakt für Europa oder für einen Teil Europas einschließlich einer Klausel, der zufolge die Mitglieder die Verpflichtung übernehmen, keine Gewalt anzuwenden und einem Angreifer jegliche Unterstützung zu versagen,

Begrenzung, Kontrolle und Inspektion der bewaffneten Streitkräfte und der Rüstung,

der Erreichung einer zwischen dem Osten und dem Westen liegenden Zone, in der die Stationierung bewaffneter Streitkräfte gegenseitiger Zustimmung unterliegt,

und auch andere mögliche Vorschläge zur Lösung dieses Problems zu erwägen.

Die Regierungschefs sind in Erkenntnis ihrer gemeinsamen Verantwortung für die Regelung des deutschen Problems und der Wiedervereinigung Deutschlands mittels freier Wahlen übereingekommen, daß die Lösung der deutschen Frage und die Wiedervereinigung Deutschlands im Einklang mit den nationalen Interessen des deutschen Volkes und den Interessen der europäischen Sicherheit herbeigeführt werden soll. Die Außenminister werden die nach ihrem Ermessen erforderlichen Vorkehrungen für die Teilnahme oder für die Konsultation anderer interessierter Parteien treffen. [...]

Dokumente Deutschlandpolitik III, Bd. 1, S. 213 ff.

109 Rede des Ersten Sekretärs des ZK der KPdSU, Nikita Chruschtschow, in Berlin, im Anschluß an die Genfer Konferenz, 26. Juli 1955

[...] Auf welchem Wege kann die deutsche Frage gelöst werden?

Es gibt zwei Wege. Ein Weg, den die Westmächte vorschlugen, ist der Weg der Militarisierung Deutschlands; das aber führt zur Wiederherstellung der deutschen Soldateska. Es versteht sich, daß dieser Weg voller gefährlicher Folgen für die Völker Europas und insbesondere für das deutsche Volk selbst ist, da ein militarisiertes Deutschland in neue Kriegsabenteuer einbezogen werden kann und damit zum Schlachtfeld eines noch verheerenderen Krieges, zum Ausgangspunkt schwerer Leiden für alle Völker Europas und nicht nur Europas werden kann.

Aber es gibt auch einen anderen, den richtigen Weg zur Lösung der deutschen Frage, den die Regierung der Sowjetunion vertreten hat und vertritt. Das ist der Weg der Wiedervereinigung Deutschlands als eines einheitlichen, friedliebenden und demokratischen Staates, der für die anderen Völker keine Bedrohung wäre, sondern zusammen mit den anderen europäischen Staaten seinen Beitrag zur Gewährleistung der kollektiven Sicherheit in Europa leisten und sein friedliches und freies Leben aufbauen würde.

Die Sowjetregierung war und bleibt Anhänger der Vereinigung Deutschlands entsprechend den Interessen des deutschen Volkes, den Interessen der Sicherheit in Europa. [...]

Wir haben in Genf aufrichtig erklärt, daß unter den Bedingungen, daß auf dem Gebiet Deutschlands zwei Staaten mit verschiedener gesellschaftlicher und wirtschaftlicher Ordnung entstanden sind, daß Westdeutschland Teilnehmer des Nordatlantikpaktes und der westeuropäischen Union ist, die Lösung des deutschen Problems eine schwierige Angelegenheit ist. Für seine Lösung unter den gegenwärtigen Bedingungen sind große und ernsthafte Anstrengungen sowohl seitens der Großmächte als auch insbesondere seitens des deutschen Volkes in beiden Teilen Deutschlands selbst erforderlich. Das beste aber wäre, wenn die deutsche Frage die Deutschen selbst lösen würden, die zweifelsohne den richtigen Weg für die Entwicklung Deutschlands wählen können.

Man kann nicht umhin zu berücksichtigen, daß jetzt in Europa neue Verhältnisse entstanden sind und daß wir auf der Suche nach Wegen zur Vereinigung Deutschlands diese Verhältnisse in Rechnung stellen müssen. Ist denn nicht klar, daß die mechanische Vereinigung beider Teile Deutschlands, die sich in verschiedenen Richtungen entwickeln, eine unreale Sache ist? In der entstandenen Situation ist der einzige Weg zur Vereinigung Deutschlands die Schaffung eines Systems der kollektiven Sicherheit in Europa, die Festigung und Entwicklung wirtschaftlicher und politischer Kontakte zwischen beiden Teilen Deutschlands. [...]

Große Bedeutung für die Vereinigung Deutschlands kann die Annäherung zwischen der Deutschen Demokratischen Republik und der Deutschen Bundesrepublik haben. Diese beiden Staaten könnten im Interesse des ganzen deutschen Volkes eine umfassende Zusammenarbeit auf allen Gebieten des innerdeutschen Lebens herstellen, das zweifelsohne die Lösung der Aufgabe der Wiedervereinigung Deutschlands erleichtern würde.

Genossen! Die Sowjetregierung wird auch künftig beharrlich und konsequent eine Politik vertreten, die auf die Vereinigung Deutschlands im Interesse des deutschen Volkes selbst gerichtet ist. Die Sowjetregierung wird dazu beitragen, daß das große deutsche Volk einen einheitlichen, demokratischen und souveränen Staat schaffen kann, der in der Familie der friedliebenden Völker einen würdigen Platz einnimmt. [...]

Wie Ihnen bekannt ist, möchte die Sowjetunion normale diplomatische, Handels- und kulturelle Beziehungen mit der Deutschen Bundesrepublik herstellen. Die Herstellung solcher Beziehungen würde die Grundlage für die Zusammenarbeit zwischen der Sowjetunion und Westdeutschland schaffen und wäre somit ein wichtiger Beitrag zur Wiederherstellung der Einheit Deutschlands. [...]

Dokumente Deutschlandpolitik III, Bd. 1, S. 227 ff.

110 Vertrag über die Beziehungen zwischen der DDR und der UdSSR, 20. September 1955

Der Präsident der Deutschen Demokratischen Republik und das Präsidium des Obersten Sowjets der Union der Sozialistischen Sowjetrepubliken,

HABEN,

Geleitet von dem Wunsch nach Entwicklung einer engen Zusammenarbeit und nach der weiteren Festigung der freundschaftlichen Beziehungen zwischen der Deutschen Demokratischen Republik und der Union der Sozialistischen Sowjetrepubliken auf der Grundlage der Gleichberechtigung, der gegenseitigen Achtung der Souveränität und der Nichteinmischung in die inneren Angelegenheiten,

In Anbetracht der neuen Lage, die durch das Inkrafttreten der Pariser Verträge von 1954 entstanden ist,

Überzeugt davon, daß die Vereinigung der Anstrengungen der Deutschen Demokratischen Republik und der Sowjetunion zur Mitwirkung an der Erhaltung und Festigung des Weltfriedens und der Sicherheit in Europa sowie zur Wiederherstellung der Einheit Deutschlands als friedliebender und demokratischer Staat und zur Herbeiführung einer friedensvertraglichen Regelung mit Deutschland den Interessen des deutschen Volkes und des Sowjetvolkes und gleichermaßen den Interessen der anderen Völker Europas entspricht,

Unter Berücksichtigung der Verpflichtungen, die die Deutsche Demokratische Republik und die Sowjetunion gemäß den internationalen Abkommen, die Deutschland als Ganzes betreffen, haben

BESCHLOSSEN,

den vorliegenden Vertrag zu schließen [...]

Artikel 1

Die Vertragschließenden Seiten bestätigen feierlich, daß die Beziehungen zwischen ihnen auf völliger Gleichberechtigung, gegenseitiger Achtung der Souveränität und der Nichteinmischung in die inneren Angelegenheiten beruhen.

In Übereinstimmung hiermit ist die Deutsche Demokratische Republik frei in der Entscheidung über Fragen ihrer Innenpolitik und Außenpolitik, einschließlich der Beziehungen zur Deutschen Bundesrepublik, sowie der Entwicklung der Beziehungen zu anderen Staaten.

Artikel 2

Die Vertragschließenden Seiten erklären ihre Bereitschaft, im Geiste aufrichtiger Zusammenarbeit an allen internationalen Handlungen teilzunehmen, deren Ziel die Gewährleistung des Friedens und der Sicherheit in Europa und in der ganzen Welt ist und die mit den Grundsätzen der Satzung der Organisation der Vereinten Nationen übereinstimmen.

Zu diesem Zweck werden sie sich gegenseitig über alle wichtigen internationalen Fragen beraten, die die Interessen beider Staaten berühren, und alle ihnen zu Gebote stehenden Maßnahmen ergreifen mit dem Ziel, eine Verletzung des Friedens nicht zuzulassen. [...]

Artikel 5

Zwischen den Vertragschließenden Seiten besteht Übereinstimmung darüber, daß es ihr Hauptziel ist, auf dem Wege entsprechender Verhandlungen eine friedliche Regelung für ganz Deutschland herbeizuführen. In Übereinstimmung hiermit werden sie die erforderlichen Anstrengungen für eine friedensvertragliche Regelung und die Wiederherstellung der Einheit Deutschlands auf friedlicher und demokratischer Grundlage unternehmen.

Artikel 6

Der Vertrag wird bis zur Wiederherstellung der Einheit Deutschlands als friedliebender und demokratischer Staat oder bis die Vertragschließenden Seiten zu einem Übereinkommen über die Änderung oder Außerkraftsetzung dieses Vertrages gelangen, Gültigkeit haben. [...]

Dokumente zur Außenpolitik der Regierung der DDR, Bd. 3, Berlin 1956, S. 280 ff.

111 Schreiben Konrad Adenauers an den sowjetischen Ministerpräsidenten Nikolai A. Bulganin, 14. September 1955

Aus Anlaß der Aufnahme diplomatischer Beziehungen zwischen der Regierung der Bundesrepublik Deutschland und der Regierung der UdSSR erkläre ich:
1. Die Aufnahme der diplomatischen Beziehungen zwischen der Regierung der Bundesrepublik Deutschland und der Regierung der UdSSR stellt keine Anerkennung des derzeitigen beiderseitigen territorialen Besitzstandes dar. Die endgültige Festsetzung der Grenzen Deutschlands bleibt dem Friedensvertrag vorbehalten.

2. Die Aufnahme diplomatischer Beziehungen mit der Regierung der Sowjetunion bedeutet keine Änderung des Rechtsstandpunktes der Bundesregierung in bezug auf ihre Befugnis zur Vertretung des deutschen Volkes in internationalen Angelegenheiten und in bezug auf die politischen Verhältnisse in denjenigen deutschen Gebieten, die gegenwärtig außerhalb ihrer effektiven Hoheitsgewalt liegen.
Diese Erklärung habe ich heute abend der Presse mitgeteilt.

Dokumente Deutschlandpolitik III, Bd. 1, S. 337.

112 Regierungserklärung Konrad Adenauers, 22. September 1955

[...] Die Sowjetunion ist eine der vier Siegermächte, ohne deren Mitwirkung das vornehmste Anliegen unserer Politik, die Herstellung der Einheit unseres Landes, nicht verwirklicht werden kann. Das Fehlen von Beziehungen zwischen diesen beiden Staaten, die sich daraus für uns ergebende Unmöglichkeit, unsere nationalen Anliegen auch selbst in Moskau zu vertreten, ist eine Anomalie. Würde man uns auch deshalb nicht mit Recht unklug genannt haben, wenn wir das von der Sowjetregierung gemachte Angebot, diplomatische Beziehungen aufzunehmen, abgelehnt hätten?

Durch die Aufnahme der diplomatischen Beziehungen wird die Bundesrepublik, deren effektive Hoheitsgewalt drei Viertel unseres Volkes und 80% seiner produktiven Kräfte umfaßt und hinter deren Politik – das ist unsere Überzeugung – auch mindestens 90% der Bevölkerung Mitteldeutschlands stehen, nunmehr auch von der Sowjetunion anerkannt.

Es besteht schließlich kein Widerspruch zwischen unserem Entschluß, diplomatische Beziehungen aufzunehmen, und der Linie unserer Außenpolitik, die fortzusetzen wir unter allen Umständen entschlossen sind. [...]

Wir haben ferner in Moskau nachdrücklich das Anliegen der Wiedervereinigung Deutschlands vorgebracht. Wir mußten uns dabei vor einem hüten. Wir durften – das sagte ich ausdrücklich in meiner ersten Erklärung in Moskau – das Verfahren, das zur Einheit führen soll, nicht dadurch verwirren, daß wir einen von den

Viermächteverhandlungen unabhängigen zweiseitigen Verhandlungsweg eröffneten. Auch nur die Möglichkeit einer Ausklammerung des Problems aus der Genfer Tagesordnung und eines Abschiebens auf zweiseitige deutsch-sowjetische Verhandlungen mußten unter allen Umständen verhütet werden. Wir haben uns deshalb bewußt damit begnügt, daß auch die Sowjetunion anerkenne, daß die vier Siegermächte verpflichtet seien, die Einheit Deutschlands wiederherzustellen. Ich lege großen Wert auf die Feststellung, daß dieses Anerkenntnis der Sowjetunion in Moskau erfolgt ist. [...]

Die sowjetische Delegation war andererseits nicht bereit, einer Wiederherstellung der nationalen Einheit Deutschlands alsbald zuzustimmen. Ich gebe mich daher keinen Illusionen darüber hin, daß zur Wiedervereinigung Deutschlands schwierige Verhandlungen auch unter den Siegermächten nötig sein werden. Aber ich betrachte es doch als einen Fortschritt, daß die Sowjetunion die Verpflichtung, die Einheit Deutschlands wiederherzustellen, auch als eine Verpflichtung der Sowjetunion anerkannt hat. Ich glaube daher, daß die Aufnahme diplomatischer Beziehungen zur Sowjetunion in Verbindung mit der gradlinigen Weiterführung unserer Bündnispolitik mit dem Westen in der Frage der Wiedervereinigung fördernd wirken wird. [...]

Die Aufnahme diplomatischer Beziehungen machte völkerrechtliche Vorbehalte notwendig, um den deutschen Standpunkt in lebenswichtigen Fragen unseres Volkes zu wahren und die Entscheidungsfreiheit einer zukünftigen gesamtdeutschen Regierung nicht zu präjudizieren. Diese Vorbehalte sollten sicherstellen, daß in der Erklärung über die Aufnahme diplomatischer Beziehungen nicht ein Verzicht auf den bisherigen Rechtsstandpunkt der Bundesregierung bezüglich erstens der Grenzfragen, zweitens des Rechts der Bundesregierung, Sprecher des ganzen deutschen Volkes zu sein, drittens der Nichtanerkennung der sogenannten Deutschen Demokratischen Republik gesehen werden kann. [...]

Steno. Berichte 2. BT, Bd. 26, 101. Sitzung, S. 5643 A ff.

113 Berliner Erklärung der drei Westmächte und der Bundesrepublik Deutschland, 29. Juli 1957

[...] 1. Eine europäische Friedensordnung muß auf Freiheit und Gerechtigkeit aufgebaut sein. Jede Nation hat das Recht, ihre eigene Lebensform frei zu bestimmen, ihr politisches, wirtschaftliches und soziales System selbst zu wählen und unter Berücksichtigung der berechtigten Interessen anderer Nationen für ihre Sicherheit zu sorgen. Die Gerechtigkeit fordert, daß dem deutschen Volk die Möglichkeit gegeben wird, seine nationale Einheit auf der Grundlage dieses Grundrechts wiederherzustellen.

2. Die Wiedervereinigung Deutschlands bleibt gemeinsame Verantwortlichkeit der Vier Mächte, die 1945 die oberste Gewalt in Deutschland übernahmen – eine Verantwortlichkeit, die in der Direktive der vier Regierungschefs in Genf im Juli 1955 erneut bekräftigt wurde. Gleichzeitig erfordert die deutsche Wiedervereinigung die aktive Mitarbeit des gesamten deutschen Volkes, unter solchen Bedingungen, die die Freiheit seiner Willensäußerung gewährleisten.

3. Die unnatürliche Teilung Deutschlands und seiner Hauptstadt Berlin ist eine ständige Quelle internationaler Spannung. Solange Deutschland geteilt ist, kann es keinen Friedensvertrag mit Deutschland und keine Stabilität in Europa geben. Die Wiedervereinigung Deutschlands in Freiheit ist nicht nur eine elementare Forderung der Gerechtigkeit für das deutsche Volk; sie ist darüber hinaus die einzige gesunde Grundlage für eine dauerhafte Friedensordnung in Europa.

4. Nur eine frei gewählte gesamtdeutsche Regierung kann im Namen eines wiedervereinigten Deutschlands Verpflichtungen übernehmen, die anderen Ländern Vertrauen einflößen und die vom deutschen Volk selbst als gerecht und für die Zukunft bindend angesehen werden.

5. Eine solche Regierung kann nur aus freien, in ganz Deutschland durchgeführten Wahlen zu einer gesamtdeutschen Nationalversammlung hervorgehen.

6. Ein wiedervereinigtes Deutschland darf nicht diskriminiert werden. Seine Freiheit und seine Sicherheit dürfen nicht durch eine auferlegte Neutralisierung oder Entmilitarisierung beeinträchtigt werden. Seine Regierung muß frei über seine Außenpoli-

tik und seine internationalen Bindungen bestimmen können. Es muß das in der Satzung der Vereinten Nationen anerkannte Recht aller Völker haben, sich an kollektiven Einrichtungen zur Selbstverteidigung zu beteiligen.

7. Die Wiederherstellung der nationalen Einheit Deutschlands entsprechend dem frei zum Ausdruck gebrachten Willen des deutschen Volkes bedeutet weder eine Bedrohung der Nachbarn Deutschlands noch eine Beeinträchtigung ihrer Sicherheit. Um trotzdem jeder Besorgnis zu begegnen, die andere Regierungen in dieser Hinsicht haben könnten, sollten im Zusammenhang mit der deutschen Wiedervereinigung Vorkehrungen getroffen werden, welche die berechtigten Sicherheitsinteressen aller beteiligten Staaten berücksichtigen. [...]

8. Die Westmächte haben nie verlangt, daß ein wiedervereinigtes Deutschland der Organisation des Nordatlantikvertrages beitreten muß. Die Bevölkerung eines wiedervereinigten Deutschlands wird durch ihre frei gewählte Regierung selbst bestimmen können, ob sie an den Rechten und Pflichten dieses Vertrages teilhaben will.

9. Sollte sich die gesamtdeutsche Regierung in freier Entscheidung für den Beitritt zur NATO entschließen, so sind die Westmächte nach Konsultation der anderen Mitglieder dieser Organisation bereit, der Regierung der Sowjetunion und den Regierungen anderer Staaten Osteuropas, die einem europäischen Sicherheitsabkommen beitreten, auf der Grundlage der Gegenseitigkeit bedeutsame und weitreichende Zusicherungen zu geben. Die Westmächte sind auch bereit, im Rahmen eines für beide Seiten annehmbaren europäischen Sicherheitsabkommens zu gewährleisten, daß sie im Falle des Beitritts eines wiedervereinigten Deutschlands zur NATO keine militärischen Vorteile aus dem Abzug der sowjetischen Streitkräfte ziehen werden.

10. Die Westmächte können jedoch nicht zugeben, daß der Bestand der NATO an sich zum Gegenstand der Verhandlungen gemacht wird.

11. Die Wiedervereinigung Deutschlands in Verbindung mit dem Abschluß von europäischen Sicherheitsvereinbarungen würde das Zustandekommen eines umfassenden Abrüstungsabkommens erleichtern. Umgekehrt könnten die Anfänge einer wirksamen Teilabrüstung dazu beitragen, noch offenstehende

wichtige politische Probleme wie die Wiedervereinigung Deutschlands zu regeln. [...]

12. Alle Abrüstungsmaßnahmen, die auf Europa angewandt werden, müssen die Zustimmung der betroffenen europäischen Nationen erhalten und die Verknüpfung der europäischen Sicherheit mit der deutschen Wiedervereinigung berücksichtigen. [...]

Dokumente Deutschlandpolitik III, Bd. 3, S. 1304 ff.

114 Entwurf der Sowjetunion für einen Friedensvertrag, 10. Januar 1959

[...]

Artikel 1

Die verbündeten und vereinten Mächte einerseits und Deutschland andererseits stellen fest und bestätigen die Beendigung des Kriegszustandes und die Herstellung friedlicher Beziehungen zwischen ihnen, wobei alle sich daraus ergebenden politischen und rechtlichen Folgen mit dem Inkrafttreten einer entsprechenden Erklärung oder eines Beschlusses jeder einzelnen der verbündeten und vereinten Mächte eintreten.

Artikel 2

Bis zur Wiedervereinigung Deutschlands in dieser oder jener Form werden unter dem Begriff »Deutschland« in dem vorliegenden Vertrag die beiden bestehenden deutschen Staaten – die Deutsche Demokratische Republik und die Deutsche Bundesrepublik – verstanden, und alle Rechte und Pflichten Deutschlands, die durch den Vertrag vorgesehen sind, beziehen sich sowohl auf die Deutsche Demokratische Republik als auch auf die Deutsche Bundesrepublik.

Artikel 3

Die verbündeten und vereinten Mächte erkennen die volle Souveränität des deutschen Volkes über Deutschland, einschließlich seiner Territorialgewässer und des Luftraumes, an. [...]

Artikel 5

1. Deutschland verpflichtet sich, keinerlei Militärbündnisse einzugehen, die gegen irgendeinen Staat, der Teilnehmer des vorliegenden Vertrages ist, gerichtet sind, sowie nicht an Militärbündnissen teilzunehmen, deren Teilnehmer nicht alle vier wichtigsten verbündeten Mächte der Anti-Hitler-Koalition – die UdSSR, die USA, das Vereinigte Königreich und Frankreich – sind. [...]
4. Mit dem Inkrafttreten des vorliegenden Vertrages wird Deutschland – die Deutsche Demokratische Republik und die Deutsche Bundesrepublik – frei von den Verpflichtungen, die mit der Mitgliedschaft in den Organisationen des Warschauer Vertrages beziehungsweise des Nordatlantikpaktes und der Westeuropäischen Union im Zusammenhang stehen. [...]

Artikel 22

Die verbündeten und vereinten Mächte erkennen das Recht des deutschen Volkes auf Wiederherstellung der Einheit Deutschlands an und bringen ihre Bereitschaft zum Ausdruck, den beiden deutschen Staaten jegliche Unterstützung zur Erreichung dieses Zieles auf der Grundlage der Annäherung und Verständigung zwischen der Deutschen Demokratischen Republik und der Deutschen Bundesrepublik zu gewähren.

Beide deutsche Staaten, wie auch die verbündeten und vereinten Mächte, betrachten den vorliegenden Vertrag als einen wichtigen Beitrag zur Vereinigung Deutschlands entsprechend den nationalen Hoffnungen des deutschen Volkes sowie den Interessen der Gewährleistung der Sicherheit in Europa und in der ganzen Welt. [...]

Dokumente Deutschlandpolitik IV, Bd. 1, S. 545 ff.

115 Friedensplan der Westmächte (»Herter-Plan«)*, 14. Mai 1959

[...]

Stufe I

1. Die Vier Mächte würden geeignete Vorkehrungen für Konsultationen unter den Parteien treffen, um die Durchführung des Abkommens zu überwachen und etwaige vor dem Abschluß einer Friedensregelung mit einem wiedervereinigten Deutschland auftretende Streitigkeiten beizulegen.
2. Hinsichtlich Berlins würden die Vier Mächte folgendes vereinbaren:
   a) Berlin ist eine einheitliche Stadt und gehört ganz Deutschland. Ost- und West-Berlin sollten deshalb durch freie Wahlen vereinigt werden, die unter Viermächte- oder UNO-Überwachung abzuhalten wären. Ein frei gewählter Rat für ganz Berlin würde bis zur Verwirklichung der deutschen Wiedervereinigung und als ein erster Schritt auf diesem Wege gebildet werden. Auf diese Weise würde Berlin als künftige Hauptstadt einem wiedervereinigten Deutschland vorbehalten werden. [...]

Stufe II

6. Im Hinblick auf die vielschichtigen Probleme, die sich im Zusammenhang mit der Wiedervereinigung ergeben, würde eine Übergangszeit vereinbart werden. Die Vier Mächte würden einen Gemischten Deutschen Ausschuß einsetzen.
7. Der Gemischte Ausschuß würde aus 25 Mitgliedern aus der Bundesrepublik Deutschland und 10 Mitgliedern aus der sogenannten Deutschen Demokratischen Republik bestehen. Diese Mitglieder würden einerseits von der Bundesregierung und andererseits von den Behörden der sogenannten Deutschen Demokratischen Republik bestellt werden.

---

* Die folgenden Vorschläge zur Wiedervereinigung sollten jeweils mit umfassenden Maßnahmen auf dem Gebiet der Sicherheit gekoppelt werden, die hier aus Platzgründen nicht wiedergegeben werden können.

8. Der Gemischte Ausschuß würde seine Beschlüsse mit einer Mehrheit von drei Viertel der Stimmen fassen.
9. Der Gemischte Ausschuß würde beauftragt werden, Vorschläge zu formulieren,
    a) um die technischen Kontakte zwischen den beiden Teilen Deutschlands zu koordinieren und zu erweitern;
    b) um die Freizügigkeit von Personen, Ideen und Veröffentlichungen zwischen beiden Teilen Deutschlands sicherzustellen;
    c) um die Menschenrechte in beiden Teilen Deutschlands sicherzustellen und zu gewährleisten;
    d) für einen Gesetzentwurf, der allgemeine, freie und geheime Wahlen unter unabhängiger Kontrolle vorsieht. [...]
11. a) Jeder gemäß Absatz 9 Buchstabe d) vereinbarte Vorschlag für ein Wahlgesetz würde in beiden Teilen Deutschlands zum Volksentscheid gestellt werden. [...]
11. c) Entfiele auf einen Vorschlag für ein Wahlgesetz die Mehrheit der gültigen Stimmen in jedem der beiden Teile Deutschlands, so erhält er Gesetzeskraft und gilt unmittelbar im gesamten Abstimmungsgebiet. [...]

Stufe III

19. Spätestens zweieinhalb Jahre nach Unterzeichnung der Vereinbarung würden Wahlen für eine Gesamtdeutsche Versammlung in beiden Teilen Deutschlands nach Maßgabe des Wahlgesetzes abgehalten werden, das vom Gemischten Ausschuß entworfen, von den Vier Mächten genehmigt und vom deutschen Volk durch einen Volksentscheid (im Einklang mit den Bestimmungen für Stufe II) angenommen worden ist.
20. Die Wahlen würden von einer Überwachungskommission und Überwachungsgruppen in ganz Deutschland überwacht werden. Die Kommission und die Gruppen würden sich zusammensetzen aus entweder a) Personal der Vereinten Nationen und Vertretern beider Teile Deutschlands oder b) Vertretern der Vier Mächte und Vertretern beider Teile Deutschlands.
21. Die Gesamtdeutsche Versammlung würde mit der Ausarbeitung einer Gesamtdeutschen Verfassung beauftragt werden. Sie würde diejenigen Befugnisse ausüben, die zur Errichtung

und Sicherung eines freiheitlichen, demokratischen und föderativen Systems erforderlich sind.
22. Sobald eine Gesamtdeutsche Regierung auf der Grundlage der vorerwähnten Verfassung gebildet worden ist, würde sie die Regierungen der Bundesrepublik und der sogenannten Deutschen Demokratischen Republik ersetzen und hätte
    a) volle Entscheidungsfreiheit bezüglich innerer und äußerer Angelegenheiten, vorbehaltlich der Rechte, welche die Vier Mächte nach Maßgabe des Absatzes 23 behalten;
    b) die Verantwortung, so bald wie möglich nach ihrer Errichtung Verhandlungen über einen Gesamtdeutschen Friedensvertrag aufzunehmen.
23. Bis zur Unterzeichnung eines Friedensvertrags mit einer auf Grund der Gesamtdeutschen Verfassung gebildeten Gesamtdeutschen Regierung würden die Vier Mächte nur diejenigen ihrer Rechte und Verantwortlichkeiten beibehalten, die sich auf Berlin und Deutschland als Ganzes, einschließlich der Wiedervereinigung und einer Friedensregelung, sowie auf die Stationierung von Streitkräften in Deutschland in der gegenwärtig geübten Form und auf den Schutz der Sicherheit dieser Streitkräfte beziehen. [...]

Stufe IV

32. Da eine endgültige Friedensregelung nur mit einer Gesamtdeutschland vertretenden Regierung getroffen werden kann, sollte sie in diesem Stadium getroffen werden. Die Regelung sollte allen Mitgliedstaaten der UNO, die sich mit Deutschland im Kriege befunden haben, zur Unterzeichnung offenstehen. Die Regelung sollte in Kraft treten, wenn sie von den Vier Mächten und Deutschland ratifiziert worden ist.

Dokumente Deutschlandpolitik IV, Bd. 2, S. 74 ff.

116 Ausarbeitung des Staatssekretärs Hans Globke zur Wiedervereinigung, Anfang 1959

I. Abschnitt

Wiedervereinigung

1. Innerhalb von 5 Jahren nach Inkrafttreten dieses Vertrages findet in der Bundesrepublik Deutschland und in der Deutschen Demokratischen Republik eine Volksabstimmung über die Wiedervereinigung statt. Deutschland wird wiedervereinigt, wenn sich sowohl in der Bundesrepublik Deutschland wie in der Deutschen Demokratischen Republik die Mehrheit der Abstimmenden für die Wiedervereinigung ausspricht. Wird diese Mehrheit in einem der beiden Staaten nicht erreicht, so bleiben sie getrennte souveräne Staaten.
2. Gleichzeitig mit der Volksabstimmung über die Wiedervereinigung finden Wahlen zu einer Volksvertretung für das wiedervereinigte Deutschland statt. Die Volksvertreter werden in allgemeiner, unmittelbarer, freier, gleicher und geheimer Wahl nach den Grundsätzen des Verhältnis-Wahlrechts gewählt.
3. Die Volksvertretung tritt spätestens 30 Tage nach der Wahl zusammen. Sie wählt innerhalb einer Woche nach dem Zusammentritt den Regierungschef, der die Minister ernennt.
4. Das wiedervereinigte Deutschland ist ein souveräner Staat (auch auf dem Gebiet der Wirtschafts- und Sozialpolitik).
5. Das wiedervereinigte Deutschland entscheidet, ob es der NATO oder dem Warschauer Pakt angehören will (nicht auch: ob es neutral werden will). Entscheidet es sich für die Zugehörigkeit zur NATO, so bleibt das Gebiet der bisherigen Deutschen Demokratischen Republik von allen militärischen Verbänden, Einrichtungen und Anlagen frei; entscheidet es sich für die Zugehörigkeit zum Warschauer Pakt, so bleibt das Gebiet der bisherigen Bundesrepublik Deutschland von allen militärischen Verbänden, Einrichtungen und Anlagen frei.
6. Das wiedervereinigte Deutschland leistet einen feierlichen Verzicht auf jede Anwendung von Gewalt, es sei denn zur Verteidigung gegen einen unprovozierten Angriff.

Deutschland versichert insbesondere feierlich, daß es niemals zur Änderung seiner Grenzen Gewalt anwenden wird.

II. Abschnitt

Zwischenstatus

7. Die Bundesrepublik Deutschland und die Deutsche Demokratische Republik erkennen sich gegenseitig als souveräne Staaten an. Sie nehmen innerhalb von 6 Monaten diplomatische Beziehungen zueinander auf.
8. In der Bundesrepublik Deutschland und in der Deutschen Demokratischen Republik sind folgende Grundrechte gewährleistet: ...
9. Der Verkehr innerhalb der Bundesrepublik Deutschland und der Deutschen Demokratischen Republik sowie zwischen diesen beiden Staaten ist von jeder Beschränkung frei.
10. Innerhalb eines Jahres seit Inkrafttreten dieses Vertrages finden in der Bundesrepublik Deutschland und in der Deutschen Demokratischen Republik Wahlen zu einer Volksvertretung statt. Für diese Wahlen gelten die Vorschriften in Nr. 2.
11. Die Volksvertretungen treten in der Bundesrepublik Deutschland und in der Deutschen Demokratischen Republik spätestens 30 Tage nach der Wahl zusammen; sie wählen innerhalb einer Woche nach dem Zusammentritt die Regierungschefs.
12. Die Bundesrepublik Deutschland bleibt Mitglied der NATO, die Deutsche Demokratische Republik Mitglied des Warschauer Pakts.

III. Abschnitt

Berlin

13. Das Gebiet von Berlin (West-Berlin und Ost-Berlin) wird mit Inkrafttreten dieses Vertrages Freie Stadt.
14. Die in Nr. 8 gewährleisteten Grundrechte gelten auch im Gebiet der Freien Stadt Berlin.
15. Die Freie Stadt Berlin leitet unter einem Senat ihre sämtlichen Angelegenheiten selbständig.

16. Der ungehinderte Verkehr der Freien Stadt Berlin mit der Außenwelt sowohl in östlicher als auch in westlicher Richtung, insbesondere für die Freizügigkeit der Bewohner und Besucher und die Beförderung der Waren, wird gewährleistet. [...]

IV. Abschnitt

Mitwirkung der Vereinten Nationen

22. Die in den Abschnitten 1 bis 3 bezeichneten Volksabstimmungen und Wahlen sowie die darin der Bevölkerung der Bundesrepublik Deutschland, der Deutschen Demokratischen Republik und der Freien Stadt Berlin gewährleisteten Rechte stehen unter der Aufsicht und Garantie der Vereinten Nationen.

Adenauer-Studien III, hg. v. Rudolf Morsey u. Konrad Repgen: Untersuchungen und Dokumente zur Ostpolitik und Biographie, Mainz 1974, S. 202 ff.

117   Deutschlandplan der SPD, 18. März 1959

[...] Die politische und wirtschaftliche Zusammenführung Deutschlands.

Jeder Schritt, der zu einem gleichwertigen Auseinanderrücken der in Mitteldeutschland einander gegenüber stehenden Streitkräfte führt, schafft auch eine günstigere Voraussetzung für die Lösung der politischen Probleme.

Die langjährige Teilung Deutschlands hat zu einer strukturell grundverschiedenen politischen und wirtschaftlichen Entwicklung in beiden Teilen Deutschlands geführt. Hieraus ergibt sich zwangsläufig, daß die Wiederherstellung der staatlichen Einheit Deutschlands durch eine frei gewählte Nationalversammlung eine allmähliche Annäherung in Stufen voraussetzt. Es sind gemeinsame Organe zur schrittweisen Zusammenführung zu bilden, ohne daß in der Übergangszeit die derzeitigen Zuständigkeiten in den beiden Teilen Deutschlands berührt werden.

Die notwendigen Vereinbarungen hierüber können zwischen den vier Großmächten, oder den vier Großmächten gemeinsam mit den beiden Teilen Deutschlands bei Ausarbeitung eines Friedensvertrages, oder direkt zwischen den beiden deutschen Regierungen im Rahmen einer von den Großmächten festgelegten Regelung der europäischen Sicherheit und der deutschen Frage getroffen werden. Unerläßlich ist jedoch, daß diese Vereinbarungen für den Zeitraum bis zum Inkrafttreten einer gesamtdeutschen Verfassung die Menschenrechte und Grundfreiheiten in beiden Teilen Deutschlands sichern.

Die bestehenden Wirtschaftsverfassungen, Außenhandelsbeziehungen und langfristigen Verträge bleiben zunächst unberührt, soweit nicht ausdrücklich nachstehend Änderungen vorgesehen werden. Beide Regierungen verpflichten sich zur Politik der Vollbeschäftigung und zur Garantie des sozialen Besitzstandes.

Die erste Stufe

Die politische Zusammenführung beginnt in der ersten Stufe mit der Bildung einer gesamtdeutschen Konferenz. Beide deutschen Regierungen entsenden Beauftragte auf der Grundlage der Parität.

Die Gesamtdeutsche Konferenz hat die Aufgabe, Regelungen über innerdeutsche Angelegenheiten zu vereinbaren. Soweit diese Regelungen der Zustimmung verfassungsmäßiger Organe der Teile Deutschlands bedürfen, bleiben deren Zuständigkeiten unberührt.

Die Gesamtdeutsche Konferenz ist von allen Gesetzesvorlagen des Bundestages und der Volkskammer zu unterrichten und muß sich hierzu äußern. Die Gesamtdeutsche Konferenz setzt zur Wahrung der Einheitlichkeit in der Auslegung der Menschenrechte und Grundfreiheiten ein gesamtdeutsches Gericht ein, das in letzter Instanz entscheidet. Seine Mitglieder werden auf die Charta der Menschenrechte der Vereinten Nationen vereidigt.

Die wirtschaftliche Zusammenführung beginnt ebenfalls mit der Bildung paritätisch besetzter Institutionen. [...]

Die zweite Stufe

In der zweiten Phase der politischen Zusammenführung wird ein Gesamtdeutscher Parlamentarischer Rat errichtet. Seine Mitglieder, die in ganz Deutschland Immunität genießen, werden je zur Hälfte in beiden Teilen Deutschlands gewählt. Die gesamtdeutsche Konferenz schreibt diese Wahl aus.

Dem Gesamtdeutschen Parlamentarischen Rat wird die gesetzgeberische Zuständigkeit insbesondere für Eisenbahn, Straßenverkehr, Binnenschiffahrt, Post und Fernmeldewesen und zur Förderung der volkswirtschaftlichen Erzeugung übertragen. [...] Gegen die von ihm erlassenen Gesetze kann jede der beiden Regierungen in einer bestimmten Frist Einspruch erheben. Der Gesamtdeutsche Parlamentarische Rat kann diesen Einspruch mit Zweidrittelmehrheit zurückweisen.

Die wirtschaftliche Zusammenführung wird durch die Entwicklung des Gesamtdeutschen Marktes beschleunigt. Es werden offizielle Verrechnungs- und Wechselkurse zwischen beiden Währungen eingeführt, die güterwirtschaftliche Kontingentierung des innerdeutschen Handels fällt nunmehr auch von Seiten der DDR fort.

Die dritte Stufe

In der dritten Stufe der Zusammenführung befaßt sich der Gesamtdeutsche Parlamentarische Rat mit der Vorbereitung von gesamtdeutschen Gesetzen zum Steuersystem, Finanzausgleich, zur Zollunion, zur Währungsunion und zur sozialpolitischen Anpassung. [...] Der Gesamtdeutsche Parlamentarische Rat ist befugt, jederzeit mit Zweidrittelmehrheit ein Gesetz für die Wahl einer Verfassunggebenden Nationalversammlung zu erlassen. Ist er hierzu nicht in der Lage, so erhält für diesen Fall eine Volksabstimmung uneingeschränkte Gesetzeskraft, wenn zwei Drittel aller abgegebenen Stimmen sich für die Wahl einer Verfassunggebenden Nationalversammlung aussprechen.

Die Nationalversammlung löst den Gesamtdeutschen Parlamentarischen Rat ab und beschließt die gesamtdeutsche Verfassung.

Während der stufenweisen Zusammenführung Deutschlands ist Berlin Sitz aller gesamtdeutschen Institutionen.

Die Wiedervereinigung

Nach dem Inkrafttreten der gesamtdeutschen Verfassung werden allgemeine, freie und geheime Wahlen zum Gesamtdeutschen Parlament abgehalten. Aus ihm geht die Gesamtdeutsche Regierung hervor. [...]

Dokumente Deutschlandpolitik IV, Bd. 1, S. 1207 ff.

118 Abg. Herbert Wehner (SPD) vor dem Bundestag, 30. Juni 1960

[...] Nun etwas auf Vorschuß. Für eine Bestandsaufnahme und für eine Diskussion, bei der man eingehend in die Sachverhalte hineinleuchten und hineingehen kann, möchte ich doch heute schon sagen:

zu a). Die Sozialdemokratische Partei Deutschlands geht davon aus, daß das europäische und das atlantische Vertragssystem, dem die Bundesrepublik angehört, Grundlage und Rahmen für alle Bemühungen der deutschen Außen- und Wiedervereinigungspolitik ist.

Zu b). Die Sozialdemokratische Partei Deutschlands hat nicht gefordert und beabsichtigt nicht, das Ausscheiden der Bundesrepublik aus den Vertrags- und Bündnisverpflichtungen zu betreiben. Sie ist der Auffassung, daß ein europäisches Sicherheitssystem die geeignete Form wäre, den Beitrag des wiedervereinigten Deutschlands zur Sicherheit in Europa und in der Welt leisten zu können.

Zu c). Die Sozialdemokratische Partei Deutschlands bekennt sich in Wort und Tat zur Verteidigung der freiheitlichen demokratischen Grundrechte und der Grundordnung und bejaht die Landesverteidigung.

– Meine Damen und Herren, unterschiedliche Auffassungen über Zweckmäßigkeiten auf diesem Gebiet, die im demokratischen Staat legitim sind und die demokratisch-parlamentarisch ausgetragen werden, bedeuten doch nicht, daß die parlamentarische Opposition weniger verantwortungsfreudig wäre als die Regierung.

Nun zu der Unterfrage oder Untervoraussetzung, allen Disengagement-Plänen abzuschwören. Hierzu berufe ich mich auf folgende Erklärung, die ich wörtlich wiedergeben muß:

Wir Deutschen wollen nicht als Störenfriede auf dem Wege zur Abrüstung erscheinen. Wir halten auch die Abrüstung für ein essentielles Moment auf dem Wege zur Entspannung. Es wäre selbstverständlich unehrlich, zu sagen: Es mag kontrolliert und inspiziert werden auf der Welt, nur nicht bei uns; sondern wir müssen hier das gute Beispiel geben, und wir sind bereit, die Bundesrepublik ganz oder teilweise zu einem Bestandteil einer Kontroll- und Inspektionszone zu machen – das heißt nicht, daß die Kontroll- und Inspektionszone identisch ist mit den geographischen Grenzen der Bundesrepublik –, aber die Bundesrepublik, ganz oder teilweise, zu einem Bestandteil einer Kontrollzone zu machen nach den Vorschlägen, die zwischen den Großmächten vereinbart werden können. Einigen sich die Großmächte nicht, so wäre ein solcher deutscher Vorschlag von sich aus wohl nicht von weltentscheidender Bedeutung. Einigen sich die Großmächte jedoch, so stehen wir nicht durch irgendwelche deutschen Sonderwünsche dieser Einigung im Wege.

Auf diese Erklärung des Herrn Bundesministers für Verteidigung vom Oktober 1959 nach seiner Rückkehr von einer Kanada-Reise berufe ich mich bei der Behandlung der Frage, was wir zu Disengagement-Plänen meinten.

Vielleicht – die Sache ist ganz ernst –, vielleicht gibt es hier bei genauerem Besehen und bei genauerer Erörterung einen Berührungspunkt; vielleicht liegt er noch im weiten Feld. Aber bitte, das könnte man ja noch untersuchen.

Zu d) berufe ich mich auf den Wortlaut des Beschlusses, den der Bundestag am 1. Oktober 1958 einstimmig, mit den Stimmen der Sozialdemokraten, in Berlin gefaßt hat. Er lautet:

Der Deutsche Bundestag erwartet die Wiederherstellung der staatlichen Einheit Deutschlands von einem unmittelbaren freien Willensentschluß des gesamten deutschen Volkes in seinen heute noch getrennten Teilen, der nach der Beseitigung der nicht in deutscher Zuständigkeit liegenden Hindernisse herbeizuführen ist.

Der Deutsche Bundestag erklärt seine Bereitschaft, jede Verhandlung zu unterstützen, die die Wege zu einem solchen Willensentscheid des deutschen Volkes ebnet, sobald eine Vereinbarung der Vier Mächte diese Möglichkeit erschlossen hat. [...]

Steno. Berichte 3. BT, Bd. 46, 122. Sitzung, S. 7052A ff.

VIII. Die beiden deutschen Staaten nach 1961

119 Erklärung des Regierenden Bürgermeisters von Berlin, Willy Brandt, vor dem Berliner Abgeordnetenhaus, 13. August 1961

[...] Die vom Ulbricht-Regime auf Aufforderung der Warschauer Pakt-Staaten verfügten und eingeleiteten Maßnahmen zur Abriegelung der Sowjetzone und des Sowjetsektors von West-Berlin sind ein empörendes Unrecht. Sie bedeuten, daß mitten durch Berlin nicht nur eine Art Staatsgrenze, sondern die Sperrwand eines Konzentrationslagers gezogen wird. Mit Billigung der Ostblockstaaten verschärft das Ulbricht-Regime die Lage um Berlin und setzt sich erneut über rechtliche Bindungen und Gebote der Menschlichkeit hinweg. Der Senat von Berlin erhebt vor aller Welt Anklage gegen die widerrechtlichen und unmenschlichen Maßnahmen der Spalter Deutschlands, der Bedrücker Ost-Berlins und der Bedroher West-Berlins. [...]

Aber es geht hier und heute nicht nur um Paragraphen, es geht um Menschen. Ich möchte in dieser Stunde ein besonderes Wort an unsere Landsleute in der Zone und an unsere Mitbürger in Ost-Berlin richten. Sie sind am schwersten betroffen. Ich weiß, wie es jetzt in ihren Herzen aussieht. Ich weiß, daß sie hin- und hergerissen werden zwischen Empörung und Verzweiflung. Wer in aller Welt wollte heute nicht verstehen, daß die ungeheure Menschenverachtung, die sich wieder einmal manifestiert hat, die Empörung rechtfertigt. Ich bitte Sie aber, meine Freunde in der Zone und im Sektor, mir zu glauben, daß es mir ungeheuer schwerfällt, diesen Satz zu sagen: Lassen Sie sich nicht fortreißen, so stark und berechtigt die Erbitterung auch sein mag, ergeben Sie sich nicht der Verzweiflung. Noch ist nicht aller Tage Abend. Die Mächte der Finsternis werden nicht siegen. Noch niemals konnten Menschen auf die Dauer in der Sklaverei gehalten werden. Wir hier im freien Teil der Stadt – und ich bin tief überzeugt: die Menschen überall in der Bundesrepublik –, wir alle werden Sie nicht abschreiben. Wir werden uns niemals mit der brutalen Teilung dieser Stadt, mit der widernatürlichen Spaltung unseres Landes abfinden, und wenn die Welt voll Teufel wär!

Steno. Berichte des Abgeordnetenhauses von Berlin, III. Wahlperiode, Bd. III, 66. Sitzung, 13. 8. 1961, S. 251f.

120 Aufzeichnung des AA über eine Unterredung Konrad Adenauers mit dem sowjetischen Botschafter Andrei Andrejewitsch Smirnow, 6. Juni 1962

[...] Ausgehend von diesen Gedanken bitte er den Botschafter, dem sowjetischen Regierungschef folgenden Gedanken mitzuteilen: Sollte man nicht einmal ernsthaft überlegen, zwischen den beiden Ländern – also der Sowjetunion und der Bundesrepublik Deutschland – für zehn Jahre eine Art Waffenstillstand, natürlich im übertragenen Sinne zu schließen. Dies würde bedeuten, die Dinge während dieser Zeitspanne so zu lassen, wie sie sich jetzt darböten. Allerdings müsse dafür gesorgt werden, daß die Menschen in der DDR freier leben könnten, als es jetzt der Fall sei. In einer Periode von zehn Jahren könne eine Atmosphäre der Beruhigung eintreten, es könne ferner ein Verhältnis zwischen den beiden Ländern geschaffen werden, welches vor allem auf gegenseitiger Achtung beruhe. Die Bundesregierung respektiere die Sowjetunion und ihre Rechte, erwarte allerdings auch Gegenseitigkeit in dieser Beziehung. Man solle sich auf beiden Seiten einmal bemühen, zehn Jahre lang wirklich normale Verhältnisse eintreten zu lassen. Dann würde es auch mit der Verständigung über die strittigen, noch ungeklärten Fragen viel leichter werden. [...]

Es sei doch ein untragbarer, abscheulicher Zustand, fuhr der Herr Bundeskanzler fort, wenn, wie es kürzlich der Fall gewesen sei, Volkspolizisten einen Menschen, der versucht habe, schwimmend in den Westen zu gelangen, durch mehrere Schüsse töteten. Derartige Zwischenfälle seien höchst erregend und müßten aufhören. Der jetzige Zustand sei ein Ausfluß der Verhältnisse aus dem Kriege, wenn weiter eine Anzahl von Jahren unter erträglichen Verhältnissen ins Land gegangen seien, könne man mit diesen Residuen des Krieges leichter fertig werden. [...]

Der Herr Bundeskanzler betonte, daß es heute nur sein Ziel gewesen sei, dem Botschafter überhaupt einmal diese Idee zu unterbreiten, und zwar mit der Bitte, seinem Regierungschef ausführlich darüber zu berichten.

Sollte Chruščev diesen Gedanken für erwägenswert halten, dann könne man über die Einzelheiten sprechen. Ihm gehe es in erster Linie darum, mal einen anderen, einen neuen Gedanken in

die Diskussion zu bringen, um vielleicht auf diese Weise zu einer Entspannung und Verbesserung des Verhältnisses zwischen den beiden Ländern zu gelangen. [...]
 Alle Staaten und selbstverständlich auch die Bundesrepublik Deutschland wünschten die Erhaltung des Friedens, doch glaube er, daß man durch ständiges Reden und endlose Verhandlungen nicht vorankäme, sondern daß dadurch die Lage schließlich bei ergebnislosem Ausgang der Besprechungen sich verschlimmern würde. Er halte daher den Zeitpunkt für gekommen, eine längere Pause in den Gesprächen über die deutsche Frage eintreten zu lassen, um dadurch Zeit zu gewinnen, sich der Lösung anderer wichtiger Probleme in der Welt widmen zu können. Er denke hierbei vor allem an die große Aufgabe, zu einer kontrollierten Abrüstung zu gelangen. Zur Zeit seien die Politiker jedoch derart stark durch die verschiedenen Aufgaben beansprucht, daß sie keine Zeit hätten, sich mit der notwendigen Sorgfalt und Ruhe diesem entscheidenden Problem zu widmen. Man müsse sich stets vor Augen halten, daß die Sowjetunion und die Bundesrepublik Nachbarn seien und auch bleiben würden. Sein Wunsch sei es, zu wirklich normalen Beziehungen zur Sowjetunion zu kommen. [...]
 Abschließend wurde vereinbart, der Presse nichts über den Inhalt des Gesprächs mitzuteilen.

Dokumente Deutschlandpolitik IV, Bd. 8, S. 624f.

121 Nationales Dokument der Nationalen Front der DDR, 17. Juni 1962

[...] Die Beziehungen zwischen den beiden deutschen Staaten
 Die gegenwärtig in Westdeutschland herrschenden imperialistischen und militaristischen Kräfte, die den westdeutschen Separatstaat schufen, sind Gegner der Wiedervereinigung und haben sie bisher unmöglich gemacht. Wir können nicht voraussagen, wann die westdeutsche Bevölkerung die Kraft haben wird, diese Lage zu ändern. Ob wir es wünschen oder nicht: Wir müssen auf längere Zeit mit dem Bestehen zweier grundverschiedener und voneinander völlig unabhängiger deutscher Staaten rechnen.

Nicht nur mit dem Bestehen, sondern mit dem Nebeneinanderbestehen, denn wir können nicht die Geographie Europas ändern. [...]

Da sie aber nun einmal für möglicherweise längere Zeit nebeneinander existieren werden, müssen sie auch lernen, miteinander friedlich auszukommen, friedlich miteinander zu leben, miteinander sachlich zu sprechen, gemeinsam interessierende Fragen zu regeln und vielleicht noch etwas mehr an Zusammenarbeit zu entwickeln, als es gemeinhin zwischen Nachbarn geboten ist. Eine gute Nachbarschaft aber ist offensichtlich unmöglich, wenn – wie in diesem Falle – der eine Nachbar, die westdeutsche Bundesrepublik, ständig versucht, dem anderen Nachbarn, der Deutschen Demokratischen Republik, das Dach über dem Kopfe anzuzünden. Es ist ganz klar, daß sich die Deutsche Demokratische Republik gegen solche Anschläge gewisser herrschender Kreise der westdeutschen Bundesrepublik mit allen zu Gebote stehenden Mitteln zur Wehr setzt.

Wir sind der Ansicht, daß eine friedliche und vernünftige Zusammenarbeit, daß ein friedliches und vernünftiges Zusammenleben der beiden deutschen Staaten trotz ihrer unterschiedlichen Gesellschaftsordnungen und Lebensauffassungen durchaus möglich ist. Natürlich gibt es bei Staaten verschiedener Gesellschaftsordnungen grundsätzliche Meinungsverschiedenheiten. Die sollen gar nicht geleugnet und verkleinert werden. Es wäre höchst unzweckmäßig, das zu tun. Aber da in der Übergangsperiode vom Kapitalismus zum Sozialismus in der ganzen Welt kapitalistische und sozialistische Staaten wohl oder übel miteinander und nebeneinander leben müssen, wenn nicht im Inferno eines nuklearen Krieges große Teile der Menschheit vernichtet werden sollen, so sollte ein solches Miteinanderleben doch erst recht im Verhältnis der beiden deutschen Staaten möglich sein. Wir nennen das friedliche Koexistenz. Sie setzt voraus die Achtung vor der Souveränität und den Rechten des Partnerstaates. Sie setzt den Verzicht voraus, mit Gewalt die innere Ordnung in dem anderen Staat umstürzen zu wollen. Weshalb sollte das also im Verhältnis zwischen den beiden deutschen Staaten nicht möglich sein? Wir sind der Ansicht: Bei aller Klarheit über die Unvermeidlichkeit der ideologischen Auseinandersetzungen bietet die friedliche Koexistenz die Gewähr eines friedlichen Miteinanderlebens und eines friedlichen

Wettbewerbs der beiden deutschen Staaten bis zu ihrer Vereinigung.

Diese friedliche Koexistenz der sozialistischen Deutschen Demokratischen Republik mit dem kapitalistischen westdeutschen Staat ist nicht lediglich ein vorübergehender und vielleicht höchst unsicherer Waffenstillstand. Das ist nicht ein Zustand, in dem lediglich nicht geschossen wird. Die friedliche Koexistenz bedeutet vielmehr, daß die beiden deutschen Staaten normale wirtschaftliche, kulturelle und auch politische Beziehungen untereinander haben, daß sie auf den verschiedensten Gebieten zusammenarbeiten und auf der Basis der Gegenseitigkeit und völligen Gleichberechtigung ihre Rechte und vernünftigen Interessen achten.

Der Abschluß eines Friedensvertrages mit der Regelung der Westberlinfrage und die Bildung einer Konföderation der beiden deutschen Staaten – das ist der sichere und schmerzlose Weg zur Lösung der nationalen Frage des deutschen Volkes. [...]

Unter den geschichtlichen Bedingungen, wie sie sich nun einmal auf dem Gebiete des früheren Deutschen Reiches und in dem gespaltenen Deutschland entwickelt haben, ist die geeignetste Form für die friedliche Koexistenz der beiden deutschen Staaten eine deutsche Konföderation. Westberlin, das auf dem Territorium der Deutschen Demokratischen Republik liegt, würde als entmilitarisierte freie und neutrale Stadt an einer deutschen Konföderation teilnehmen können. Die Konföderation würde ein Maximum der Verständigung über alle wirtschaftlichen und rechtlichen und kulturellen Fragen, über internationale und nationale Fragen ermöglichen, jede Gefahr eines bewaffneten Konfliktes ausschalten und eine weitere Vertiefung des Grabens zwischen den beiden deutschen Staaten verhindern. Wir meinen, daß alle Deutschen in Ost und West daran interessiert sein sollten.

Natürlich ist eine solche deutsche Konföderation nicht für die Ewigkeit gedacht. Sie hätte die Zeit zu überbrücken, in der es zwei deutsche Staaten gibt. Sie würde also mit der Wiedervereinigung Deutschlands erlöschen. [...]

Dokumente Deutschlandpolitik IV, Bd. 8, S. 651 ff.

122 Vortrag des Leiters des Presse- und Informationsamtes des Landes Berlin, Egon Bahr, in der Evangelischen Akademie in Tutzing, 15. Juli 1963

[...] Die Voraussetzungen zur Wiedervereinigung sind nur mit der Sowjetunion zu schaffen. Sie sind nicht in Ost-Berlin zu bekommen, nicht gegen die Sowjetunion, nicht ohne sie. Wer Vorstellungen entwickelt, die sich im Grunde darauf zurückführen lassen, daß die Wiedervereinigung mit Ost-Berlin zu erreichen ist, hängt Illusionen nach und sollte sich die Anwesenheit von 20 oder 22 gut ausgerüsteten sowjetischen Divisionen vergegenwärtigen.

Die amerikanische Strategie des Friedens läßt sich auch durch die Formel definieren, daß die kommunistische Herrschaft nicht beseitigt, sondern verändert werden soll. Die Änderung des Ost/West-Verhältnisses, die die USA versuchen wollen, dient der Überwindung des Status quo, indem der Status quo zunächst nicht verändert werden soll. Das klingt paradox, aber es eröffnet Aussichten, nachdem die bisherige Politik des Drucks und Gegendrucks nur zu einer Erstarrung des Status quo geführt hat. Das Vertrauen darauf, daß unsere Welt die bessere ist, die im friedlichen Sinn stärkere, die sich durchsetzen wird, macht den Versuch denkbar, sich selbst und die andere Seite zu öffnen und die bisherigen Befreiungsvorstellungen zurückzustellen.

Die Frage ist, ob es innerhalb dieser Konzeption eine spezielle deutsche Aufgabe gibt. Ich glaube, diese Frage ist zu bejahen, wenn wir uns nicht ausschließen wollen von der Weiterentwicklung des Ost/West-Verhältnisses. Es gibt sogar in diesem Rahmen Aufgaben, die nur die Deutschen erfüllen können, weil wir uns in Europa in der einzigartigen Lage befinden, daß unser Volk geteilt ist.

Die erste Folgerung, die sich aus einer Übertragung der Strategie des Friedens auf Deutschland ergibt, ist, daß die Politik des Alles oder Nichts ausscheidet. Entweder freie Wahlen oder gar nichts, entweder gesamtdeutsche Entscheidungsfreiheit oder ein hartes Nein, entweder Wahlen als erster Schritt oder Ablehnung, das alles ist nicht nur hoffnungslos antiquiert und unwirklich, sondern in einer Strategie des Friedens auch sinnlos. Heute ist klar, daß die Wiedervereinigung nicht ein einmaliger Akt ist, der durch einen historischen Beschluß an einem historischen Tag auf einer historischen Konferenz ins Werk gesetzt wird, sondern ein Prozeß mit vielen Schritten und vielen Stationen. Wenn es richtig ist, was Kennedy sagte, daß man auch die Interessen der anderen Seite anerkennen und berücksichtigen müsse, so ist es sicher für die Sowjetunion unmöglich, sich die Zone zum Zwecke einer Verstärkung des westlichen Potentials entreißen zu lassen. Die Zone muß mit Zustimmung der Sowjets transformiert werden. Wenn wir soweit wären, hätten wir einen großen Schritt zur Wiedervereinigung getan. [...]

Wenn es richtig ist, und ich glaube, es ist richtig, daß die Zone dem sowjetischen Einflußbereich nicht entrissen werden kann, dann ergibt sich daraus, daß jede Politik zum direkten Sturz des Regimes drüben aussichtslos ist. Diese Folgerung ist rasend unbequem und geht gegen unser Gefühl, aber sie ist logisch. Sie bedeutet, daß Änderungen und Veränderungen nur ausgehend von dem zur Zeit dort herrschenden verhaßten Regime erreichbar sind. [...]

Ich komme zu dem Ergebnis, daß sich unterhalb der juristischen Anerkennung, unterhalb der bestätigten Legitimität dieses Zwangsregimes bei uns so viel eingebürgert hat, daß es möglich sein muß, diese Formen auch gegebenenfalls in einem für uns günstigen Sinne zu benutzen. [...]

Der amerikanische Präsident hat die Formel geprägt, daß soviel Handel mit den Ländern des Ostblocks entwickelt werden sollte, wie es möglich ist, ohne unsere Sicherheit zu gefährden. Wenn man diese Formel auf Deutschland anwendet, so eröffnet sich ein ungewöhnlich weites Feld. Es wäre gut, wenn dieses Feld zunächst einmal nach den Gesichtspunkten unserer Möglichkeiten und unserer Grenzen abgesteckt würde. [...]

Uns hat es zunächst um die Menschen zu gehen und um die Ausschöpfung jedes denkbaren und verantwortbaren Versuchs, ihre Situation zu erleichtern. Eine materielle Verbesserung müßte eine entspannende Wirkung in der Zone haben. Ein stärkeres Konsumgüterangebot liegt in unserem Interesse. In der Sowjetunion ist der Konsumwunsch gewachsen und hat zu positiven Wirkungen beigetragen. Es ist nicht einzusehen, warum es in der Zone anders sein sollte.

Die Sowjetunion ist angetreten mit dem Ziel, den Westen einzuholen und zu überholen, gerade auch auf dem Gebiet des Lebensstandards, auf dem der Westen am stärksten ist. Abgesehen davon, daß es sich dabei um ein Ziel handelt, das den Westen als Vorbild hinstellen muß und an seiner Leistung orientiert ist, ist offensichtlich, daß diese Politik nicht allein die Zone innerhalb des Ostblocks ausnehmen kann. Den Prozeß zur Hebung des Lebensstandards zu beschleunigen, weil sich dadurch Erleichterungen mannigfacher Art für die Menschen und durch verstärkte Wirtschaftsbeziehungen verstärkte Bindungen ergeben können, würde demnach in unserem Interesse liegen.

Man könnte die Sorge haben, daß dann die Unzufriedenheit unserer Landsleute etwas nachläßt. Aber eben das ist erwünscht, denn das ist eine weitere Voraussetzung dafür, daß in dem Prozeß zur Wiedervereinigung ein Element wegfallen würde, das zu unkontrollierbaren Entwicklungen führen könnte und damit zu zwangsläufigen Rückschlägen führen müßte. Man könnte sagen, das Regime würde dadurch gestützt, aber ich habe eben zu entwickeln versucht, daß es keinen praktikablen Weg über den Sturz des Regimes gibt. Ich sehe nur den schmalen Weg der Erleichterung für die Menschen in so homöopathischen Dosen, daß sich daraus nicht die Gefahr eines revolutionären Umschlags ergibt, die das sowjetische Eingreifen aus sowjetischem Interesse zwangsläufig auslösen würde.

Die Bundesregierung hat in ihrer letzten Regierungserklärung gesagt, sie sei bereit, »über vieles mit sich reden zu lassen, wenn unsere Brüder in der Zone sich einrichten können, wie sie wollen. Überlegungen der Menschlichkeit spielen hier für uns eine größere Rolle als nationale Überlegungen«. Als einen Diskussionsbeitrag in diesem Rahmen möchte ich meine Ausführungen verstanden wissen. Wir haben gesagt, daß die Mauer ein Zeichen der Schwäche ist. Man könnte auch sagen, sie war ein Zeichen der Angst und des Selbsterhaltungstriebes des kommunistischen Regimes. Die Frage ist, ob es nicht Möglichkeiten gibt, diese durchaus berechtigten Sorgen dem Regime graduell soweit zu nehmen, daß auch die Auflockerung der Grenzen und der Mauer praktikabel wird, weil das Risiko erträglich ist. Das ist eine Politik, die man auf die Formel bringen könnte: Wandel durch Annäherung. Ich bin fest davon überzeugt, daß wir Selbstbewußtsein genug haben können, um eine solche Politik ohne Illusionen zu verfolgen, die sich außerdem nahtlos in das westliche Konzept der Strategie des

Friedens einpaßt, denn sonst müßten wir auf Wunder warten, und das ist keine Politik.

Dokumente Deutschlandpolitik IV, Bd. 9, S. 572 ff.

123 Rede des Bundeskanzlers Kurt-Georg Kiesinger vor dem Bundestag, 17. Juni 1967

[...] Da es, wie ich eingangs sagte, darum geht, das deutsche Problem mit Ernst und Redlichkeit zu bedenken, dürfen wir der Frage nicht ausweichen, wie sich diese unsere Politik der Entspannung als Voraussetzung der Überwindung der Spaltung unseres Volkes vereinbaren läßt mit unserem westlichen Bündnis und mit unserem Bemühen um die Einigung Europas. Schließt das eine das andere nicht aus? Liegt hier nicht ein tragischer Widerspruch des Denkens und Empfindens unserer gesamten Politik vor?

Deutschland, ein wiedervereinigtes Deutschland, hat eine kritische Größenordnung. Es ist zu groß, um in der Balance der Kräfte keine Rolle zu spielen, und zu klein, um die Kräfte um sich herum selbst im Gleichgewicht zu halten. Es ist daher in der Tat nur schwer vorstellbar, daß sich ganz Deutschland bei einer Fortdauer der gegenwärtigen politischen Struktur in Europa der einen oder der anderen Seite ohne weiteres zugesellen könnte. Eben darum kann man das Zusammenwachsen der getrennten Teile Deutschlands nur eingebettet sehen in den Prozeß der Überwindung des Ost-West-Konflikts in Europa.

Die Bundesrepublik Deutschland kann ebenso wie ihre Verbündeten eine weitschauende Entspannungspolitik nur führen auf der Grundlage der eigenen Freiheit und Sicherheit. Die atlantischen und die europäischen Mitglieder des Bündnisses sind deshalb heute wie früher aufeinander angewiesen. Aber unsere Bündnisse und unsere Gemeinschaften haben keine aggressiven Ziele. Sie würden ihren Sinn verfehlen, wenn es ihnen zwar gelänge, in einer machtpolitisch kritischen Region eine lange Waffenruhe zu sichern, wenn aber zugleich die Spannungen akkumuliert und die schließliche Entladung um so verheerender sein würde. Deshalb müßte die Entwicklung folgerichtig zu einem Interessenausgleich zwischen den Bündnissen im Westen und im Osten und schließlich zu einer Zusammenarbeit führen – einer unentbehrlichen Zusammenarbeit, angesichts der Krisenherde in allen Regionen unserer Welt, der rapiden Veränderungen überall, die lebensgefährlich werden müssen, wenn sie wie ungebändigte Sturmfluten alles und alle mit sich reißen.

Angesichts dieser Veränderungen unserer Welt erscheinen viele alte Gegensätze und Frontstellungen heute schon sinnlos. Morgen könnten sie sich als selbstmörderisch erweisen, denn es zeichnen sich mögliche Konflikte ab, denen gegenüber sich unsere heutigen fast harmlos ausnehmen. Wir müssen hoffen, daß diese Einsicht zunehmend das politische Denken und Handeln im Osten und Westen beeinflussen wird.

In diesem Zusammenhang findet auch die Lösung der deutschen Frage ihren Ort, und unser Verhältnis zum anderen Teil Deutschlands muß im Rahmen solcher Überlegungen bedacht werden. Die Einigung unseres Volkes kann, so wie die Dinge liegen, gegenwärtig nicht durch Gespräche zwischen Vertretern der Bundesrepublik und den Verantwortlichen im anderen Teil Deutschlands herbeigeführt werden – ganz gewiß schon darum nicht, weil von uns die politische und rechtliche Anerkennung eines zweiten deutschen Staates, also die Besiegelung der Teilung Deutschlands, in solchen Gesprächen verlangt wird. Aber auch die weltpolitische Problematik, in die das deutsche Problem eingeflochten ist, macht Gespräche mit der Macht notwendig, welche das Regime im anderen Teil Deutschlands lenkt und stützt und gegen deren Willen – der 17. Juni 1953 hat es bitter bewiesen – eine Einigung Deutschlands nicht gelingen wird.

Was aber zwischen uns und den Verantwortlichen im anderen Teil Deutschlands möglich ist, das sind Gespräche und Vereinbarungen, welche die durch die erzwungene Spaltung geschaffene Not lindern und die menschlichen, wirtschaftlichen und geistigen Beziehungen zwischen den Deutschen bessern sollen, welche verhindern sollen, daß das deutsche Volk sich von Jahr zu Jahr auseinanderlebt. Diese innere Entkrampfung oder Entgiftung entspräche unserem großen Entwurf einer künftigen europäischen Friedensordnung; sie könnte ihr hilfreich dienen. [...]

Dokumente Deutschlandpolitik V, Bd. 1, S. 1321 ff.

124 Verfassungen der DDR vom 6. April 1968 und 7. Oktober 1974

1968:
Getragen von der Verantwortung, der ganzen deutschen Nation den Weg in eine Zukunft des Friedens und des Sozialismus zu weisen,

in Ansehung der geschichtlichen Tatsache, daß der Imperialismus unter Führung der USA im Einvernehmen mit Kreisen des westdeutschen Monopolkapitals Deutschland gespalten hat, um Westdeutschland zu einer Basis des Imperialismus und des Kampfes gegen den Sozialismus aufzubauen, was den Lebensinteressen der Nation widerspricht,

hat sich das Volk der Deutschen Demokratischen Republik,

fest gegründet auf den Errungenschaften der antifaschistisch-demokratischen und der sozialistischen Umwälzung der gesellschaftlichen Ordnung,

einig in seinen werktätigen Klassen und Schichten das Werk der Verfassung vom 7. Oktober 1949 in ihrem Geiste weiterführend

und von dem Willen erfüllt, den Weg des Friedens, der sozialen Gerechtigkeit, der Demokratie, des Sozialismus und der Völkerfreundschaft in freier Entscheidung unbeirrt weiterzugehen,

diese sozialistische Verfassung gegeben.

Art. 1

Die Deutsche Demokratische Republik ist ein sozialistischer Staat deutscher Nation. Sie ist die politische Organisation der Werktätigen in Stadt und Land, die gemeinsam unter Führung der Arbeiterklasse und ihrer marxistisch-leninistischen Partei den Sozialismus verwirklichen.

Art. 2

(1) Alle politische Macht in der Deutschen Demokratischen Republik wird von den Werktätigen ausgeübt. Der Mensch steht im Mittelpunkt aller Bemühungen der sozialistischen Gesellschaft und ihres Staates. Das gesellschaftliche System des Sozialismus wird ständig vervollkommnet. [...]

Art. 4

Alle Macht dient dem Wohle des Volkes. Sie sichert sein friedliches Leben, schützt die sozialistische Gesellschaft und gewährleistet die planmäßige Steigerung des Lebensstandards, die freie Entwicklung des Menschen, wahrt seine Würde und garantiert die in dieser Verfassung verbürgten Rechte.

Art. 6

(1) Die Deutsche Demokratische Republik hat getreu den Interessen des deutschen Volkes und der internationalen Verpflichtung aller Deutschen auf ihrem Gebiet den deutschen Militarismus und Nazismus ausgerottet und betreibt eine dem Frieden und dem Sozialismus, der Völkerverständigung und der Sicherheit dienende Außenpolitik.

(2) Die Deutsche Demokratische Republik pflegt und entwickelt entsprechend den Prinzipien des sozialistischen Internationalismus die allseitige Zusammenarbeit und Freundschaft mit der Union der Sozialistischen Sowjetrepubliken und den anderen sozialistischen Staaten. [...]

1974:
In Fortsetzung der revolutionären Traditionen der deutschen Arbeiterklasse und gestützt auf die Befreiung vom Faschismus hat das Volk der Deutschen Demokratischen Republik in Übereinstimmung mit den Prozessen der geschichtlichen Entwicklung unserer Epoche sein Recht auf sozial-ökonomische, staatliche und nationale Selbstbestimmung verwirklicht und gestaltet die entwickelte sozialistische Gesellschaft.

Erfüllt von dem Willen, seine Geschicke frei zu bestimmen, unbeirrt auch weiter den Weg des Sozialismus und Kommunismus, des Friedens, der Demokratie und Völkerfreundschaft zu gehen, hat sich das Volk der Deutschen Demokratischen Republik diese sozialistische Verfassung gegeben.

Art. 1

Die Deutsche Demokratische Republik ist ein sozialistischer Staat der Arbeiter und Bauern. Sie ist die politische Organisation der Werktätigen in Stadt und Land unter Führung der Arbeiterklasse und ihrer marxistisch-leninistischen Partei.

Art. 2

(1) Alle politische Macht in der Deutschen Demokratischen Republik wird von den Werktätigen in Stadt und Land ausgeübt. Der Mensch steht im Mittelpunkt aller Bemühungen der sozialistischen Gesellschaft und ihres Staates. Die weitere Erhöhung des materiellen und kulturellen Lebensniveaus des Volkes auf der Grundlage eines hohen Entwicklungstempos der sozialistischen Produktion, der Erhöhung der Effektivität, des wissenschaftlich-technischen Fortschritts und des Wachstums der Arbeitsproduktivität ist die entscheidende Aufgabe der entwickelten sozialistischen Gesellschaft. [...]

Art. 6

(1) Die Deutsche Demokratische Republik hat getreu den Interessen des Volkes und den internationalen Verpflichtungen auf ihrem Gebiet den deutschen Militarismus und Nazismus ausgerottet. Sie betreibt eine dem Sozialismus und dem Frieden, der Völkerverständigung und der Sicherheit dienende Außenpolitik. [...]

Gesetzblatt der DDR I, 1968 S. 199 ff. u. 1974, S. 432 ff.

125 Bericht des Bundeskanzlers Willy Brandt zur Lage der Nation, 14. Januar 1970

[...] Was nun unser heutiges Thema angeht, so ist festzustellen: 25 Jahre nach der bedingungslosen Kapitulation des Hitler-Reiches bildet der Begriff der Nation das Band um das gespaltene Deutschland. Im Begriff der Nation sind geschichtliche Wirklichkeit und politischer Wille vereint. Nation umfaßt und bedeutet mehr als gemeinsame Sprache und Kultur, als Staat und Gesellschaftsordnung. Die Nation gründet sich auf das fortdauernde Zusammengehörigkeitsgefühl der Menschen eines Volkes. Niemand kann leugnen, daß es in diesem Sinne eine deutsche Nation gibt und geben wird, soweit wir vorauszudenken vermögen. Im übrigen: auch oder, wenn man so will, selbst die DDR bekennt sich in ihrer Verfassung als Teil dieser deutschen Nation.

Wir müssen, so meine ich, eine historische und eine politische Perspektive haben, wenn über die Lage der Nation gesprochen wird, wenn wir die Forderung auf Selbstbestimmung für das deutsche Volk bekräftigen. Die Geschichte, die Deutschland durch eigene Schuld, jedenfalls nicht ohne eigene Schuld, geteilt hat, wird darüber entscheiden, wann und wie diese Forderung verwirklicht werden kann. Aber solange die Deutschen den politischen Willen aufbringen, diese Forderung nicht aufzugeben, so lange bleibt die Hoffnung, daß spätere Generationen in einem Deutschland leben werden, an dessen politischer Ordnung die Deutschen in ihrer Gesamtheit mitwirken können.

Auch in einer europäischen Friedensordnung werden die nationalen Komponenten ihren Rang haben. Aber bis zur Selbstbestimmung der Deutschen in einer solchen Friedensordnung wird es ein langer, ein weiter und ein schwerer Weg sein. Die Länge und die Schwere dieses Weges dürfen uns nicht davon abhalten, in dieser Phase der Geschichte, wenn es möglich ist, zu einem geregelten Nebeneinander zwischen den beiden Staaten in Deutschland zu kommen. Es geht um den deutschen Beitrag in einer internationalen Lage, in der sich, um mit den Worten Präsident Nixons zu sprechen, ein Übergang von der Konfrontation zur Kooperation vollziehen soll. [...]

Im übrigen bleibt es dabei: Bundesrepublik und DDR sind füreinander nicht Ausland. Und es bleibt auch dabei: Eine völkerrechtliche Anerkennung der DDR kommt für uns nicht in Betracht. [...]

Dabei wollen wir uns bitte alle im klaren darüber sein, daß es auf dieser Welt außerhalb unseres Volkes nicht allzu viele Menschen gibt, die sich angesichts der Eventualität begeistern, daß die 60 und die 17 Millionen, daß das eine und das andere Wirtschaftspotential, von den Armeen nicht zu sprechen, zusammenkommen. Aber auch ein Streit darüber lohnte sich jetzt kaum. Ich will nur deutlich machen, was ich in diesem Zusammenhang für die Wahrheit halte: es gibt trotz allem noch die Einheit der Nation. Die Einheit der Deutschen hängt von vielen Faktoren ab und doch wohl nicht in erster Linie, jedenfalls nicht allein, von dem, was in der Verfassung steht, sondern von dem, was wir tun, nicht in erster Linie oder allein von dem, was in Verträgen steht, sondern davon, wieweit wir andere Staaten als Freunde gewinnen, weniger von Potsdam 1945 als vielmehr von der Überwindung der europäischen Spaltung in den siebziger, achtziger und, wenn es sein muß, in den neunziger Jahren, meine Damen und Herren! [...]

Steno. Berichte, 6. BT, 22. Sitzung, S. 839 B ff.

126 Moskauer Vertrag, 12. August 1970

Die Hohen Vertragschließenden Parteien

In dem Bestreben, zur Festigung des Friedens und der Sicherheit in Europa und in der Welt beizutragen,

in der Überzeugung, daß die friedliche Zusammenarbeit zwischen den Staaten auf der Grundlage der Ziele und Grundsätze der Charta der Vereinten Nationen den sehnlichen Wünschen der Völker und den allgemeinen Interessen des internationalen Friedens entspricht,

in Würdigung der Tatsache, daß die früher von ihnen verwirklichten vereinbarten Maßnahmen, insbesondere der Abschluß des Abkommens vom 13. September 1955 über die Aufnahme der diplomatischen Beziehungen, günstige Bedingungen für neue wichtige Schritte zur Weiterentwicklung und Festigung ihrer gegenseitigen Beziehungen geschaffen haben,

in dem Wunsche, in vertraglicher Form ihrer Entschlossenheit zur Verbesserung und Erweiterung der Zusammenarbeit zwischen ihnen Ausdruck zu verleihen, einschließlich der wirtschaftlichen Beziehungen sowie der wissenschaftlichen, technischen und kulturellen Verbindungen, im Interesse beider Staaten,

sind wie folgt übereingekommen:

Artikel 1

Die Bundesrepublik Deutschland und die Union der Sozialistischen Sowjetrepubliken betrachten es als wichtiges Ziel ihrer Politik, den internationalen Frieden aufrechtzuerhalten und die Entspannung zu erreichen.

Sie bekunden ihr Bestreben, die Normalisierung der Lage in Europa und die Entwicklung friedlicher Beziehungen zwischen allen europäischen Staaten zu fördern und gehen dabei von der in diesem Raum bestehenden wirklichen Lage aus.

Artikel 2

Die Bundesrepublik Deutschland und die Union der Sozialistischen Sowjetrepubliken werden sich in ihren gegenseitigen Beziehungen sowie in Fragen der Gewährleistung der europäischen und der internationalen Sicherheit von den Zielen und Grundsätzen, die in der Charta der Vereinten Nationen niedergelegt sind, leiten lassen. Demgemäß werden sie ihre Streitfragen ausschließlich mit friedlichen Mitteln lösen und übernehmen die Verpflichtung, sich in Fragen, die die Sicherheit in Europa und die internationale Sicherheit berühren, sowie in ihren gegenseitigen Beziehungen gemäß Artikel 2 der Charta der Vereinten Nationen der Drohung mit Gewalt oder der Anwendung von Gewalt zu enthalten.

Artikel 3

In Übereinstimmung mit den vorstehenden Zielen und Prinzipien stimmen die Bundesrepublik Deutschland und die Union der Sozialistischen Sowjetrepubliken in der Erkenntnis überein, daß der Friede in Europa nur erhalten werden kann, wenn niemand die gegenwärtigen Grenzen antastet.

Sie verpflichten sich, die territoriale Integrität aller Staaten in Europa in ihren heutigen Grenzen uneingeschränkt zu achten;

sie erklären, daß sie keine Gebietsansprüche gegen irgend jemand haben und solche in Zukunft auch nicht erheben werden;

sie betrachten heute und künftig die Grenzen aller Staaten in Europa als unverletzlich, wie sie am Tage der Unterzeichnung dieses Vertrages verlaufen, einschließlich der Oder-Neiße-Linie, die die Westgrenze der Volksrepublik Polen bildet, und der Grenze zwischen der Bundesrepublik Deutschland und der Deutschen Demokratischen Republik. [...]

Texte Deutschlandpolitik, Bd. 6, S. 93 ff.

127 Brief zur deutschen Einheit, 12. August 1970

Im Zusammenhang mit der heutigen Unterzeichnung des Vertrages zwischen der Bundesrepublik Deutschland und der Union der Sozialistischen Sowjetrepubliken beehrt sich die Regierung der Bundesrepublik Deutschland festzustellen, daß dieser Vertrag nicht im Widerspruch zu dem politischen Ziel der Bundesrepublik Deutschland steht, auf einen Zustand des Friedens in Europa hinzuwirken, in dem das deutsche Volk in freier Selbstbestimmung seine Einheit wiedererlangt.

Texte Deutschlandpolitik, Bd. 6, S. 96.

128 Warschauer Vertrag, 7. Dezember 1970

Die Bundesrepublik Deutschland
und die
Volksrepublik Polen

In der Erwägung, daß mehr als 25 Jahre seit Ende des Zweiten Weltkrieges vergangen sind, dessen erstes Opfer Polen wurde und der über die Völker Europas schweres Leid gebracht hat,
   eingedenk dessen, daß in beiden Ländern inzwischen eine neue Generation herangewachsen ist, der eine friedliche Zukunft gesichert werden soll,
   in dem Wunsche, dauerhafte Grundlagen für ein friedliches Zusammenleben und die Entwicklung normaler und guter Beziehungen zwischen ihnen zu schaffen,
   in dem Bestreben, den Frieden und die Sicherheit in Europa zu festigen,
   in dem Bewußtsein, daß die Unverletzlichkeit der Grenzen und die Achtung der territorialen Integrität und der Souveränität aller Staaten in Europa in ihren gegenwärtigen Grenzen eine grundlegende Bedingung für den Frieden sind,
   sind wie folgt übereingekommen:

Artikel I

(1) Die Bundesrepublik Deutschland und die Volksrepublik Polen stellen übereinstimmend fest, daß die bestehende Grenzlinie, deren Verlauf im Kapitel IX der Beschlüsse der Potsdamer Konferenz vom 2. August 1945 von der Ostsee unmittelbar westlich von Swinemünde und von dort die Oder entlang bis zur Einmündung der Lausitzer Neiße und die Lausitzer Neiße entlang bis zur Grenze mit der Tschechoslowakei festgelegt worden ist, die westliche Staatsgrenze der Volksrepublik Polen bildet.

(2) Sie bekräftigen die Unverletzlichkeit ihrer bestehenden Grenzen jetzt und in der Zukunft und verpflichten sich gegenseitig zur uneingeschränkten Achtung ihrer territorialen Integrität.

(3) Sie erklären, daß sie gegeneinander keinerlei Gebietsansprüche haben und solche auch in Zukunft nicht erheben werden.

Artikel II

(1) Die Bundesrepublik Deutschland und die Volksrepublik Polen werden sich in ihren gegenseitigen Beziehungen sowie in Fragen der Gewährleistung der Sicherheit in Europa und in der Welt von den Zielen und Grundsätzen, die in der Charta der Vereinten Nationen niedergelegt sind, leiten lassen.

(2) Demgemäß werden sie entsprechend den Artikeln 1 und 2 der Charta der Vereinten Nationen alle ihre Streitfragen ausschließlich mit friedlichen Mitteln lösen und sich in Fragen, die die europäische und internationale Sicherheit berühren, sowie in ihren gegenseitigen Beziehungen der Drohung mit Gewalt oder der Anwendung von Gewalt enthalten.

Artikel III

(1) Die Bundesrepublik Deutschland und die Volksrepublik Polen werden weitere Schritte zur vollen Normalisierung und umfassenden Entwicklung ihrer gegenseitigen Beziehungen unternehmen, deren feste Grundlage dieser Vertrag bildet.

(2) Sie stimmen darin überein, daß eine Erweiterung ihrer Zusammenarbeit im Bereich der wirtschaftlichen, wissenschaft-

lichen, wissenschaftlich-technischen, kulturellen und sonstigen Beziehungen in ihrem beiderseitigen Interesse liegt. [...]

Texte Deutschlandpolitik, Bd. 6, S. 258 f.

129 Rundfunk- und Fernsehansprache des Bundespräsidenten Gustav Heinemann zum 100. Jahrestag der Gründung des Deutschen Reiches, 17. Januar 1971

Meine Damen und Herren!
Gedenktage kommen ungerufen. Sie stellen sich zumal dann ein, wenn sich die Zahl der Jahre nach dem Geschehnis rundet. So wird es morgen 100 Jahre her sein, daß im Spiegelsaal von Versailles der König von Preußen zum Deutschen Kaiser ausgerufen wurde. Der 18. Januar 1871 gilt deshalb als der Geburtstag des Deutschen Reiches und damit des deutschen Nationalstaates. Für Generationen ist dieser Tag ein Höhepunkt ihres Geschichtsbewußtseins gewesen.

Uns ist aber heute nicht nach einer Hundertjahrfeier zumute. Das Deutsche Reich als damaliger Ausdruck der endlich erreichten, wenn auch nur kleindeutschen Einheit unseres Volkes ohne die Deutschösterreicher hat sich in zwei Staaten verwandelt. Keiner dieser beiden Staaten ist nach seiner inneren Ordnung mehr mit dem Deutschen Reich von 1871 vergleichbar. Preußen, die Vormacht und gestaltende Kraft jenes Vorganges von 1871, ist ausgelöscht. Berlin, die Hauptstadt des Deutschen Reiches, ist zerschnitten. Wesentliche Teile des Reichsgebietes von 1871 gehören nicht mehr zu uns. Diese nüchternen Feststellungen schließen es aus, daß wir den 18. Januar morgen so feiern, wie er geraume Zeit begangen worden ist. [...]

Unsere Geschichte ist in vieler Hinsicht anders verlaufen als die unserer Nachbarn. Man hat uns eine »verspätete Nation« genannt. In der Tat haben wir unsere nationale Einheit 1871 später und unvollkommener erlangt als andere Nationen. Der Ruf nach Einheit erhob sich in den Befreiungskriegen gegen Napoleon, bei den unruhigen Studenten auf dem Wartburgfest 1817, in der großartigen Volksfeier 1832 auf dem Hambacher Schloß und sonderlich im Sturm und Drang der Jahre 1848/49. Aber ein jedes Mal wurde der

Ruf von jenen Dutzenden von Fürstenstaaten erstickt, in die Deutschland zerrissen blieb.

Durften wir 1871 jubeln? Emanuel Geibel hat es stellvertretend für viele bis in die Schulbücher hinein mit dem Vers getan
»Wie aus Jupiters Stirn einst Pallas Athene, so sprang aus Bismarcks Haupt das Reich waffengerüstet hervor.«
Bismarck als Schöpfer der Einheit mit Blut und Eisen – so wurde es gelehrt und in der Fülle der ihm gewidmeten Denkmäler in den deutschen Landschaften dargestellt.

Wir müssen erkennen, daß dieses eine Vereinfachung ist, bedenklich wie jede Vereinfachung, richtig und falsch zugleich. Bismarck erzwang 1871 den kleindeutschen fürstlichen Bundesstaat unter Ausschluß auch der Deutschen in Österreich – das ist richtig.

Aber Bismarck gehört nicht in die schwarz-rot-goldene Ahnenreihe derer, die mit der Einheit des Volkes zugleich demokratische Freiheit wollten. Wer also die Linie von den Befreiungskriegen und der Wartburg über Hambach, Frankfurter Paulskirche und Rastatt als Endstation der Revolution von 1848/49 bis nach Sedan und Versailles zieht, verzerrt den Gang der Geschichte. [...]

Als das Deutsche Reich vor 100 Jahren in Versailles ausgerufen wurde, war keiner von den 1848ern zugegen, ja, Männer wie August Bebel und Wilhelm Liebknecht und andere Sozialdemokraten, die sich gegen den nationalistischen Übermut des Sieges über Frankreich geäußert hatten, saßen in Gefängnissen. Um den Kaiser standen in Versailles allein die Fürsten, die Generäle, die Hofbeamten, aber keine Volksvertreter.

Die Reichsgründung hatte die Verbindung von demokratischem und nationalem Wollen zerrissen. Sie hat das deutsche Nationalbewußtsein einseitig an die monarchisch konservativen Kräfte gebunden, die in den Jahrzehnten vorher dem demokratischen Einheitswillen hartnäckig im Wege gestanden hatten. [...]

Was 1871 erreicht wurde, war eine äußere Einheit ohne volle innere Freiheit der Bürger. Die Staatsgewalt ging nicht vom Volke aus, sie lag bei den Fürsten und den Senaten der Hansestädte. Zwar wählte das Volk den Reichstag. Der Reichstag aber bestellte nicht die Regierung und hatte nur geringen Einfluß auf die Außen- und Militärpolitik.

Darum ist es kein Zufall, daß wir viele freiheitliche, liberale und demokratische Kräfte in Opposition zum Bismarckreich sehen. [...]

Texte Deutschlandpolitik, Bd. 6, S. 345 ff.

130 Abg. Richard von Weizsäcker (CDU) vor dem Bundestag, 24. Februar 1972

[...] Ich meine, Nation ist ein Inbegriff von gemeinsamer Vergangenheit und Zukunft, von Sprache und Kultur, von Bewußtsein und Wille, von Staat und Gebiet. Mit allen Fehlern, mit allen Irrtümern des Zeitgeistes und doch mit dem gemeinsamen Willen und Bewußtsein hat diesen unseren Nationbegriff das Jahr 1871 geprägt. Von daher – und nur von daher – wissen wir heute, daß wir uns als Deutsche fühlen. Das ist bisher durch nichts anderes ersetzt.

Leider aber haben wir im Jubiläumsjahr der Reichsgründung, also im letzten Jahr, statt dessen von hoher und besonders hoher Stelle andere, zumeist kritische Äußerungen zu dieser Nation gehört. Es war vorwiegend die Rede vom Widerstand weiter Teile der Gesellschaft gegen diese Nation, vom Riß zwischen Demokratie und Nation, von der Nation als dem Feld zur Erreichung gesellschaftspolitischer Ziele. Natürlich war sie unvollkommen. Natürlich gibt es in unserer Gesellschaft heute mehr Integration als damals. Und auch nichts gegen gesellschaftspolitische Ziele! Es ist die Aufgabe von uns, von den Parteien, um diese Ziele demokratisch zu wetteifern. Aber die Nation muß diesem Wettkampffeld übergeordnet bleiben. Jeder von uns fühlt sich als Deutscher auch dann, wenn er sich in diesem Wettkampf noch nicht durchgesetzt hat. [...]

Die Teilung Deutschlands ist nicht organisch, sie bleibt künstlich. Sie trennt zusammengehörige Menschen und Familien. Diese Menschen können einfach nicht den grotesken Verwandtschaftsthesen von Honecker zustimmen, wenn er sagt, für die Freizügigkeit komme es auf die Verwandtschaft nicht des Blutes, sondern der gesellschaftlichen Auffassungen an. Daher, Herr Minister Franke, wolle er die Grenze nach Polen und zur CSSR ebenso offen halten, wie er sie zur Bundesrepublik geschlossen halten wolle. Das ist wider die Natur. Die Menschen hüben und drüben empfinden sich als Deutsche. Man kann die Lage Deutschlands weder mit dem Gefühl natürlicher Vaterlandsliebe noch mit rationalen Erkenntnissen der Machtverhältnisse jeweils für sich allein lösen, denn beides gehört zusammen, und erst beides zusammen führt zu dem Ergebnis, daß eben heute keiner von uns eine präzise Antwort darauf geben kann, wie sich die deutsche Frage langfristig entwickeln wird. Die Zeiten für eine solche Antwort sind dafür noch nicht reif. Solche Lagen gibt es in der Geschichte öfter. Freilich verlangen sie von den Menschen auch das Schwerste, was es gibt, nämlich eine Offenhaltepolitik unverfälscht durchzuhalten und zu ertragen, auch dann, wenn keine Fortschritte sichtbar werden.

Enttäuschung und Ungeduld sind nur allzu verständlich, aber sie sind schlechte Ratgeber. Die Teilung, meine Damen und Herren, trennt das gemeinsame kulturelle Erbe, sie trennt gemeinsame Verantwortung für Vergangenheit und Zukunft, sie widerspricht dem heute lebendigen Bewußtsein. Die Zusammengehörigkeit ist eine politische, menschliche und geistige Realität, die uns alle betrifft und die nicht abseitigen nationalistischen Gruppen zum Mißbrauch überlassen bleiben kann.

Aber es hängt eben ganz wesentlich von uns ab, ob dies auch eine Realität bleibt. Wir müssen uns selbst immer von neuem gewissenhaft darüber Rechenschaft ablegen, ob sie es denn noch ist; denn kein Grundgesetz bietet die Gewähr für ihren ewigen Fortbestand. Aber wir müssen vor allem auch sehen, welchen Einfluß die Regierungspolitik auf diese Realität nimmt und nehmen kann. Den schlimmsten Schaden jedenfalls bringen andauernde Unklarheiten. Wenn die Regierung Gründe dafür sieht, von den bisherigen Zielen der Deutschlandpolitik abzuweichen, dann soll sie sie offen nennen und demokratisch erörtern lassen. Das Grundgesetz würde sie über kurz oder lang ohnehin dazu nötigen. Will sie das aber nicht, will sie vielmehr am Ziel der staatlichen Einheit in freier Selbstbestimmung wirklich festhalten, dann lasse sie nirgends, weder im In- noch im Ausland, weder in Verträgen noch in Absichtserklärungen, einen Zweifel daran aufkommen. Dann dulde sie keine anderweitigen Interpretationen ihrer Politik, am allerwenigsten bei unseren Verbündeten. Einen Mittelweg, meine Damen und Herren, gibt es nicht. Es wäre der Weg der Zweideutigkeit und der

Ungewißheit. Ein solcher Weg aber kann unsere Unterstützung nicht finden. Denn wir wollen nicht dazu beitragen, auf diese Weise die Lage der Nation, die empfindlich genug ist, weiter zu unterhöhlen.

Steno. Berichte 6. BT, Bd. 79, 172. Sitzung, S. 9837D.

131   Abg. Carlo Schmid (SPD) vor dem Bundestag, 25. Februar 1972

[...] Das andere, was im Grundgesetz vorgesehen ist, ist die Wahrung der Einheit der Nation. Ich möchte dazu einige Worte sagen; denn ich glaube, daß für uns Deutsche gerade heute wenige Dinge wichtiger sind als das eine, sich darauf zu besinnen, was es eigentlich heißt, eine Nation zu sein. Viele meinen, daß man einige Schlachten gewonnen hat, mache eine Nation. Andere meinen, die gemeinsame deutsche Sprache mache für sich allein die Nation, oder daß eine Krone im tiefen Rhein liegt, mache die Nation. Das alles ist schön, ist gut und gehört mit dazu, aber das Entscheidende ist es nicht.

Der bedeutendste augenblickliche Historiker Frankreichs, Gaxotte, läßt sein lesenswertes Buch »Geschichte der Deutschen« mit dem Satz beginnen: »Die Deutschen sind eine unglückliche Nation. Kaum je in ihrer Geschichte haben sie in einem Staate vereinigt leben können. Aber aus welchen Gründen?« Wir sind in der Tat eine unglückliche Nation. Daß man überhaupt die Frage stellen konnte: Was ist des Deutschen Vaterland?, daß man die Frage stellen kann: Wie steht es denn eigentlich mit der Nation, mit der Möglichkeit einer deutschen Nation?, zeigt, wie anders wir dran sind als andere.

Wir haben uns schließlich darauf zurückgezogen, zu sagen: Na gut, wir sind keine politische Nation, aber eine Kulturnation. Meine Damen und Herren, das reicht nicht aus. Auf die Dauer blaßt so etwas ab und läßt allen möglichen Dingen freien Raum, die nicht gut wären für unser Land und unser Volk und auch nicht für dieses Europa. Man muß schon mehr sein wollen als eine bloße Kulturnation, wobei der Gegensatz nicht eine Militärnation wäre, sondern etwas ganz anderes, von dem ich jetzt reden will. [...]

Nun, welches sind die Grundwerte, die dieses deutsche Volk haben zur Nation werden lassen? Eine Nation ist nämlich etwas anderes als eine bloße Bevölkerung und sogar etwas anderes als das, was man zu Recht unter »Volk« versteht. Nation ist kein Wachstumsprodukt, sondern ein Produkt des Willens, Nation zu sein. Das Volk ist geschichtsträchtig, die Nation ist geschichtsträchtig. Aber um das sein zu können, muß man den Willen haben, es zu sein. Was die Deutschen veranlaßt, mehr als eine Bevölkerung, als ein Volk zu sein, nämlich Nation, ist der gemeinsame Wille aller, die Freiheit zum Grundgesetz der Existenz des Ganzen und des einzelnen zu machen, die Mitmenschlichkeit, Brüderlichkeit genannt, als die Grundlage der Moral zu betrachten, nach der wir uns in unserem Volke verhalten und anderen gegenüber verhalten wollen. Dazu kommt die Erinnerung an einige der Dinge, die dieses deutsche Volk auch in der Achtung der Menschen in der Welt groß gemacht haben. Da gibt es eine Menge aufzuzählen, die noch im Bewußtsein der Deutschen lebt. [...]

Nun, meine Damen und Herren, man sprach davon, wir müßten endlich die Idee des Nationalstaates überwinden. Natürlich müssen wir dies; natürlich müssen wir zu Europa kommen. Aber wenn dieses Europa wirklich Europa sein soll, wird es eines schönen Tages eine Nation Europa geben müssen. Bis dahin wird es nur ein Zusammenschluß, ein Verband von Staaten sein können, um eine wirklich geschichtsmächtige politische Kraft werden zu können, wird es die »Nation Europa« brauchen.

Wir müssen dahin kommen. Aber man glaube nicht, daß man dorthin kommen kann, indem man sich an der Nation vorbeischleicht. Ich bin der Meinung – und ich meine, wir können es alle sein –, daß es sich nicht nur für uns, sondern daß es sich für die Welt lohnen könnte, daß es Deutschland und die deutsche Nation gibt, freilich eine deutsche Nation, die nicht untergehen wird, wenn sie in eine höhere Form von Gemeinschaft über- und eingeht. Dazu müssen wir die Nation auf unsere Schulter nehmen mit allem, was zu ihr gehört, in dieses Europa, das die Mitte unserer Vaterländer ist, einbringen.

Steno. Berichte 6. BT, Bd. 79, 173. Sitzung, S. 9971D ff.

132 Gemeinsame Entschließung der drei Bundestagsfraktionen, 10. Mai 1972

1. Zu den maßgebenden Zielen unserer Außenpolitik gehört die Erhaltung des Friedens in Europa und der Sicherheit der Bundesrepublik Deutschland. Die Verträge mit Moskau und Warschau, in denen die Vertragspartner feierlich und umfassend auf die Anwendung und Androhung von Gewalt verzichten, sollen diesen Zielen dienen. Sie sind wichtige Elemente des Modus vivendi, den die Bundesrepublik Deutschland mit ihren östlichen Nachbarn herstellen will.
2. Die Verpflichtungen, die die Bundesrepublik Deutschland in den Verträgen eingegangen ist, hat sie im eigenen Namen auf sich genommen. Dabei gehen die Verträge von den heute tatsächlich bestehenden Grenzen aus, deren einseitige Änderung sie ausschließen. Die Verträge nehmen eine friedensvertragliche Regelung für Deutschland nicht vorweg und schaffen keine Rechtsgrundlage für die heute bestehenden Grenzen.
3. Das unveräußerliche Recht auf Selbstbestimmung wird durch die Verträge nicht berührt. Die Politik der Bundesrepublik Deutschland, die eine friedliche Wiederherstellung der nationalen Einheit im europäischen Rahmen anstrebt, steht nicht im Widerspruch zu den Verträgen, die die Lösung der deutschen Frage nicht präjudizieren. Mit der Forderung auf Verwirklichung des Selbstbestimmungsrechts erhebt die Bundesrepublik Deutschland keinen Gebiets- oder Grenzänderungsanspruch.
4. Der Deutsche Bundestag stellt fest, daß die fortdauernde und uneingeschränkte Geltung des Deutschlandvertrages und der mit ihm verbundenen Abmachungen und Erklärungen von 1954 sowie die Fortgeltung des zwischen der Bundesrepublik Deutschland und der Union der Sozialistischen Sowjetrepubliken am 13. September 1955 geschlossenen Abkommens von den Verträgen nicht berührt wird.
5. Die Rechte und Verantwortlichkeiten der Vier Mächte in bezug auf Deutschland als Ganzes und auf Berlin werden durch die Verträge nicht berührt. Der Deutsche Bundestag hält angesichts der Tatsache, daß die endgültige Regelung der deutschen Frage im Ganzen noch aussteht, den Fortbestand dieser Rechte und Verantwortlichkeiten für wesentlich.

6. Hinsichtlich der Bedeutung der Verträge verweist der Deutsche Bundestag darüber hinaus auf die Denkschriften, die die Bundesregierung den gesetzgebenden Körperschaften zusammen mit den Vertragsgesetzen zum Moskauer und Warschauer Vertrag vorgelegt hat.
7. Die Bundesrepublik Deutschland steht fest im Atlantischen Bündnis, auf dem ihre Sicherheit und ihre Freiheit nach wie vor beruhen.
8. Die Bundesrepublik Deutschland wird die Politik der europäischen Einigung zusammen mit ihren Partnern in der Gemeinschaft unbeirrt fortsetzen mit dem Ziel, die Gemeinschaft stufenweise zu einer Politischen Union fortzuentwickeln.
Die Bundesrepublik Deutschland geht dabei davon aus, daß die Sowjetunion und andere sozialistische Länder die Zusammenarbeit mit der EWG aufnehmen werden.
9. Die Bundesrepublik Deutschland bekräftigt ihren festen Willen, die Bindungen zwischen Berlin (West) und der Bundesrepublik Deutschland gemäß dem Viermächte-Abkommen und den deutschen Zusatzvereinbarungen aufrechtzuerhalten und fortzuentwickeln. Sie wird auch in Zukunft für die Lebensfähigkeit der Stadt und das Wohlergehen ihrer Menschen Sorge tragen.
10. Die Bundesrepublik Deutschland tritt für die Normalisierung des Verhältnisses zwischen der Bundesrepublik Deutschland und der DDR ein. Sie geht davon aus, daß die Prinzipien der Entspannung und der guten Nachbarschaft im vollen Maße auf das Verhältnis zwischen den Menschen und Institutionen der beiden Teile Deutschlands Anwendung finden werden.

Steno. Berichte 6. BT, Bd. 80, 187. Sitzung, S. 10960 B ff.

133 Vertrag über die Grundlagen der Beziehungen zwischen der Bundesrepublik Deutschland und der Deutschen Demokratischen Republik, 8. November 1972

Die Hohen Vertragschließenden Seiten
 eingedenk ihrer Verantwortung für die Erhaltung des Friedens, in dem Bestreben, einen Beitrag zur Entspannung und Sicherheit in Europa zu leisten,

in dem Bewußtsein, daß die Unverletzlichkeit der Grenzen und die Achtung der territorialen Integrität und der Souveränität aller Staaten in Europa in ihren gegenwärtigen Grenzen eine grundlegende Bedingung für den Frieden sind,

in der Erkenntnis, daß sich daher die beiden deutschen Staaten in ihren Beziehungen der Androhung oder Anwendung von Gewalt zu enthalten haben,

ausgehend von den historischen Gegebenheiten und unbeschadet der unterschiedlichen Auffassungen der Bundesrepublik Deutschland und der Deutschen Demokratischen Republik zu grundsätzlichen Fragen, darunter zur nationalen Frage,

geleitet von dem Wunsch, zum Wohle der Menschen in den beiden deutschen Staaten die Voraussetzungen für die Zusammenarbeit zwischen der Bundesrepublik Deutschland und der Deutschen Demokratischen Republik zu schaffen,

sind wie folgt übereingekommen:

Artikel 1

Die Bundesrepublik Deutschland und die Deutsche Demokratische Republik entwickeln normale gutnachbarliche Beziehungen zueinander auf der Grundlage der Gleichberechtigung.

Artikel 2

Die Bundesrepublik Deutschland und die Deutsche Demokratische Republik werden sich von den Zielen und Prinzipien leiten lassen, die in der Charta der Vereinten Nationen niedergelegt sind, insbesondere der souveränen Gleichheit aller Staaten, der Achtung der Unabhängigkeit, Selbständigkeit und territorialen Integrität, dem Selbstbestimmungsrecht, der Wahrung der Menschenrechte und der Nichtdiskriminierung.

Artikel 3

Entsprechend der Charta der Vereinten Nationen werden die Bundesrepublik Deutschland und die Deutsche Demokratische Republik ihre Streitfragen ausschließlich mit friedlichen Mitteln lösen und sich der Drohung mit Gewalt oder der Anwendung von Gewalt enthalten.

Sie bekräftigen die Unverletzbarkeit der zwischen ihnen bestehenden Grenze jetzt und in der Zukunft und verpflichten sich zur uneingeschränkten Achtung ihrer territorialen Integrität.

Artikel 4

Die Bundesrepublik Deutschland und die Deutsche Demokratische Republik gehen davon aus, daß keiner der beiden Staaten den anderen international vertreten oder in seinem Namen handeln kann.

Artikel 5

Die Bundesrepublik Deutschland und die Deutsche Demokratische Republik werden friedliche Beziehungen zwischen den europäischen Staaten fördern und zur Sicherheit und Zusammenarbeit in Europa beitragen.

Sie unterstützen die Bemühungen um eine Verminderung der Streitkräfte und Rüstungen in Europa, ohne daß dadurch Nachteile für die Sicherheit der Beteiligten entstehen dürfen.

Die Bundesrepublik Deutschland und die Deutsche Demokratische Republik werden mit dem Ziel einer allgemeinen und vollständigen Abrüstung unter wirksamer internationaler Kontrolle der internationalen Sicherheit dienende Bemühungen um Rüstungsbegrenzung und Abrüstung, insbesondere auf dem Gebiet der Kernwaffen und anderen Massenvernichtungswaffen, unterstützen.

Artikel 6

Die Bundesrepublik Deutschland und die Deutsche Demokratische Republik gehen von dem Grundsatz aus, daß die Hoheitsgewalt jedes der beiden Staaten sich auf sein Staatsgebiet beschränkt. Sie respektieren die Unabhängigkeit und Selbständigkeit jedes der beiden Staaten in seinen inneren und äußeren Angelegenheiten.

Artikel 7

Die Bundesrepublik Deutschland und die Deutsche Demokratische Republik erklären ihre Bereitschaft, im Zuge der Normalisierung ihrer Beziehungen praktische und humanitäre Fragen zu regeln. Sie werden Abkommen schließen, um auf der Grundlage dieses Vertrages und zum beiderseitigen Vorteil die Zusammenarbeit auf dem Gebiet der Wirtschaft, der Wissenschaft und Technik, des Verkehrs, des Rechtsverkehrs, des Post- und Fernmeldewesens, des Gesundheitswesens, der Kultur, des Sports, des Umweltschutzes und auf anderen Gebieten zu entwickeln und zu fördern. Einzelheiten sind in dem Zusatzprotokoll geregelt.

Artikel 8

Die Bundesrepublik Deutschland und die Deutsche Demokratische Republik werden ständige Vertretungen austauschen. Sie werden am Sitz der jeweiligen Regierung errichtet.

Die praktischen Fragen, die mit der Einrichtung der Vertretungen zusammenhängen, werden zusätzlich geregelt. [...]

Texte Deutschlandpolitik, Bd. 11, S. 268ff.

134 Brief zur deutschen Einheit, 21. Dezember 1972

Im Zusammenhang mit der heutigen Unterzeichnung des Vertrages über die Grundlagen der Beziehungen der Bundesrepublik Deutschland und der Deutschen Demokratischen Republik beehrt sich die Regierung der Bundesrepublik Deutschland festzustellen, daß dieser Vertrag nicht im Widerspruch zu dem politischen Ziel der Bundesrepublik Deutschland steht, auf einen Zustand des Friedens in Europa hinzuwirken, in dem das deutsche Volk in freier Selbstbestimmung seine Einheit wiedererlangt.

Siegler, Dokumente, Bd. 8, S. 143.

135 Urteil des Bundesverfassungsgerichts im Verfahren zur Prüfung des Grundlagenvertrages, 31. Juli 1973

[...] 1. Das Grundgesetz – nicht nur eine These der Völkerrechtslehre und der Staatsrechtslehre – geht davon aus, daß das Deutsche Reich den Zusammenbruch 1945 überdauert hat und weder mit der Kapitulation noch durch Ausübung fremder Staatsgewalt in Deutschland durch die alliierten Okkupationsmächte noch später untergegangen ist; das ergibt sich aus der Präambel, aus Art. 16, Art. 23, Art. 116 und Art. 146 GG. Das entspricht auch der ständigen Rechtsprechung des Bundesverfassungsgerichts, an der der Senat festhält. Das Deutsche Reich existiert fort, besitzt nach wie vor Rechtsfähigkeit, ist allerdings als Gesamtstaat mangels Organisation, insbesondere mangels institutionalisierter Organe selbst nicht handlungsfähig. Im Grundgesetz ist auch die Auffassung vom gesamtdeutschen Staatsvolk und von der gesamtdeutschen Staatsgewalt »verankert« Verantwortung für »Deutschland als Ganzes« tragen – auch – die Vier Mächte.

Mit der Errichtung der Bundesrepublik Deutschland wurde nicht ein neuer westdeutscher Staat gegründet, sondern ein Teil Deutschlands neu organisiert (vgl. Carlo Schmid in der 6. Sitzung des Parlamentarischen Rates – StenBer. S. 70). Die Bundesrepublik Deutschland ist also nicht »Rechtsnachfolger« des Deutschen Reiches, sondern als Staat identisch mit dem Staat »Deutsches Reich«, – in bezug auf seine räumliche Ausdehnung allerdings »teilidentisch«, so daß insoweit die Identität keine Ausschließlichkeit beansprucht. Die Bundesrepublik umfaßt also, was ihr Staatsvolk und ihr Staatsgebiet anlangt, nicht das ganze Deutschland, unbeschadet dessen, daß sie ein einheitliches Staatsvolk des Völkerrechtssubjekts »Deutschland« (Deutsches Reich), zu dem die eigene Bevölkerung als untrennbarer Teil gehört, und ein einheitliches Staatsgebiet »Deutschland« (Deutsches Reich), zu dem ihr eigenes Staatsgebiet als ebenfalls nicht abtrennbarer Teil gehört, anerkennt. Sie beschränkt staatsrechtlich ihre Hoheitsgewalt auf den »Geltungsbereich des Grundgesetzes«, fühlt sich aber auch verantwortlich für das ganze Deutschland (vgl. Präambel des Grundgesetzes). Derzeit besteht die Bundesrepublik aus den in Art. 23 GG genannten Ländern, einschließlich Berlin; der Status des Landes Berlin der Bundesrepublik Deutschland ist nur gemindert und belastet durch den sog. Vorbehalt der Gouverneure der Westmächte. Die Deutsche Demokratische Republik gehört zu Deutschland und kann im Verhältnis zur Bundesrepublik Deutschland nicht als Ausland angesehen werden. Deshalb war z. B. der Interzonenhandel und ist der ihm entsprechende innerdeutsche Handel nicht Außenhandel.

2. Zum Wiedervereinigungsgebot und Selbstbestimmungsrecht, das im Grundgesetz enthalten ist, hat das Bundesverfassungsgericht bisher erkannt und daran hält der Senat fest: Dem Vorspruch des Grundgesetzes kommt nicht nur persönliche Bedeutung zu, er hat auch rechtlichen Gehalt. Die Wiedervereinigung ist ein verfassungsrechtliches Gebot. Es muß jedoch den zu politischem Handeln berufenen Organen der Bundesrepublik überlassen bleiben zu entscheiden, welche Wege sie zur Herbeiführung der Wiedervereinigung als politisch richtig und zweckmäßig ansehen. Die Verfassungsorgane, denen im Grundgesetz auch der Schutz der freiheitlich-demokratischen Grundordnung und ihrer Institutionen zur Pflicht gemacht ist, haben zu entscheiden, ob eine bestimmte, sonst verfassungsmäßige Maßnahme die Wiedervereinigung rechtlich hindern oder faktisch unmöglich machen würde und aus diesem Grunde unterbleiben müßte. Ein breiter Raum politischen Ermessens besteht hier besonders für die Gesetzgebungsorgane. Das Bundesverfassungsgericht kann dem Gesetzgeber erst entgegentreten, wenn er die Grenzen dieses Ermessens eindeutig überschreitet, wenn seine Maßnahme also rechtlich oder tatsächlich einer Wiedervereinigung in Freiheit offensichtlich entgegensteht.

Das bedarf in folgender Richtung hier noch einer näheren Präzisierung: Aus dem Wiedervereinigungsgebot folgt zunächst: Kein Verfassungsorgan der Bundesrepublik Deutschland darf die Wiederherstellung der staatlichen Einheit als politisches Ziel aufgeben, alle Verfassungsorgane sind verpflichtet, in ihrer Politik auf die Erreichung dieses Zieles hinzuwirken – das schließt die Forderung ein, den Wiedervereinigungsanspruch im Innern wachzuhalten und nach außen beharrlich zu vertreten – und alles zu unterlassen, was die Wiedervereinigung vereiteln würde. Die Bundesregierung hat allerdings in eigener Verantwortung zu entscheiden, mit welchen politischen Mitteln und auf welchen politischen Wegen sie das nach dem Grundgesetz rechtlich gebotene Ziel der

Wiedervereinigung zu erreichen oder ihm wenigstens näherzukommen versucht. Die Abschätzung der Chancen ihrer Politik ist ihre und der sie tragenden parlamentarischen Mehrheit Sache. Hier hat das Gericht weder Kritik zu üben noch seine Auffassung über die Aussichten der Politik zu äußern. Die politische Verantwortung dafür liegt allein bei den politischen Instanzen. Eine Grenze, die allerdings das Bundesverfassungsgericht deutlich zu machen, zu bestimmen und u. U. durchzusetzen hat, liegt im Rechts- und Verfassungsstaat der Bundesrepublik Deutschland darin, daß die Verfassung verbietet, daß die Bundesrepublik auf einen Rechtstitel (eine Rechtsposition) aus dem Grundgesetz verzichtet, mittels dessen sie in Richtung auf Verwirklichung der Wiedervereinigung und der Selbstbestimmung wirken kann, oder einen mit dem Grundgesetz unvereinbaren Rechtstitel schafft oder sich an der Begründung eines solchen Rechtstitels beteiligt, der ihr bei ihrem Streben nach diesem Ziel entgegengehalten werden kann. Es ist ein Unterschied, ob man – solange daraus nicht die Gefahr der Verwirkung des Rechtstitels erwächst – politisch von einem Rechtstitel keinen Gebrauch macht oder ihn derzeit oder für absehbare Zeit nicht als politisches Instrument für tauglich hält, sich also damit abfindet, daß mit ihm kein politischer Erfolg erzielt werden kann, oder ob man auf ihn im Rechtssinn verzichtet. Man kann sich in diesem Sinne also politisch mit Realitäten abfinden. Das Grundgesetz verlangt aber, daß insoweit kein in ihm begründeter Rechtstitel preisgegeben wird, der jetzt oder später ein Argument zur Förderung des Bestrebens nach Wiedervereinigung bieten kann. Und Entsprechendes gilt für den umgekehrten Fall: Politisches Verhalten mag sich später als »falsch kalkuliert« herausstellen und der Bundesregierung von anderen in ihrem Bemühen um Wiedervereinigung politisch entgegengehalten werden können; dieser – vom Verfassungsgericht mit keinem Wort zu kommentierende – Tatbestand unterscheidet sich wesentlich von dem anderen, daß die Bundesrepublik Deutschland mitwirkt bei einem Rechtsinstrument, das ihr von anderen in ihrem Bemühen um Wiedervereinigung entgegengehalten werden kann. Daraus ergibt sich beispielsweise: Die klare Rechtsposition jeder Regierung der Bundesrepublik Deutschland ist: Wir haben von der im Grundgesetz vorausgesetzten, in ihm »verankerten« Existenz Gesamtdeutschlands mit einem deutschen (Gesamt-)-Staatsvolk und einer (gesamt-)deutschen Staatsgewalt auszugehen. Wenn heute von der »deutschen Nation« gesprochen wird, die eine Klammer für Gesamtdeutschland sei, so ist dagegen nichts einzuwenden, wenn darunter auch ein Synonym für das »deutsche Staatsvolk« verstanden wird, an jener Rechtsposition also festgehalten wird und nur aus politischen Rücksichten eine andere Formel verwandt wird. Versteckte sich dagegen hinter dieser neuen Formel »deutsche Nation« nur noch der Begriff einer im Bewußtsein der Bevölkerung vorhandenen Sprach- und Kultureinheit, dann wäre das rechtlich die Aufgabe einer unverzichtbaren Rechtsposition. Letzteres stünde in Widerspruch zum Gebot der Wiedervereinigung als Ziel, das von der Bundesregierung mit allen erlaubten Mitteln anzustreben ist. Ebenso verhielte es sich, wenn die Verweisung auf die Viermächteverantwortung für Gesamtdeutschland bedeuten würde, künftig sei sie allein noch eine (letzte) rechtliche Klammer für die Fortexistenz Gesamtdeutschlands; verfassungsgemäß ist nur – wie es auch die Bundesregierung selbst versteht –, daß sie eine weitere Rechtsgrundlage für das Bemühen der Bundesregierung um Wiedervereinigung bildet, nämlich eine »völkerrechtliche« neben der staatsrechtlichen [...]

Entscheidungen des Bundesverfassungsgerichts, 36 (1974), S. 1ff.

136 Bericht des Ersten Sekretärs Erich Honecker auf der 9. Tagung des ZK der SED, 28. Mai 1973

[...] Bei dem Grundlagenvertrag – darauf möchte ich nochmals hinweisen – handelt es sich um einen normalen völkerrechtlichen Vertrag, der zwischen zwei voneinander unabhängigen, souveränen Staaten mit unterschiedlicher Gesellschaftsordnung abgeschlossen wurde. Er entspricht den Prinzipien der friedlichen Koexistenz, und ganz in diesem Sinne werden wir ihn auch nach Geist und Buchstaben verwirklichen. Natürlich gehören dazu zwei. Man muß erwarten, daß die andere Seite genauso verfährt. Offenbar sind Wünsche aus alten Zeiten die Väter des Gedankens, wenn manche Leute in der BRD trotzdem immer wieder irgendeinen vom allgemeinen Völkerrecht abweichenden »Sondercharakter« der Beziehungen zwischen der DDR und der BRD konstruieren wollen. Klar und eindeutig besagen die Bestimmungen des Berliner Vertrages über die Grundlagen der Beziehungen zwischen der DDR und der BRD: Die DDR ist kein Inland der BRD und die BRD kein Inland der DDR. Als definitive völkerrechtliche Regelung der Beziehungen zwischen zwei souveränen Staaten ist der Berliner Vertrag kein Modus vivendi, und nach der Logik der Dinge gibt es darum auch keine »offene deutsche Frage«. Wer sich ständig darauf versteift, das Gegenteil zu behaupten, verschwendet nur Zeit. [...]

Alles in allem kann man sagen: Die Politik des kalten Krieges, an der in der BRD 25 Jahre lang festgehalten wurde, ist endgültig gescheitert – die Politik der friedlichen Koexistenz setzt sich durch. Wir befinden uns am Vorabend neuer politisch wichtiger Ereignisse, die von geschichtlicher Bedeutung sein werden. [...]

Angesichts des wachsenden Selbstbewußtseins der Bürger der DDR nehmen wir es auch nicht so tragisch, wenn man in der BRD versucht, das sich dort immer stärker herausschälende neue DDR-Bild durch Entstellungen zu trüben, zum Beispiel durch die geradezu absurde Behauptung, die SED versuche, »*vor den Gemeinsamkeiten der Geschichte, der Sprache, der Kultur wegzulaufen*«. Wir wollen nicht darüber rechten, wer wem wegläuft. Unsere Auffassung der Geschichte und Kultur unterscheidet sich von derjenigen der herrschenden Kreise der BRD. Wir betrachten es als ein Politikum ersten Ranges, daß solche großen Humanisten des 20. Jahrhunderts wie Thomas Mann und Heinrich Mann, Arnold Zweig, Lion Feuchtwanger, Bertolt Brecht, Johannes R. Becher und Anna Seghers die Gründung unserer Deutschen Demokratischen Republik als historischen Neubeginn, als unwiderrufliche Entscheidung gegen die reaktionären Kräfte der Vergangenheit, als eine Wende begrüßten und unterstützten, von der an das Leben unseres Volkes seinen Verlauf in gesellschaftlichem Fortschritt, in friedlicher Arbeit, in Freiheit und Menschenwürde nahm. Nicht zuletzt erfüllt es die Bürger der DDR mit Stolz, daß der Kampf der deutschen antifaschistischen Widerstandsbewegung in der Gründung unseres Staates Erfüllung fand und daß diese DDR in einer Welt, die noch aufgewühlt war von den Schandtaten der braunen Pest, dem deutschen Namen Achtung und Anerkennung wiedergewann.

Wer die seit der Beendigung des zweiten Weltkrieges vergangenen Jahrzehnte prüft, wer sich die Vorgeschichte der Entstehung der DDR und der BRD vergegenwärtigt, wer die Entwicklung der DDR und ihre Perspektiven einigermaßen übersieht und begreift, der wird eingestehen müssen, daß nicht Sprache und Kultur die Grenze zwischen der Deutschen Demokratischen Republik und der Bundesrepublik Deutschland gezogen haben, sondern die unterschiedliche, ja, gegensätzliche soziale Struktur der Deutschen Demokratischen Republik und der Bundesrepublik Deutschland. [...]

Texte Deutschlandpolitik II, Bd. 12, S. 646 ff.

137 Rede des Bundeskanzlers Helmut Schmidt auf dem Historikertag 1978, 4. Oktober 1978

[...] Das Grundgesetz spricht von der Einheit und Selbstbestimmung unseres Volkes, von der Nation. Mir scheint, daß die häufig zitierte Einheit der Nation jedenfalls auch in den folgenden Dingen besteht:

Erstens: Einheit der Nation bedeutet eine gemeinsame geschichtliche Vergangenheit mit sowohl Stationen, die Anlaß sind zum Stolz, als auch mit Stationen, die Anlaß sind zum Bedauern oder derentwegen wir uns schämen müssen.

Zweitens: Einheit der Nation bedeutet einen Anspruch an die Zukunft, den wir stellen, der uns aber auch selbst verpflichtet.

Und *drittens:* Einheit der Nation bedeutet auch ein Stück der Wirklichkeit in unserer Gegenwart; denn es gibt ein fortbestehendes Bewußtsein der Zusammengehörigkeit der Deutschen, es gibt – dank der Politik der letzten zehn Jahre – auch Möglichkeiten zu gegenseitiger Berührung, zu Besuch, zu Gespräch, zu mannigfachem Austausch. Das alles ist trotz jener brutalen Grenze und trotz der Trennung ein Stück Einheit der Nation.

Diese zweitens und drittens genannten beiden Aspekte bewegen und beschäftigen mich am meisten; denn ich hielte es für falsch, die Einheit der Nation vorwiegend aus der Vergangenheit her zu sehen oder gar unkritisch die Zeiten zu preisen, in denen es eine staatliche Einheit für die meisten Deutschen gegeben hat. Ich denke, daß ein sentimentaler Umgang mit der historischen Einheit der deutschen Nation eine Fehlbeurteilung unserer Geschichte fördert. Vielfach ist der Eindruck entstanden, nicht bei Historikern, aber bei einem großen Teil der 60 Millionen Menschen, die heute in unserem Staat leben, als ob in unserer deutschen Geschichte vorwiegend Einheit bestanden habe. Und es wird leicht vergessen, was es an Zerrissenheit, an Auseinandersetzung, ja an Kriegen zwischen den Deutschen gegeben hat.

Nun war es unbestritten, daß Arbeiterbewegung und Sozialdemokratie die nationale Einheit nachdrücklich bejahten – ihre Führer hatten dafür seit Beginn ihrer politischen Arbeit gekämpft –, aber sie bedrohten durch ihre Demokratiebestrebung den innenpolitischen Einigkeitsmythos der Konservativen. Und dies ließ den unausgetragenen, den bei der Reichsgründung ausgeklammerten Grundkonflikt des 19. Jahrhunderts zwischen dem alten Obrigkeitsstaat und der bürgerlich-liberalen Fortschrittsbewegung auf neuer Stufe wieder hervortreten. Denn in Wirklichkeit nahm ja die Sozialdemokratie damals nur die Ideale des bürgerlichen Emanzipationsstrebens beim Wort und suchte sie zur Konsequenz zu führen.

Das alles paßte nicht in den konservativen Einigkeitswahn. Obrigkeitsstaat und große Teile des Adels und des Bürgertums wehrten gemeinsam solche Bestrebungen ab.

Ebenso unberechtigt wie folgerichtig sind dann später die Sozialdemokraten als vaterlandslose Gesellen denunziert und noch später als November-Verbrecher und als Verräter verfemt worden, nachdem sie in der Weimarer Republik den endlich und entscheidend mit ihrer Hilfe errichteten bürgerlichen Verfassungsstaat auch gegen wichtige Teile des Bürgertums verteidigt hatten, welche inzwischen ihrerseits die sogenannte »nationale Erhebung« mit Wohlwollen begleiteten. Die Proklamation der Volksgemeinschaft bedeutete dann den bisherigen Höhepunkt des Einigkeitswahns und gleichzeitig das Ende einer Demokratie, für deren Verwirklichung die Sozialdemokraten seit ihren politischen Anfängen gekämpft hatten.

Wir dürfen diese Aspekte der deutschen Geschichte nicht beiseite schieben, wenn wir historisch über die Einheit der Nation reden. Und ich sehe den Auftrag aus der Präambel des Grundgesetzes, in freier Selbstbestimmung die Einheit und Frei-

heit Deutschlands zu vollenden, auch vor diesem Hintergrund.
[...]

Bericht über die 32. Versammlung deutscher Historiker in Hamburg, Stuttgart 1979, S. 33 ff. (mit frdl. Genehmigung des Verf.)

138 Diskussionsbeitrag von Günter Graß, 22. August 1980

[...] Aber wir leben schließlich in einem geteilten Land, wir sind ideologisch geteilt, wir stehen in zwei Blöcken militärisch gegeneinander, wir haben als zwei Staaten eine unheilvolle gemeinsame Vergangenheit bis heute zu tragen, und wir laufen Gefahr, auch zu einer geteilten Kultur zu kommen. Kultur jetzt auch als politischer Begriff. Mit dieser Kultur wird gearbeitet, auch in Kompetenz der Regierung. Die Goethe-Institute, die Kulturarbeit mit Hilfe deutscher Schriftsteller, Bildhauer, Maler, Musiker im Ausland betreiben, machen ja auch Kulturpolitik, mit einem allerdings diffusen Kulturbegriff. Wenn man sich mit Leitern von Goethe-Instituten unterhält, haben die Schwierigkeiten zu definieren, was das ist: deutsche Kultur. Ist das mittlerweile so, daß man von zwei Kulturen sprechen muß? [...]

Es ist doch nicht zu leugnen, daß wir mehr Schwierigkeiten haben, uns als Deutsche mit Hilfe eines kulturellen Spiegels wiederzuerkennen, als andere Nationen. Doch ist es auch nicht zu leugnen, daß die Politik, selbst wenn sie sich zu Recht versagt, Direktiven zu geben, was ich ja auch nicht möchte, was keiner von uns will, dennoch, und sei es durch Aussparen von Kultur, kulturpolitische Entscheidungen trifft. Und Tatsache ist, um zum Beispiel an den Bundestag zu erinnern, daß Kultur immer nur dann vorkommt, wenn irgendeine kleine Anfrage auf der Tagesordnung steht, dann dreht es sich wieder einmal um den einen oder anderen Schriftsteller, oder um Schelte, oder Zurückweisung der Schelte, oder Relativierung der Schelte. Ein Beispiel dafür, wie schwer sich der politische Bereich besonders in Deutschland mit dem Bereich der Kultur verträgt. [...]

Wenn wir als Deutsche nicht in der Lage sind, uns ohne Hybris als Nation zu definieren, sei es mit Hilfe unseres nach wie vor vagen Kulturbegriffes: dann entsteht ein Vakuum, das ist sogar schon da. Und die Gefahr tut sich dann auf, und das ist in deutscher Tradition immer so gewesen, daß dann dieses Vakuum eines Tages von rechts aufgefüllt wird. [...]

»Die Zeit«, 22.8.1980. (Mit frdl. Genehmigung des Verf.)

139 Bericht des Bundeskanzlers Helmut Kohl zur Lage der Nation im geteilten Deutschland, 23. Juni 1983

[...] Die Bundesregierung wird die Verträge mit der DDR als Instrument aktiver Friedenspolitik im Interesse der Menschen im geteilten Deutschland nutzen. Deutschlandpolitik muß ausgehen von den realen Machtverhältnissen in unserer Zeit. Aber, meine Damen und Herren, zu der Macht der Tatsachen zählen nicht nur die Politik der Regierungen und die Stärke der Waffen, sondern auch der Wille der deutschen Nation zur Einheit. Nicht nur die Rechtslage, sondern auch die geschichtliche Kraft dieses Willens unseres Volkes hält die deutsche Frage offen. Wer anders spricht, kann weder für unsere Freunde im Westen noch für unseren Nachbarn im Osten glaubwürdig sein.

Generalsekretär Honecker hat sich auf der Leipziger Frühjahrsmesse 1983 dafür ausgesprochen, diejenigen Fragen in Angriff zu nehmen, die jetzt lösbar sind, und andere zurückzustellen. Ich halte es in der Tat für richtig, daß wir uns auf diejenigen Fragen konzentrieren, die ohne Preisgabe unserer elementaren Grundsätze mit Kompromissen lösbar sind. Zusammenarbeit, meine Damen und Herren, liegt – wo immer sie möglich ist – im wohlverstandenen Interesse beider Staaten in Deutschland. Die politische Führung der DDR muß wissen: Die Bundesregierung hält sich strikt an das Grundgesetz und an Geist und Buchstaben des Grundlagenvertrages und der übrigen rechtsverbindlichen Vereinbarungen. Aber Vertragstreue erwarten wir selbstverständlich auch von der DDR. [...]

Deutschland ist immer ein Land der Mitte gewesen, über Jahrhunderte hindurch allen Einflüssen offen, in alle Richtungen wirkend und stets eingebunden in einen größeren europäischen Rahmen. Die deutsche Frage war zu jeder Zeit auch eine existentielle Frage des europäischen Gleichgewichts. Dies wird immer so sein.

Wer dies verkennt, wer einen neutralistischen deutschen Sonderweg in der Mitte Europas für möglich hält, steigt aus geschichtlicher Erfahrung aus. Er erliegt einem unseligen nationalistischen Irrtum.

Wir brauchen die Einigung Europas, wie die Völker Europas die Überwindung der deutschen Teilung nötig haben. Unsere Nachbarn, unsere Verbündeten und unsere Partner wissen, daß die Lösung der deutschen Frage auch in ihrem Interesse liegt. Zu den Grundlagen der Bundesrepublik Deutschland gehört die Idee der europäischen Einigung. Dieses Ziel gilt unverändert. Indem sie aufeinander zugehen und indem sie ihre Möglichkeiten einer Zusammenarbeit nutzen, schaffen beide Staaten in Deutschland eine notwendige Voraussetzung für die europäische Friedensordnung. [...]

Steno. Berichte 10. BT, Bd. 124, 16. Sitzung, S. 987 A ff.

140 Rede Stefan Heyms, 1983

[...] Überhaupt war ja in der Zeit nach dem Zweiten Weltkrieg die Hoffnung verbreitet, daß die nationale Frage, die das ganze neunzehnte Jahrhundert und den ersten Teil des zwanzigsten in Atem hielt, an Gewicht verlieren werde; Vorgänge wie der Mord von Sarajewo oder der Disput um Danzig sollten endgültig Vergangenheit sein.

Ein Teil der Deutschen, darunter einige der Besten unter ihnen, übersättigt von nationalistischer Propaganda, enttäuscht und des Ganzen müde, glaubte ehrlichen Herzens, daß im Lauf der Nachkriegsentwicklung die Bürger der Staaten Europas zu Europäern werden würden; auch die Deutschen würden dann Europäer sein, gleichberechtigt in der neuen Gemeinschaft, und was würden Grenzen dann noch bedeuten?

Aber der Glaube, so schön er war, trog. Wohin Sie auch Ihr Auge richten auf dem Globus, ein jedes, auch das kleinste Völkchen strebt danach, sein Schicksal selbst zu bestimmen, seine Grenzen selbst festzulegen; sie stehen in dumpfer Opposition zu dem Herrschervolk oder kommen, falls bereits vom Joche befreit, einander ins Gehege, führen Kriege miteinander und geraten dabei erst recht in Abhängigkeit von den Großen. [...]

Und in diesem ganzen Wirrwarr, in dem alles in Bewegung ist und nichts bleibt, wie es gestern war, soll just die Zweiteilung Deutschlands mit der zweigeteilten Stadt Berlin auf immer festgeschrieben sein? Welch unmarxistischer Gedanke!

Der Schrägstrich durch Deutschland markiert eine offene Wunde; wir können noch so viel Antibiotika darauf streuen, sie wird weiter eitern. Zur Zeit wird nicht viel davon geredet, ob aus Denkfaulheit oder Furcht oder aus Gründen der Staatsräson; aber die Frage steht im Raum und wird dort stehen, solange zu beiden Seiten der Elbe die gleiche Sprache gesprochen wird.

Wir mögen die Angelegenheit vor uns herschieben, wir mögen sagen, jetzt sei nicht der rechte Moment dafür und andere Dinge seien wichtiger, aber auf Dauer außer acht lassen können wir sie nicht – oder sie wird uns entrissen werden von Gruppen, mit denen keiner von uns gern zu tun haben wird, und zu einem Zeitpunkt, da wir am wenigsten darauf vorbereitet sind. [...]

Einen großen Vorteil jedoch hat die deutsche Teilung: Keiner der zwei deutschen Staaten ist, von sich aus auf sich allein gestellt, mächtig genug, noch einmal einen Krieg vom Zaun zu brechen; allerdings hat auch keiner der beiden, von sich aus und auf sich allein gestellt, die Kraft, einen Krieg zu verhindern; das könnten, bestenfalls, nur beide zusammen.

Die Teilung Deutschlands als ein vorübergehendes Phänomen betrachtet, heißt, sich Gedanken darüber machen, wie denn diese Teilung zu überwinden wäre und wie denn das Deutschland, das in irgendeiner Zukunft wiedervereinte, auszusehen hätte.

Eine gewaltsame Wiedervereinigung, das weiß jeder, bedeutet Krieg, unter den gegebenen Umständen Atomkrieg, in dem die Deutschen wohl wiedervereint wären, aber im Tode.

Die Wiedervereinigung kann also nur stattfinden durch Übereinkunft, und zwar Übereinkunft nicht nur der beiden deutschen Staaten und ihrer Bevölkerung, sondern auch aller anderen betroffenen Staaten, West wie Ost, und es ist klar, daß einer solchen Übereinkunft ein langer Prozeß der Annäherung vorausgehen müßte.

Reden über das eigene Land, München 1983, S. 27 ff. (© C. Bertelsmann Verlag)

141 Rede des Abg. Otto Schily (Die Grünen), 1984

1. These

[...] Die deutsche Identität kann nur aus der Polarisierung, aus der Antithese zur Epoche des sogenannten Dritten Reiches gewonnen werden. [...]

Die Schreie der Ermordeten und Gefolterten werden noch nach Generationen, so weiß ich, so hoffe ich, nicht verhallen. Sechs Millionen Juden, sieben Millionen Zivilisten, über zwei Millionen Kriegsgefangene aus der Sowjetunion, über vier Millionen polnische Zivilisten und Hunderttausende aus anderen Völkern, 130000 deutsche Widerstandskämpfer wurden unter nationalsozialistischer Herrschaft ermordet. Die Zahlen allein – das wissen wir – vermitteln nicht das unvorstellbare Ausmaß dieser Verbrechen. Die Ereignisse bedürfen der Vergegenwärtigung statt der Verdrängung. [...]

Wer für die Deutschen eine neue Identität aus ihrer Geschichte erringen will, in dessen Gedächtnis und Gewissen muß das Schicksal der Opfer des Naziterrors lebendig und gegenwärtig bleiben. Die Zeit ist wie ein Raum. Vergangenheit und Zukunft sind nur unterschiedliche Entfernungen. [...]

2. These

Die Wiedergewinnung oder Neugewinnung einer deutschen Identität setzt voraus, daß die Deutschen sich vom nationalen Einheitsstaat verabschieden, den Nationalstaatsgedanken überwinden.

Das berühmte Schiller-Wort, es hat sich bewahrheitet:
»Zur Nation Euch zu bilden, Ihr hofft es, Deutsche, vergebens. Bildet, Ihr könnt es, dafür reiner zum Menschen Euch aus!«

Es war ein Irrweg, der die Deutschen ihr Selbstverständnis, ihre Identität in einem nationalen Einheitsstaat, mit großer militärischer Macht ausgestattet, suchen ließ, zumal dieser Einheitsstaat, diese Deutschen Reiche, bekanntlich dem deutschen Chauvinismus, dem deutschen Vorherrschaftsstreben und dem Waffenwahn einen gewaltigen Auftrieb verliehen haben. Eine Idee, eine soziale Idee, eine völkerverständigende und völkerverbindende Aufgabe eignet diesen deutschen Reichen nicht. Die verbrecherische Übersteigerung des deutschen Machtanspruchs im Dritten Reich und dessen Selbstzerstörung haben für unübersehbare Zeit zu einer Zweistaatlichkeit des deutschen Volkes geführt. Diesen Sachverhalt haben sich die Deutschen über Jahre hinweg durch Illusionen vernebelt. Die Chimäre des Deutschen Reiches, das vermeintlich heute noch fortbesteht, treibt nach wie vor ihr Unwesen in den Köpfen bundesrepublikanischer Politiker und Verfassungsjuristen. [...]

These 3

Die Deutschen sollten ihre Identität in einem freien Geistesleben, in der friedensstiftenden Universalität des Geistes und der Kultur suchen. Sie sollten eine Mittlerfunktion wahrnehmen, anstatt sich als Exponenten des einen oder anderen Machtblocks zu verdingen. [...]

Ich gehöre gewiß nicht zu denen, die wirtschaftlichen Wiederaufbau, wirtschaftliches Gedeihen verächtlich machen. Dazu habe ich viel zu konkret und am eigenen Leibe erfahren, was Hunger und Elend heißt. Die eigene Erfahrung ist ein sehr guter Lehrmeister. Ich streite mit Jüngeren mitunter darüber, denen wirtschaftliches Wohlergehen allzu selbstverständlich geworden ist. Der wirtschaftliche Wiederaufbau ist ohne Zweifel eine große und Anerkennung heischende Leistung. Gleichwohl, wir haben gewissermaßen den westlichen Industrialismus auf den Altar erhoben. Wir haben uns überschwemmen lassen von satter Selbstzufriedenheit, die innere und äußere Katastrophe mit dem Wohlstandsflitterkram überbrückt und überdeckt. Gab es angesichts des Vakuums, das nach dem Zweiten Weltkrieg entstanden war, keinen anderen Ausweg? Die radikale Neubesinnung, die nach 1945 notwendig war, wurde leider von der Restauration verschüttet. Es ist an der Zeit, jene Radikalität des Neuanfangs zurückzugewinnen, das Vermächtnis von Auschwitz wahrzunehmen.

Reden über das eigene Land, München 1984, S. 39 ff. (© C. Bertelsmann Verlag)

142 Rede Willy Brandts vor dem Schöneberger Rathaus, 10. November 1989

Dies ist ein schöner Tag nach einem langen Weg. Doch wir befinden uns erst an einer Zwischenstation. Wir sind noch nicht am Ende des Weges angelangt. Es liegt noch eine Menge vor uns. [...]

Als Bürgermeister der schwierigen Jahre von 1957 bis 1966, also auch der Zeit des Mauerbaus. Und als einer, der in der Bundesrepublik und für sie einiges zu tun hatte mit dem Abbau von Spannungen in Europa. Und mit dem Ringen um das jeweils erreichbare Maß an sachlichen Verbindungen und menschlichen Kontakten: Mein ganz herzlicher Gruß gilt den Berlinerinnen und Berlinern in allen Teilen der Stadt. Und gleichermaßen den Landsleuten drüben wie hüben, überall in Deutschland.

Es wird jetzt viel davon abhängen, ob wir uns – wir Deutschen, hüben und drüben – der geschichtlichen Situation gewachsen erweisen. Das Zusammenrücken der Deutschen, darum geht es. Das Zusammenrücken der Deutschen verwirklicht sich anders als es die meisten erwartet haben. Und keiner sollte jetzt so tun, als wüßte er ganz genau, in welcher konkreten Form die Menschen in den beiden Staaten in ein neues Verhältnis zueinander geraten werden. Daß sie in ein anderes Verhältnis zueinander geraten, daß sie in Freiheit zusammenfinden und sich entfalten können, darauf kommt es an.

Und sicher ist, daß nichts im anderen Teil Deutschlands wieder so werden wird wie es war. Die Winde der Veränderung, die seit einiger Zeit über Europa ziehen, haben an Deutschland nicht vorbeiziehen können. Meine Überzeugung war es immer, daß die betonierte Teilung und daß die Teilung durch Stacheldraht und Todesstreifen gegen den Strom der Geschichte standen. Und ich habe es noch in diesem Sommer erneut zu Papier gebracht: Berlin wird leben und die Mauer wird fallen. [...]

Denen, die heute noch so schön jung sind, und denen, die nachwachsen, kann es nicht immer leicht fallen, sich die historischen Zusammenhänge, in die wir eingebettet sind, klar zu machen. Deshalb sage ich nicht nur, daß wir bis zum Ende der Spaltung – zornig, aber auch im Gefühl der Ohnmacht habe ich im August '61 dagegen angeredet – noch einiges vor uns haben, sondern ich erinnere uns auch daran, daß alles nicht erst am 13. August 1961 begonnen hat. Das deutsche Elend begann mit dem terroristischen Nazi-Regime und dem von ihm entfesselten Krieg. Jenen schrecklichen Krieg, der Berlin wie so viele andere deutsche und nichtdeutsche Städte in Trümmerwüsten verwandelte. Aus dem Krieg und aus der Veruneinigung der Siegermächte erwuchs die Spaltung Europas, Deutschlands und Berlins. Jetzt erleben wir, und ich bin dem Herrgott dankbar dafür, daß ich dies miterleben darf, daß die Teile Europas zusammenwachsen. [...]

Damals, im August '61, haben wir nicht nur im berechtigten Zorn gefordert: die Mauer muß weg. Wir haben uns auch sagen müssen: Berlin muß trotz der Mauer weiterleben. Wir haben die Stadt – mit Hilfe des Bundes, was wir auch nicht vergessen wollen – wieder aufgebaut. [...] Aber hier in Berlin war uns zusätzlich zu allen innerstädtischen Aufgaben, zum Wohnungsbau, zum kulturellen und wirtschaftlichen Neuaufbau, aufgetragen, den Weg nach Deutschland offenzuhalten. Wir haben intensiv darüber nachgedacht, wie wir, auch als es schier hoffnungslos aussah, den besonders brutalen Auswirkungen der Trennung doch entgegenwirken könnten. Wie der Spaltung zum Trotz deutscher und europäischer Zusammenhalt bewahrt und gepflegt werden könnte. Natürlich gab es nicht immer gleich Übereinstimmung darüber, wie das am besten zu erreichen sei. Mir hat sich das Datum des 18. Dezember 1963 besonders eingeprägt, nicht nur, weil ich Geburtstag hatte, sondern weil das der Tag war, an dem aufgrund der Passierscheine – mehr konnten wir damals nicht erreichen – Hunderttausende drüben waren, nicht nur bei den Verwandten in Ost-Berlin, sondern auch mit denen, die aus »der Zone« kamen. Das war alles unzulänglich und es blieb schrecklich brüchig. Aber wir haben uns nicht davon abbringen lassen, auch jeden möglichen kleinen Schritt zu tun, um den Kontakt zwischen den Menschen zu fördern und den Zusammenhalt der Nation nicht absterben zu lassen.

Es hat dann noch fast ein Jahrzehnt gedauert, bis durch einen Verkehrsvertrag und einen Grundlagenvertrag die dann möglichen Veränderungen erreicht werden konnten. Eine Vielzahl von Abkommen und Absprachen hat sich dem hinzugefügt. Es bleibt richtig, auch aus nationalen Gründen, daß wir einen Leerraum nicht entstehen lassen durften.

Richtig war es auch, die Außenbedingungen für das geteilte Deutschland und die Menschen in ihm zu entlasten und zu verbessern, wo immer sich Gelegenheit hierzu bot. Das war der Inhalt unserer Vertragspolitik. Das war der Inhalt unseres Hinwirkens auf die gesamteuropäische Konferenz in Helsinki, schwierig beginnend, aber verpflichtet auf die Menschenrechte, auf Zusammenarbeit, auch auf Abbau von Überrüstungen in Europa. Und dieses sich langsam Hinbewegen auf Stabilität, auf Abbau statt weiteren Aufbau von Rüstungen macht sich nun bezahlt. [...]

Noch einmal: Nichts wird wieder so wie es einmal war. Dazu gehört, daß auch wir im Westen nicht an mehr oder weniger schönen Parolen von gestern gemessen werden, sondern an dem, was wir heute und morgen zu tun, zu leisten bereit und in der Lage sind, geistig und materiell. Ich hoffe, die Schubladen sind nicht leer, was das Geistige angeht. Ich hoffe auch, die Kassen geben noch was her. Und ich hoffe, die Terminkalender lassen Raum für das, was jetzt sein muß. Die Bereitschaft nicht zum erhobenen Zeigefinger, sondern zur Solidarität, zum Ausgleich, zum Neubeginn, wird auf die Probe gestellt. Es gilt jetzt, neu zusammenzurücken. Den Kopf klar zu behalten und so gut wie möglich das zu tun, was unseren deutschen Interessen ebenso entspricht wie unserer Pflicht gegenüber Europa.

Redemanuskript, 10.11.1989. (Mit frdl. Genehmigung des Verf.)

143 Bundeskanzler Helmut Kohl vor dem Bundestag, 28. November 1989

[...] Meine Damen und Herren, wenn das unsere gemeinsame Grundlage ist, dann können Sie, wie ich hoffe, auch dem Folgenden zustimmen:

Der Weg zur deutschen Einheit, das wissen wir, ist nicht vom »grünen Tisch« oder mit einem Terminkalender in der Hand zu planen. Abstrakte Modelle kann man vielleicht polemisch verwenden, aber sie helfen nicht weiter.

Aber wir können, wenn wir nur wollen, schon heute jene Etappen vorbereiten, die zu diesem Ziel hinführen.

Ich möchte diese Ziele an Hand eines Zehn-Punkte-Programms erläutern:

Erstens: Zunächst sind Sofortmaßnahmen erforderlich, die sich aus den Ereignissen der letzten Wochen ergeben, insbesondere durch die Fluchtbewegung und die neue Dimension des Reiseverkehrs. [...]

Zweitens: Die Bundesregierung wird wie bisher die Zusammenarbeit mit der DDR in allen Bereichen fortsetzen, die den Menschen auf beiden Seiten unmittelbar zugute kommt. Das gilt insbesondere für die wirtschaftliche, wissenschaftlich-technologische und kulturelle Zusammenarbeit. Besonders wichtig ist eine Intensivierung der Zusammenarbeit im Bereich des Umweltschutzes. Hier kann schon in aller Kürze, wie immer sonst die Entwicklung sein mag, über neue Projekte entschieden werden.

Drittens: Ich habe angeboten, unsere Hilfe und unsere Zusammenarbeit umfassend auszuweiten, wenn ein grundlegender Wandel des politischen und wirtschaftlichen Systems in der DDR verbindlich beschlossen und unumkehrbar in Gang gesetzt wird. »Unumkehrbar« heißt für uns und vor allem für mich, daß sich die DDR-Staatsführung mit den Oppositionsgruppen auf eine Verfassungsänderung und auf ein neues Wahlgesetz verständigt.

Wir unterstützen die Forderung nach freien, gleichen und geheimen Wahlen in der DDR unter Beteiligung unabhängiger, das heißt selbstverständlich auch nichtsozialistischer Parteien. Das Machtmonopol der SED muß aufgehoben werden. [...]

Herr Präsident, meine Damen und Herren, wirtschaftliche Hilfe kann nur dann wirksam werden, wenn grundlegende Reformen des Wirtschaftssystems erfolgen. Dies zeigen die Erfahrungen mit allen RGW-Staaten – mit Belehrungen von unserer Seite hat das nichts zu tun. Die bürokratische Planwirtschaft muß abgebaut werden. [...]

Unser und mein dringender Wunsch ist es, daß es möglichst rasch zu einer solchen Gesetzgebung kommt. Denn es wäre für uns ein wenig erfreulicher Zustand, wenn – was ich ebenfalls wünsche – Privatkapital aus der Bundesrepublik Deutschland in Polen und noch mehr – die Dinge entwickeln sich sehr erfreulich – in Ungarn investiert würde und mitten in Deutschland diese Investitionen ausbleiben. Wir wollen, daß möglichst viele derartige Investitionen von möglichst zahlreichen Unternehmen getätigt werden.

Ich will es noch einmal klar unterstreichen: Dies sind keine Vorbedingungen, sondern das ist schlicht und einfach die sachliche Voraussetzung, damit Hilfe überhaupt greifen kann. Im übrigen kann kein Zweifel daran bestehen, daß dies auch die Menschen in der DDR wollen. Sie wollen wirtschaftliche Freiheit, und sie wollen damit die Früchte ihrer Arbeit endlich ernten und mehr Wohlstand gewinnen.

Viertens: Ministerpräsident Modrow hat in seiner Regierungserklärung von einer Vertragsgemeinschaft gesprochen. Wir sind bereit, diesen Gedanken aufzugreifen. Denn die Nähe und der besondere Charakter der Beziehungen zwischen den beiden Staaten in Deutschland erfordern ein immer dichteres Netz von Vereinbarungen in allen Bereichen und auf allen Ebenen.

Diese Zusammenarbeit wird zunehmend auch gemeinsame Institutionen erfordern. Bereits bestehende Kommissionen könnten neue Aufgaben erhalten, weitere könnten gebildet werden. Ich denke dabei an die Bereiche Wirtschaft, Verkehr, Umweltschutz, Wissenschaft und Technik, Gesundheit und Kultur.

Ich brauche nicht zu betonen, daß bei all dem, was jetzt zu geschehen hat, für uns Berlin voll einbezogen bleiben muß. Das war, ist und bleibt unsere Politik.

Fünftens: Wir sind aber auch bereit, noch einen entscheidenden Schritt weiterzugehen, nämlich konföderative Strukturen zwischen beiden Staaten in Deutschland zu entwickeln mit dem Ziel, eine Föderation zu schaffen. Das setzt aber eine demokratisch legitimierte Regierung in der DDR zwingend voraus.

Dabei könnten wir uns nach schon bald freien Wahlen folgende Institutionen vorstellen:
– einen gemeinsamen Regierungsausschuß zur ständigen Konsultation und politischen Abstimmung,
– gemeinsame Fachausschüsse,
– ein gemeinsames parlamentarisches Gremium
– und manches andere mehr angesichts einer völlig neuen Entwicklung.

Die bisherige Politik gegenüber der DDR mußte sich angesichts der Verhältnisse im wesentlichen auf kleine Schritte beschränken, mit denen wir vor allem versuchten, die Folgen der Teilung für die Menschen zu mildern und das Bewußtsein für die Einheit der Nation wachzuhalten und zu schärfen. Wenn uns künftig eine demokratisch legitimierte, das heißt frei gewählte Regierung als Partner gegenübersteht, eröffnen sich völlig neue Perspektiven.

Stufenweise können neue Formen institutioneller Zusammenarbeit entstehen und ausgeweitet werden. Herr Präsident, meine Damen und Herren, ein solches Zusammenwachsen liegt in der Kontinuität der deutschen Geschichte. Staatliche Organisation in Deutschland hieß in unserer Geschichte fast immer auch Konföderation und Föderation. Wir können doch auf diese historischen Erfahrungen zurückgreifen.

Wie ein wiedervereinigtes Deutschland schließlich aussehen wird, daß weiß heute niemand. Daß aber die Einheit kommen wird, wenn die Menschen in Deutschland sie wollen, dessen bin ich sicher.

Sechstens: Die Entwicklung der innerdeutschen Beziehungen bleibt eingebettet in den gesamteuropäischen Prozeß, das heißt immer auch in die West-Ost-Beziehungen. Die künftige Architektur Deutschlands muß sich einfügen in die künftige Architektur Gesamteuropas. Hierfür hat der Westen mit seinem Konzept der dauerhaften und gerechten europäischen Friedensordnung Schrittmacherdienste geleistet. [...]

Siebtens: Die Anziehungs- und Ausstrahlungskraft der Europäischen Gemeinschaft ist und bleibt eine entscheidende Konstante der gesamteuropäischen Entwicklung. Wir wollen und müssen sie weiter stärken.

Die Europäische Gemeinschaft ist jetzt gefordert, mit Offenheit und Flexibilität auf die reformierteren Staaten Mittel-, Ost- und Südeuropas zuzugehen. Dies haben die Staats- und Regierungschefs der EG-Mitgliedsstaaten kürzlich bei ihrem Treffen in Paris ja auch so festgestellt. Hierbei ist die DDR selbstverständlich eingeschlossen:

Die Bundesregierung befürwortet deshalb den baldigen Abschluß eines Handels- und Kooperationsabkommens mit der DDR, das den Zugang der DDR zum Gemeinsamen Markt erweitert, auch was die Perspektive 1992 betrifft. [...]

Neuntens: Die Überwindung der Trennung Europas und der Teilung Deutschlands erfordern weitreichende und zügige Schritte in der Abrüstung und Rüstungskontrolle. Abrüstung und Rüstungskontrolle müssen mit der politischen Entwicklung Schritt halten und, wenn notwendig, beschleunigt werden. [...]

Zehntens: Mit dieser umfassenden Politik wirken wir auf einen Zustand des Friedens in Europa hin, in dem das deutsche Volk in freier Selbstbestimmung seine Einheit wiedererlangen kann. Die

Wiedervereinigung, das heißt die Wiedergewinnung der staatlichen Einheit Deutschlands, bleibt das politische Ziel der Bundesregierung. [...]

Bulletin des Presse- und Informationsamts der Bundesregierung, 29.11.1989.

144 Erklärung des Ministerpräsidenten der DDR, Hans Modrow, 1. Februar 1990

Europa tritt in eine neue Etappe seiner Entwicklung ein. Das Nachkriegskapitel wird abgeschlossen. Voraussetzungen für eine friedliche und gutnachbarliche Zusammenarbeit aller Völker bilden sich heraus. Die Vereinigung der beiden deutschen Staaten rückt auf die Tagesordnung.

Das deutsche Volk wird seinen Platz beim Aufbau der neuen Friedensordnung finden, in deren Ergebnis sowohl die Teilung Europas in feindliche Lager als auch die Spaltung der deutschen Nation überwunden werden. Es ist die Stunde gekommen, einen Schlußstrich unter den Zweiten Weltkrieg zu ziehen, einen deutschen Friedensvertrag abzuschließen. Durch ihn würden alle Probleme geregelt, die mit der Aggression Hitler-Deutschlands und dem Scheitern des ›Dritten Reiches‹ verbunden sind.

Eine endgültige Lösung der deutschen Frage kann nur in freier Selbstbestimmung der Deutschen in beiden Staaten erreicht werden, in Zusammenarbeit mit den vier Mächten und unter Berücksichtigung der Interessen aller europäischen Staaten. Sie muß den gesamteuropäischen Prozeß fördern, der unseren Kontinent ein für allemal von militärischen Gefahren befreien soll. Die Annäherung beider deutscher Staaten und ihre nachfolgende Vereinigung darf durch niemanden als Bedrohung betrachtet werden.

In diesem Sinne schlage ich einen verantwortungsbewußten nationalen Dialog vor. Sein Ziel sollte es sein, konkrete Schritte zu bestimmen, die zu einem einheitlichen Deutschland führen, das ein neuer Faktor der Stabilität, des Vertrauens, des Friedens in Europa zu werden bestimmt ist.

Die Vertreter der DDR und der BRD könnten mit einem solchen Dialog und in gleichberechtigten Verhandlungen bestmögliche Antworten auf die Frage nach der Zukunft der deutschen Nation finden.

Die Schritte auf dem Weg zu deutschen Einheit könnten sein:
- Abschluß eines Vertrages über Zusammenarbeit und gute Nachbarschaft als eine Vertragsgemeinschaft, die bereits wesentliche konföderative Elemente enthalten sollte wie Wirtschafts-, Währungs- und Verkehrsunion sowie Rechtsangleichung.
- Bildung einer Konföderation von DDR und BRD mit gemeinsamen Organen und Institutionen, wie z. B. parlamentarischer Ausschuß, Länderkammer, gemeinsame Exekutivorgane für bestimmte Bereiche.
- Übertragung von Souveränitätsrechten beider Staaten an Machtorgane der Konföderation.
- Bildung eines einheitlichen deutschen Staates in Form einer Deutschen Föderation oder eines Deutschen Bundes durch Wahlen in beiden Teilen der Konföderation, Zusammentreten eines einheitlichen Parlaments, das eine einheitliche Verfassung und einheitliche Regierung mit Sitz in Berlin beschließt.

Notwendige Voraussetzungen für diese Entwicklung:
- Jeder der beiden deutschen Staaten trägt dafür Sorge, die Schritte zur Einheit Deutschlands mit seinen Verpflichtungen gegenüber anderen Ländern und Ländergruppen sowie mit notwendigen Reformen und Veränderungen in Übereinstimmung zu bringen. Hierzu gehört der Übergang der DDR zur Länderstruktur. Wahrung von Stabilität, Recht und Gesetz im Innern gehören ebenso wie die strikte Erfüllung früher abgeschlossener Verträge zwischen der DDR und der BRD, die unter anderem vorsehen, sich gegenseitig nicht in die inneren Angelegenheiten einzumischen.
- Wahrung der Interessen und Rechte der vier Mächte sowie der Interessen aller Völker Europas an Frieden, Souveränität und sicheren Grenzen. Die vier Mächte sollten ihre Absicht erklären, nach Bildung eines einheitlichen deutschen Staates alle aus dem Zweiten Weltkrieg und der Nachkriegsperiode entstandenen Fragen abschließend zu regeln einschließlich der Anwesenheit ausländischer Truppen auf deutschem Boden und der Zugehörigkeit zu Militärbündnissen.
- Militärische Neutralität von DDR und BRD auf dem Weg zur Föderation. Dieser Prozeß der Vereinigung der Deutschen vollzieht sich auf der Grundlage von Vereinbarungen zwischen den Parlamenten und Regierungen der DDR und der BRD. Alle

Seiten bekunden ihren Willen zu demokratischen und gewaltlosen Formen der politischen Auseinandersetzung und schaffen dazu notwendige Garantien einschließlich Volksbefragungen.

Die Konzeption bekennt sich zu den demokratischen, patriotischen, fortschrittlichen Ideen und Bewegungen für die Einheit der deutschen Nation aus gemeinsamer Geschichte und jüngster Vergangenheit. Sie bekennt sich zu den humanistischen und zu den antifaschistischen Traditionen des deutschen Volkes.

Diese Konzeption wendet sich an die Bürger der DDR und der BRD, an alle europäischen Völker und Staaten, an die Weltöffentlichkeit mit der Bitte um Unterstützung.

dpa, 1.2.1990.

Literaturverzeichnis

1. Dokumentationen

Benz, Wolfgang/Plum, Günter/Röder, Werner: Einheit der Nation. Diskussionen und Konzeptionen zur Deutschlandpolitik der großen Parteien seit 1945, Stuttgart 1978

Berlin. Quellen und Dokumente 1945–1951, Berlin 1964

Deuerlein, Ernst: Die Einheit Deutschlands, Frankfurt 1961

Dokumente zur Außenpolitik der Deutschen Demokratischen Republik, Berlin (O)

Dokumente zur Deutschlandpolitik, hg. v. Bundesministerium für gesamtdeutsche Fragen (ab 1969: Bundesministerium für innerdeutsche Beziehungen), Reihe I (1941–1945), bisher 1 Bd., Reihe III (1955–1958), 4 Bde., Reihe IV (1958–1966), 12 Bde., Reihe V (1966–1967), bisher 1 Bd., Frankfurt a. M./Berlin, 1961–1984

Dokumente des geteilten Deutschland. Quellentexte zur Rechtslage des Deutschen Reiches, der Bundesrepublik Deutschland und der Deutschen Demokratischen Republik, 2 Bde., 2. Aufl., hg. v. Ingo v. Münch, Stuttgart 1976

Dokumentation zur Deutschlandfrage, hg. v. Heinrich v. Siegler, 11 Bde., Bonn usw. 1961–1979

Exil. Literarische und politische Texte aus dem deutschen Exil 1933–1945, hg. v. Ernst Loewy, unter Mitarb. v. Brigitte Grimm u. a. Stuttgart 1979

Das junge Deutschland. Texte und Dokumente, hg. v. Jost Hermand, Stuttgart 1966

17. Juni. Reden zum Tag der Deutschen Einheit, zusammengest. v. Herbert Hupka, Kassel 1964

Die Linke und die nationale Frage. Dokumente zur deutschen Einheit seit 1945, hg. v. Peter Brand u. Herbert Ammon, Reinbek 1981

Literarische Texte zur deutschen Frage nach 1945, hg. v. Roland Jerzewski, Berlin usw. 1986

Overesch, Manfred: Die Deutschen und die Deutsche Frage 1945–1955. Darstellung und Dokumente, Düsseldorf 1985

Die Revolution von 1848, hg. v. Walter Grab, München 1980

Schweitzer, Karl Christoph: Die deutsche Nation. Aussagen von Bismarck bis Honecker, Köln 1976

Synopse zur Deutschlandpolitik 1941 bis 1973, bearb. v. Werner Weber und Werner Jahn, Göttingen 1973

Texte zur Deutschlandpolitik, hg. v. Bundesministerium für innerdeutsche Beziehungen, Reihe I (1966–1973), 12 Bde., Reihe II (1973–1982), 8 Bde., Reihe III (1982–   ), bisher 4 Bde., Bonn 1967–1987

Im Widerstreit um die Reichsgründung. Eine Quellensammlung zur Klassenauseinandersetzung in der deutschen Geschichte 1849–1871, hg. v. Ernst Engelberg, Berlin (O) 1970

2. Sekundärliteratur

Das »Andere Deutschland« im Zweiten Weltkrieg. The Other Germany in the Second World War. Emigration und Widerstand in internationaler Perspektive. Stuttgart 1977

Backer, John H.: Die Entscheidung zur Teilung Deutschlands. Die amerikanische Deutschlandpolitik 1943–1948, München 1981

Benz, Wolfgang: Potsdam 1945. Besatzungsherrschaft und Neuaufbau im Vier-Zonen Deutschland, München 1986

Birke, Adolf M., Nation ohne Haus. Deutschland 1945–1961, Berlin 1989.

Buchheim, Hans: Deutschlandpolitik 1949–1972. Der politisch-diplomatische Prozeß, Stuttgart 1984

Die deutsche Frage im 19. und 20. Jahrhundert. Referate und Diskussionsbeiträge eines Augsburger Symposions, hg. v. Josef Becker u. Andreas Hillgruber, München 1983

Die deutsche Frage in der Weltpolitik, hg. v. Wolfgang Michalka, Stuttgart 1986

Deutschland nach Hitler. Zukunftspläne im Exil und aus der Besatzungszeit 1939–1949, hg. v. Thomas Koebener, Gert Sautermeister, Sigrid Schneider, Opladen 1987

Die Deutschlandpolitik Großbritanniens und die Britische Zone 1945–1949, hg. v. Claus Scharf u. Hans-Jürgen Schröder, Wiesbaden 1979

Europa und die Reichsgründung, hg. v. Eberhard Kolb, 1980 (= Beiheft 6 der Historischen Zeitschrift)

Gall, Lothar: Europa auf dem Weg in die Moderne 1850–1890, München/Wien 1984

Fehrenbach, Elisabeth: Vom Ancien Régime zum Wiener Kongreß, München/Wien 1981

Gruner, Wolf D.: Die Deutsche Frage. Ein Problem der europäischen Geschichte seit 1800, München 1985

Hahn, Hans-Werner: Geschichte des Deutschen Zollvereins, Göttingen 1984

Herbst, Ludolf: Option für den Westen. Vom Marshallplan bis zum deutsch-französischen Vertrag, München 1989

Hoffmann, Peter: Widerstand, Staatsstreich, Attentat. Der Kampf der Opposition gegen Hitler, 3. Aufl., München 1979

James, Harold: A German Identity, 1770–1990, New York 1989

Kleßmann, Christoph: Die doppelte Staatsgründung. Deutsche Geschichte 1945–1955, Göttingen 1983

Langewiesche, Dieter: Europa zwischen Restauration und Revolution, 1815–1849, 2. Aufl., München 1989

Leier, Manfred: Die deutsche Teilung – literarisch, In: Moderne Welt 8 (1967), S. 166–182

Loth, Wilfried: Die Teilung der Welt. Geschichte des Kalten Krieges 1941–1955, 3. Aufl., München 1983

Nationalismus, hg. v. Heinrich August Winkler, Königstein 1985

Nipperdey, Thomas, Deutsche Geschichte 1800–1866. Bürgerwelt und starker Staat, München 1987

Siemann, Wolfram: Die deutsche Revolution von 1848/49, Frankfurt a. M. 1985

Stürmer, Michael: Das ruhelose Reich. Deutschland 1866–1918, Berlin 1983

Thränhardt, Dietrich: Geschichte der Bundesrepublik Deutschland, Frankfurt a. M. 1986

Vormärz und Revolution 1840–1849, hg. v. Hans Fenske

Der Weg zur Reichsgründung, 1850–1870, hg. v. Hans Fenske, Darmstadt 1977

Wehler, Hans-Ulrich: Deutsche Gesellschaftsgeschichte. Erster Band: Vom Feudalismus des Alten Reiches bis zur Defensiven Modernisierung der Reformära 1700–1815; Zweiter Band: Von der Reformära bis zur industriellen und politischen »Deutschen Doppelrevolution, 1815–1845/49, München 1987

Wehler, Hans-Ulrich: Sozialdemokratie und Nationalstaat, Göttingen 1971

Abkürzungsverzeichnis

Abg.	Abgeordneter
Art.	Artikel
BRD	Bundesrepublik Deutschland
BT	Bundestag
CDU	Christlich-demokratische Union
CSU	Christlich-soziale Union
DDR	Deutsche Demokratische Republik
dpa	Deutsche Presse Agentur
EAC	European Advisory Commission
Dt. RT	Deutscher Reichstag
EVG	Europäische Verteidigungsgemeinschaft
KPD	Kommunistische Partei Deutschlands
NATO	North Atlantic Treaty Organisation
RT	Reichstag
SED	Sozialistische Einheitspartei Deutschlands
SPD	Sozialdemokratische Partei Deutschlands
SS	Schutzstaffel
Steno.	Stenographische
UdSSR	Union der Sozialistischen Sowjetrepubliken
USA	United States of America
Verh.	Verhandlungen
ZK	Zentralkomittee

KARTEN

Der Deutsche Bund 1815

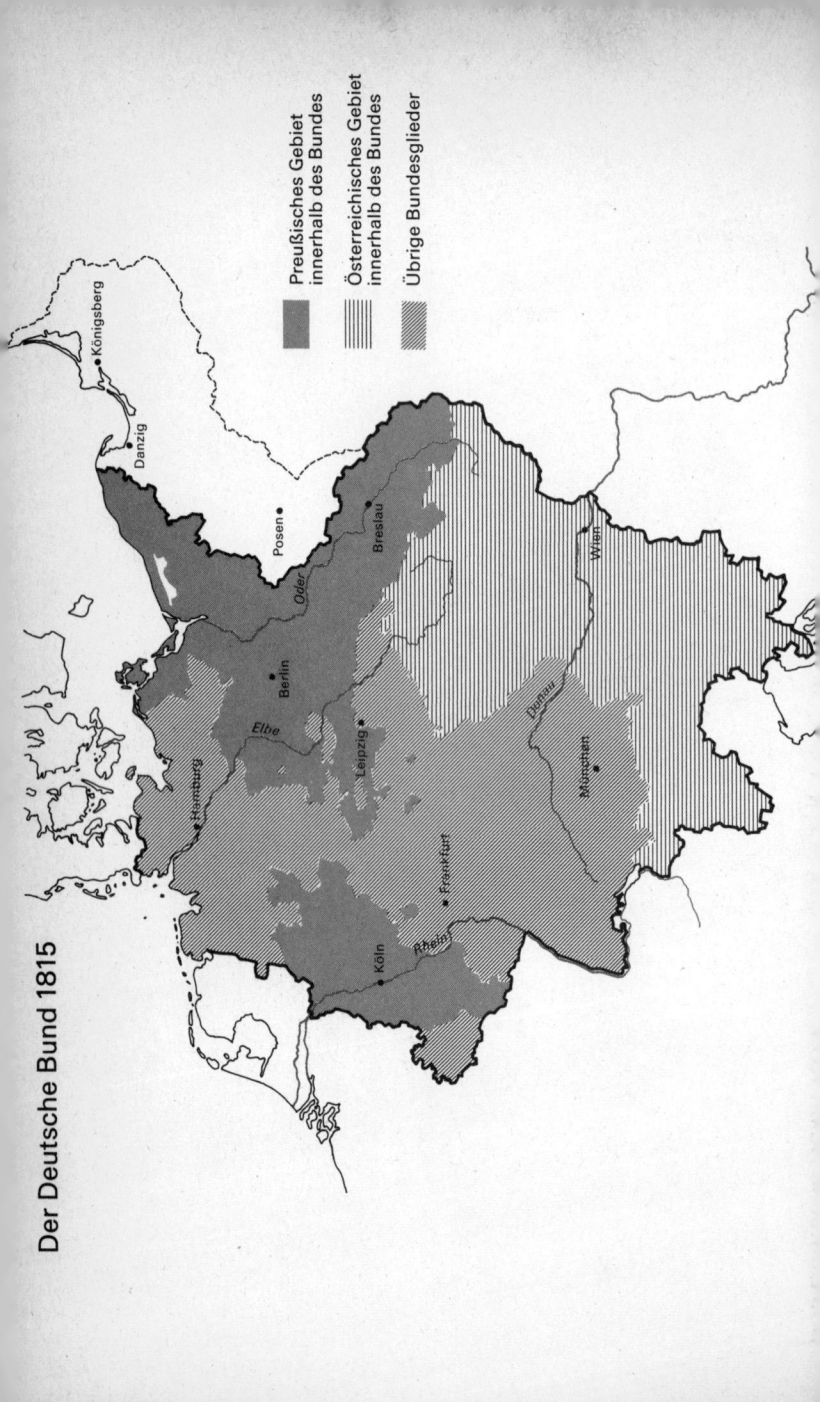

- Preußisches Gebiet innerhalb des Bundes
- Österreichisches Gebiet innerhalb des Bundes
- Übrige Bundesglieder

Das Deutsche Reich 1871

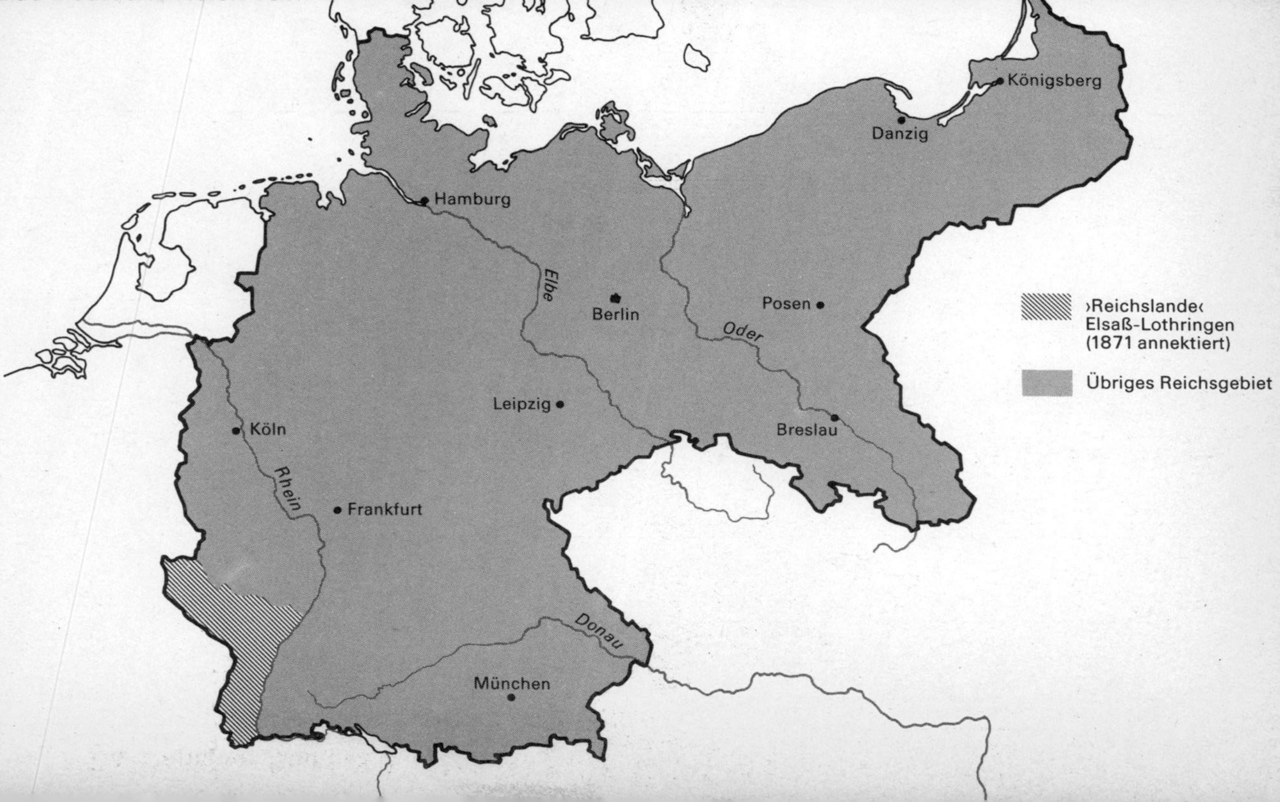

Das Deutsche Reich 1920

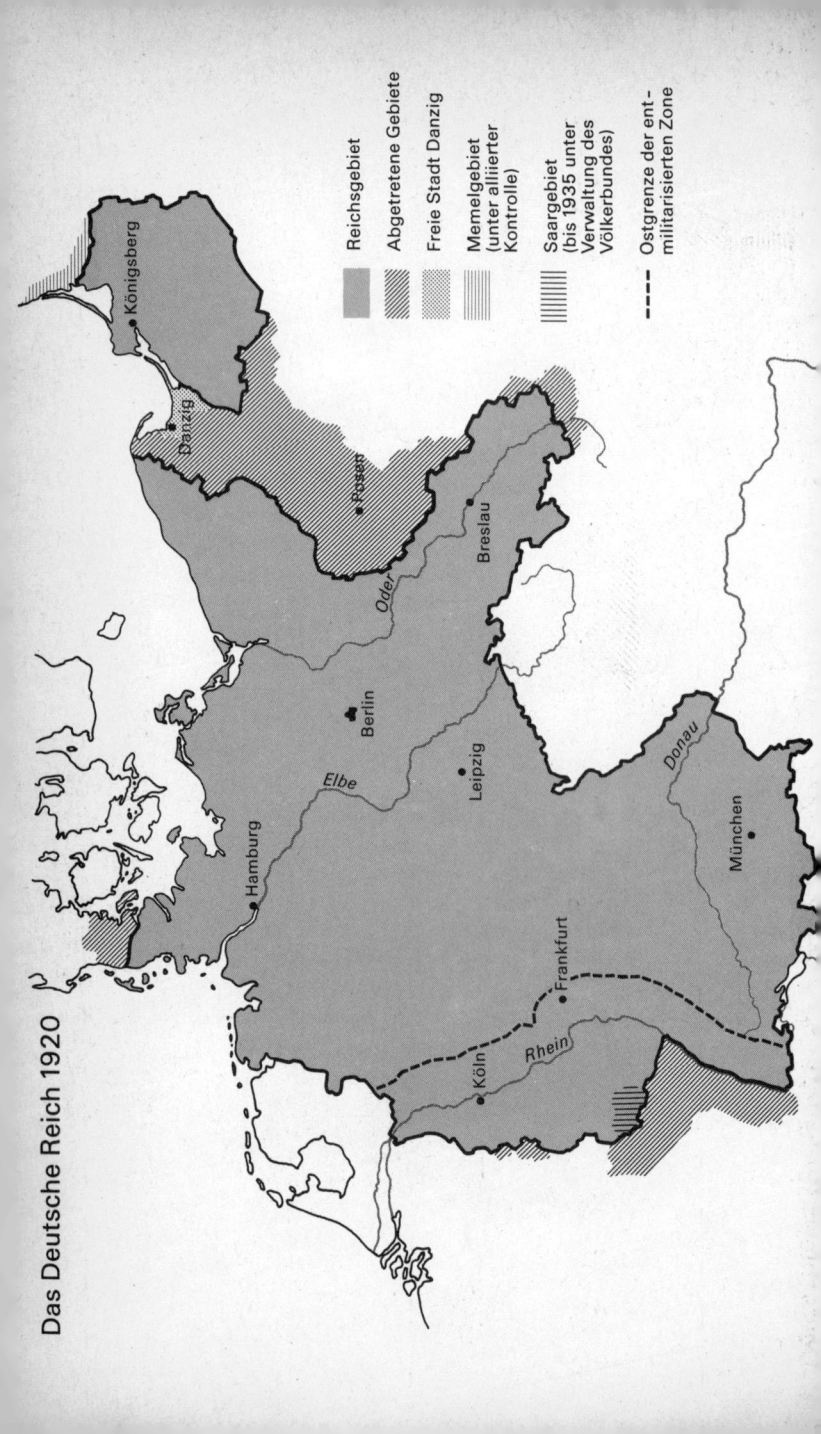

- Reichsgebiet
- Abgetretene Gebiete
- Freie Stadt Danzig
- Memelgebiet (unter alliierter Kontrolle)
- Saargebiet (bis 1935 unter Verwaltung des Völkerbundes)
- --- Ostgrenze der entmilitarisierten Zone

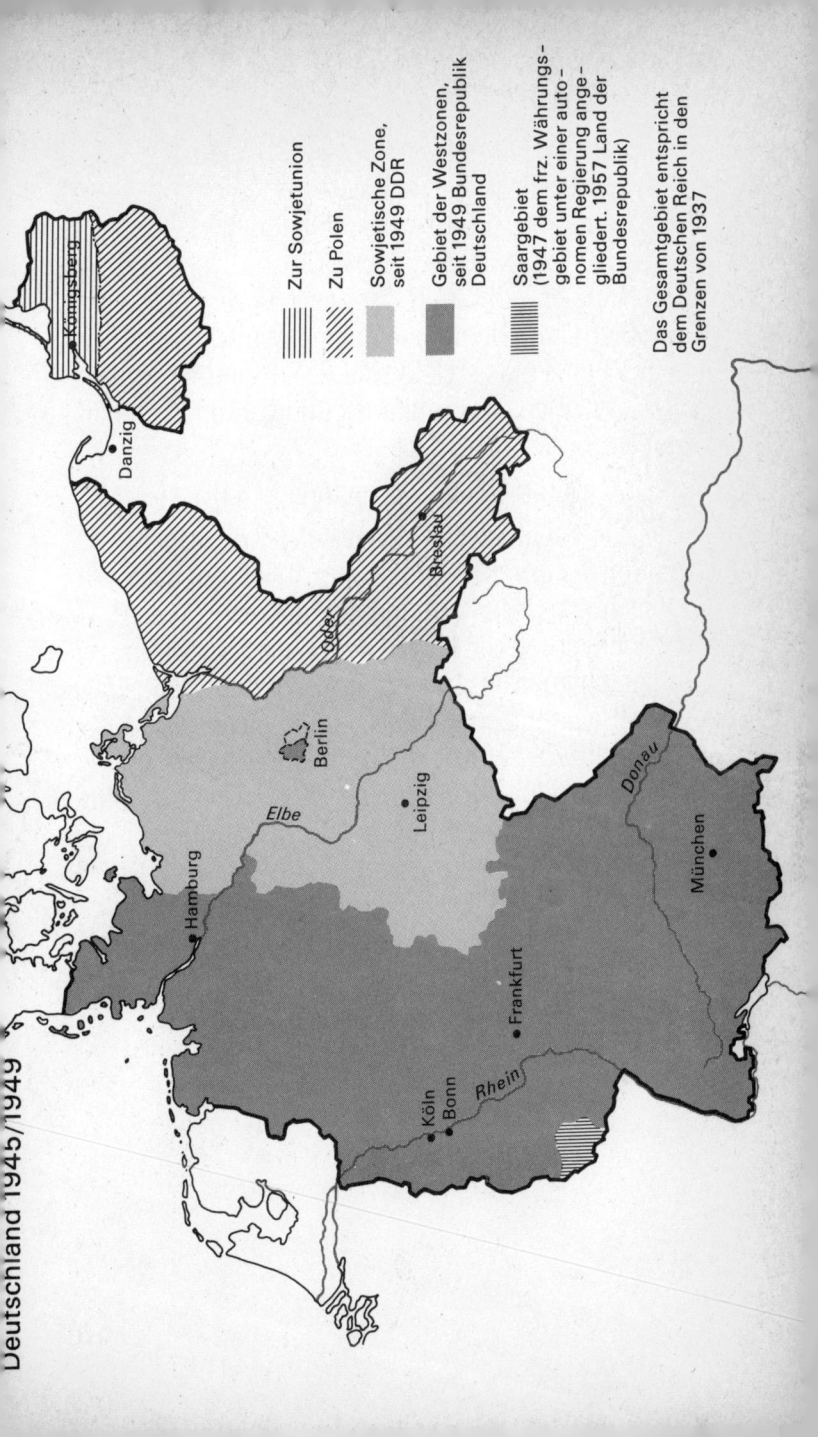

Deutschland 1945/1949

⦀	Zur Sowjetunion
╱╱	Zu Polen
	Sowjetische Zone, seit 1949 DDR
	Gebiet der Westzonen, seit 1949 Bundesrepublik Deutschland
≡	Saargebiet (1947 dem frz. Währungsgebiet unter einer autonomen Regierung angegliedert. 1957 Land der Bundesrepublik)

Das Gesamtgebiet entspricht dem Deutschen Reich in den Grenzen von 1937

Königsberg · Danzig · Breslau · Oder · Berlin · Elbe · Leipzig · Hamburg · Donau · München · Frankfurt · Köln · Bonn · Rhein

Ein ganz normaler Staat?

Perspektiven nach 40 Jahren Bundesrepublik
Herausgegeben von Wilhelm Bleek und Hanns Maull.
Mit Beiträgen von Arnulf Baring, Wilhelm Bleek, Karl Martin Bolte, Karl Dietrich Bracher, Alfred Grosser, Hildegard Hamm-Brücher, Wolfram F. Hanrieder, Hartmut Jäckel, Arthur Kaufmann, Hans Maier, Hanns Maull, Peter Pulzer, Johannes Rau, Franciszek Ryszka, Theo Sommer, Kurt Sontheimer, Michael Sontheimer, Rüdiger von Wechmar.
319 Seiten, Serie Piper 1028

Achtzehn Persönlichkeiten aus Politik, Publizistik und Wissenschaft nehmen den vierzigsten Jahrestag der Gründung der Bundesrepublik zum Anlaß, um über Vergangenheit, Gegenwart und Zukunft dieses Staates nachzudenken. Neben Fragen der politischen Kultur kommen Themen aus Innenpolitik und Wirtschaft, Fragen des gesellschaftlichen Wandels und Probleme der Außenpolitik zur Sprache. Politisch interessierte Leser werden in verständlicher Form an Themen herangeführt, die heute für die Diskussion im Land und die Diskussion über unser Land von Bedeutung sind.

PIPER

Henry Ashby Turner

Geschichte der beiden deutschen Staaten seit 1945
Aus dem Amerikanischen von Inge Leipold.
246 Seiten. Serie Piper 883

Der renommierte amerikanische Historiker beschreibt die Geschichte der beiden deutschen Staaten seit 1945, analysiert die Bedingungen ihrer jeweiligen Entwicklungen und untersucht ihre Bedeutung für die Weltpolitik. Gerade aus dem geographischen Abstand heraus gelingt es Turner, sich auf das Wesentliche zu konzentrieren und unabhängig von tagespolitischen Gesichtspunkten eine für Schule und Studium geeignete Geschichte Deutschlands von 1945 bis heute zu schreiben.

»Ein wunderbar klarer, knapper und treffsicherer Überblick, der überaus informativ für den allgemeinen Leser ist und besonders nützlich für Studenten...«   (William Sheridan Allen)

PIPER

P243